田川建三

# イエスという男

第二版［増補改訂版］

作品社

# イエスという男　第二版［増補改訂版］◉目次

# ヘロデ家の家系

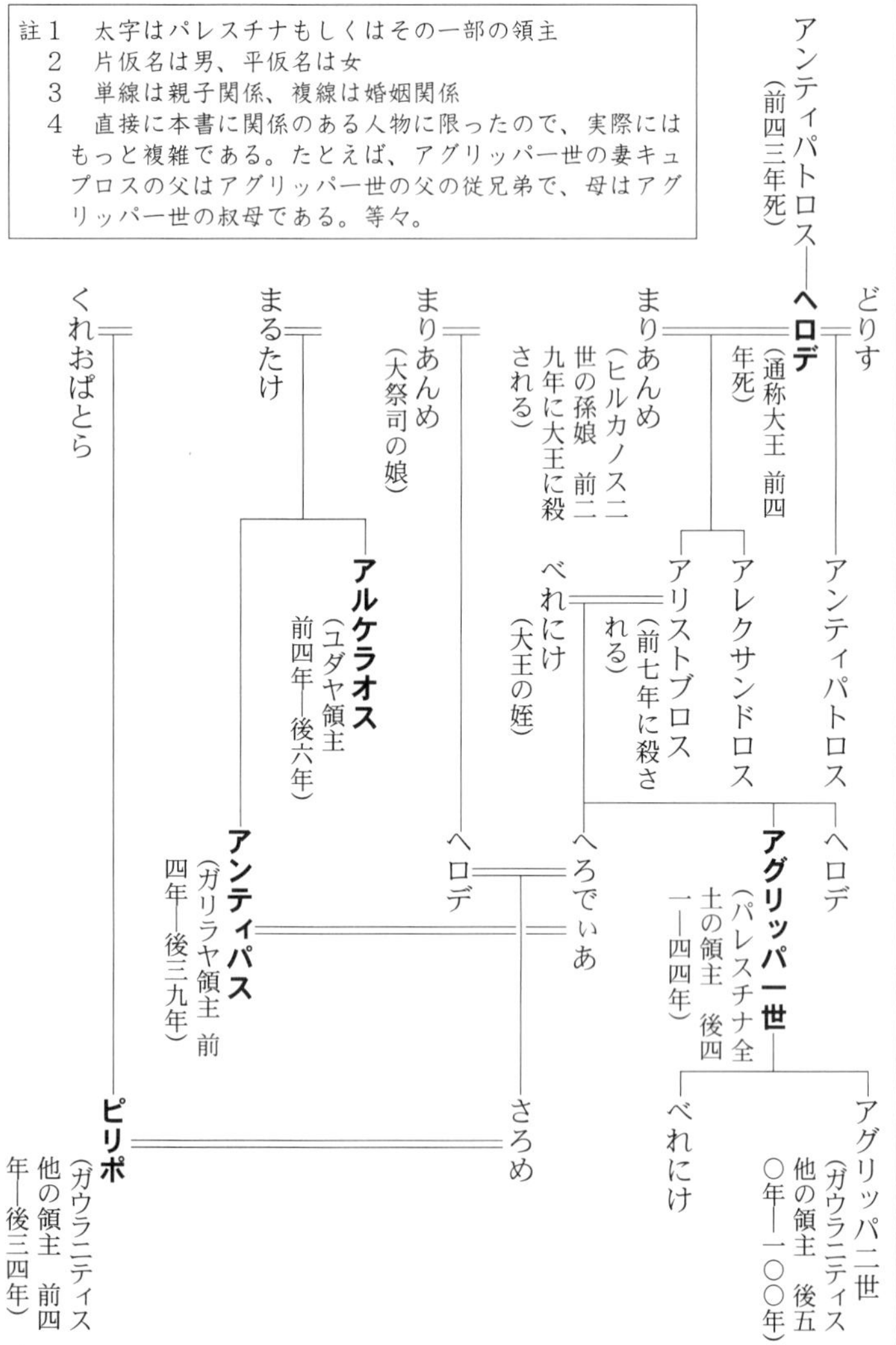
註1　太字はパレスチナもしくはその一部の領主
2　片仮名は男、平仮名は女
3　単線は親子関係、複線は婚姻関係
4　直接に本書に関係のある人物に限ったので、実際にはもっと複雑である。たとえば、アグリッパ一世の妻キュプロスの父はアグリッパ一世の父の従兄弟で、母はアグリッパ一世の叔母である。等々。
アンティパトロス（前四三年死）
どりす
**ヘロデ**（通称大王　前四年死）
まりあんめ（ヒルカノス二世の孫娘　前二九年に大王に殺される）
まりあんめ（大祭司の娘）
まるたけ
くれおぱとら
アンティパトロス
アレクサンドロス
アリストブロス（前七年に殺される）
べれにけ（大王の姪）
**アルケラオス**（ユダヤ領主　前四年―後六年）
ヘロデ
**アグリッパ一世**（パレスチナ全土の領主　後四一―四四年）
へろでぃあ
ヘロデ
**アンティパス**（ガリラヤ領主　前四年―後三九年）
アグリッパ二世（ガウラニティス他の領主　後五〇年―一〇〇年）
べれにけ
さろめ
**ピリポ**（ガウラニティス他の領主　前四年―後三四年）

# イエス時代のパレスチナ

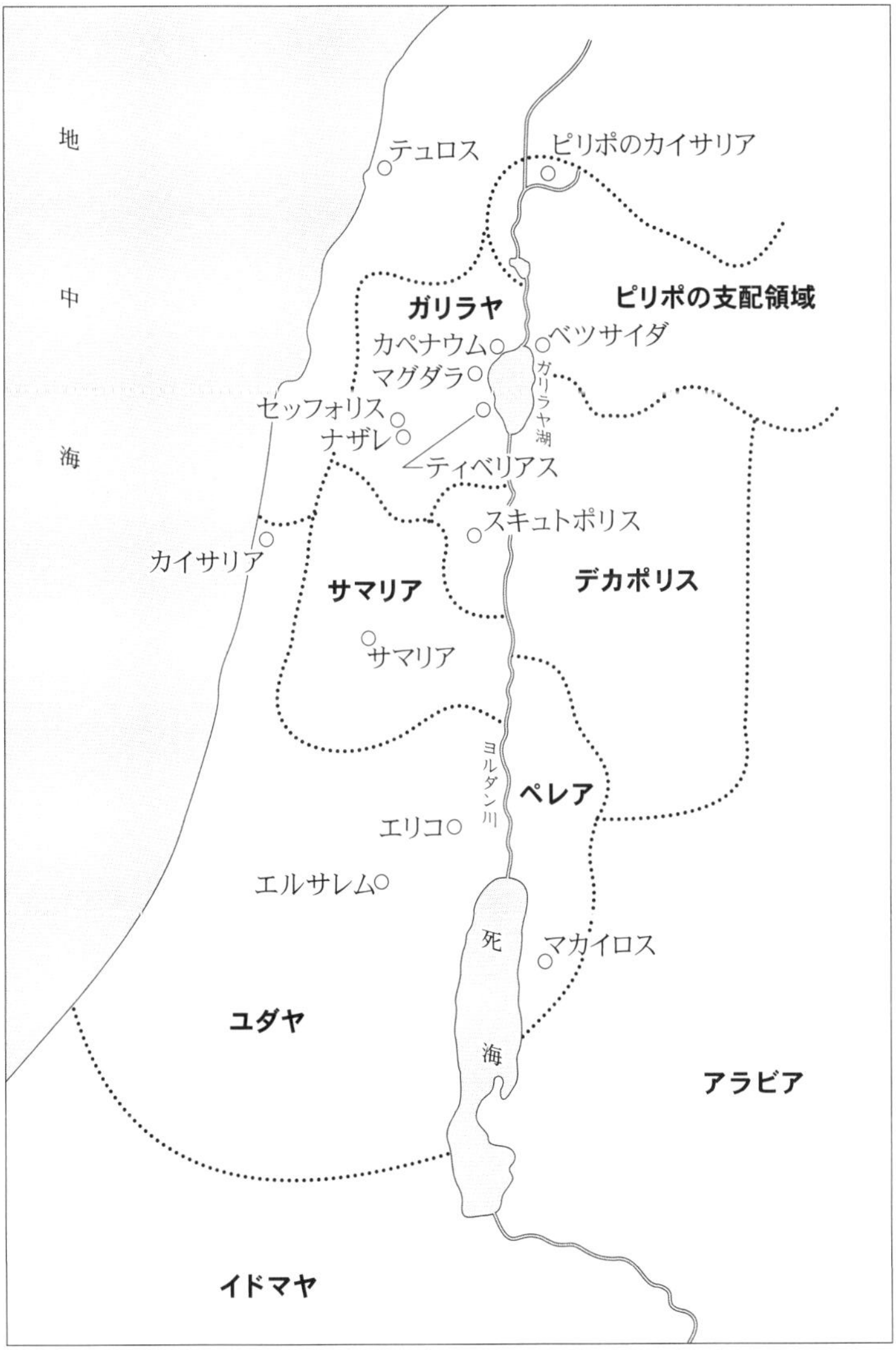

装幀◉菊地信義

# イエスという男

第二版［増補改訂版］

# 第一章　逆説的反抗者の生と死

## 一　歴史の先駆者



イエスはキリスト教の先駆者ではない。歴史の先駆者である。歴史の中には常に何人かの先駆者が存在する。イエスはその一人だった。おそらく、最も徹底した先駆者の一人だった。そして歴史の先駆者はその時代の、またそれに続く時代の歴史によって、まず抹殺されようとする。これは当然のことである。先駆者はその時代を拒否する。歴史の進むべきかなたを、自覚的にか直感的にか、先取りするということは、当然、歴史の現状を拒否することである。現状に対する厳しい拒否の精神が未来を変化させる。従って、歴史の先駆者は、その同時代の、またそれに続く歴史によって、まず抹殺されようとする。こうして抹殺された先駆者は多かったことだろう。我々がその存在を知らない、というだけなのだ。抹殺されたから、歴史の記録には残っていない。歴史の記録に生き残った者が偉大なのではない。あとかたもなく消されていった多くの人々こそが、歴史をその本質において担った者である。しかしまた、抹殺されずに思い出が残った者もある。その者の先駆者としての性格が非常に強烈であった場合には。そしてまた、何らかの偶然がその者の記憶を後世に残すように働いた場合には。

けれどもこのように歴史が先駆者の思い出を抹殺しきれずに残してしまった場合には、今度は逆にかかえこもうとする。キリスト教がイエスを教祖にしたのは、そういうことなのだ。

イエスは殺された男だ。ある意味では、単純明快に殺されたのだ。その反逆の精神を時代の支配者は殺す必要があったからだ。こうして、歴史はイエスを抹殺したと思った。しかし、そのあとを完全に消しさることはできなかった。それで、今度はかかえこんで骨ぬきにしようとした。そしてそれは、一応見事に成功してしまった。体制への反逆児が、暗殺されたり、抑圧による貧困の中で死んでいったりしたあと、体制は、その人物を偉人として誉めあげることによって、自分の秩序の中に組みこんでしまう。カール・マルクスが社会科の教科書にのった時、もはやカール・マルクスではなくなる、ということだ。こうしてイエスも、死んだあとで教祖になった。抹殺とかかえこみは、だから、本来同じ趣旨のものである。キリスト教は、イエスの抹殺を継続するかかえこみであって、決して、先駆者イエスの先駆性を後に成就した、というものではない。イエスは相変らず成就されずに、先駆者として残り続けている。

## 二　イエスの出生

イエスという男がどこから来たのか、我々は知らない。「ナザレのイエス」と呼びならわされていたから、ガリラヤ地方の村ナザレの出身だったのは確かだろう。そういう意味では、ナザレから出て来たには違いない。しかし、ある日イエスは決断してナザレの村を出て、あのような活動をはじめた、というのではない。いつ、どのようにして出てきたのか、気がついてみたら、イエスという男はああいう活動をやっていた、ということだろう。いや、イエス自身にとっても、何かこう、生きながらいろいろやっているうちに、こういう活動をしていることになっていた、ということなのだろう。だから、あなたは何がきっかけでこういう活動をなさる決心をしたのですか、などとたずねても、イエス自身返答に窮しただろう。だいたい、あれだけの活動が、一つ二つの決心やきっかけでできるものではない。それはイエスという男の生の帰結であり、出発であり、内容であった。その意味では、「活動」という単語で呼ぶのもふさわしくはないだろう。だから我々は、イエスについて物語る場合に、どこからはじめることもできる。どこからはじめても同じなので、どの一こまを語るにせよ、その一こまを語りつつ、イエスの生全体を語る、という方法でしか語りえないからである。

ついでながら言っておくとすれば、まあ言わずもがなのことだが、イエスの誕生にまつわって福音書に伝えられた物語は、いずれも、その死後半世紀近くたってからつくられた伝説である。つまり、イエスをキリスト教にかかえこんだ後世の教会の所産、それも新約聖書の中でも比較的後の時代に属する教会の所産である。これらの物語はそれなりに面白い。イエスが生れた時に、東方から三人の博士が来て礼拝した、という話などは、権力崇拝のにおいがする。ガリラヤの田舎者を、王者キリストの誕生に仕立てあげてしまったのだから、どうにもならない。よく泰西名画などで、馬小屋で、わらにまみれた中で、マリアにだかれているイエスを三人の博士が礼拝している図があるが、あれは嘘なので、イエスの誕生を王者キリストの生誕に仕立てあげたマタイ福音書の精神からは、馬小屋に生れた聖者というような発想は出てこない。馬小屋に生れた話の方はマタイ福音書とは全然別の系譜に属する。こちらはルカ福音書にしか出て来ない。泰西名画はいわば二人の異なった作家の創造した二つの異質の像を一つにはりあわせたにすぎない。

そのルカ福音書の描く像は、確かに詩的に美しい。夜、羊飼いたちが羊を守って野宿しているところに、天使が現れて救い主の誕生をつげる。するとたちまち、天の軍勢が現れて大合唱を宇宙に響かせる。夜を徹して働いている時に、我々もまた、地面にはいつくばった生活から我々を解放する救済者が、こんな夜にどこかで生れていてくれないかと希求する。それは大人であってはならないので、今生れたばかりの赤子でなければならない。なぜなら、我々の解放は未来に属することだからだ。夢は未来でなければならない。こんな時に、天の軍勢の大合唱がなり響いたら、しかも、眠りこけている世の中のいやな奴らには聞こえないで、ひそかに起きて働いている我々だけにそっと聞こえる大合唱であってくれれば、我々はその夢のお告げに幸福を覚えて、一生また同じようにはいつくばって働いていくだろう。力つきて死ぬまで。——イエス誕生の物語はそういう希求が生み出した産物である。

だがイエスは「救い主」ではなかった。いやそもそも、大人のイエスがすったもんだ苦労して反逆の叫びをあげていった、その事実が暴力的に断ち切られて半世紀たったあとで、永遠に未来なる赤子キリストが誕生したのである。夢は語られねばならないが、反逆から夢を仕立ててあげてはならない。――馬小屋の話もルカ福音書が伝える創作である。神の子イエス・キリストは、従順と謙虚さをローマ帝国支配下の植民地の住民に説教する象徴である。だから王宮に生れるよりも、馬小屋に生れる必要があった。平和の王キリストは、誰にでも仕える従僕です。キリスト教徒諸君は、おとなしく、従順に法と秩序に従いましょう……。こんな説教ほど権力者の喜ぶものはない。――だがイエスは、反逆者だったのだ。反逆者イエスが国家権力によって虐殺されてから半世紀たって、従順の赤子キリストは馬小屋に誕生した。

　処女マリアから生れた、というのも、エルサレムの近郊ベツレヘムで生れたというのも、同時期に作られた伝説である。キリスト紀元五十年代に、つまりイエスの死後二十年ほどたってから著作しているマルコやパウロは、まだこんな話は知らない。どちらもキリスト紀元八十年ごろにできた伝説なのだ。聖の理念が処女に結びつく。これは社会思想の問題だろう。イエスは当り前な両親から当り前に生れた人の子にすぎない。ベツレヘム伝承の方はまたぞろ王者の理念の産物である。イスラエル史最大の王ダビデは、千年前にベツレヘムで生れた。王者イエス・キリストは、その肉体の死後半世紀たってベツレヘムで生れさせられた。こうして、イエス誕生物語は、キリスト教が彼をかかえこみ終ったところで作られた伝説なのである。

　本当のところは、ナザレの出身だというのだから、ガリラヤのナザレで生れたのだろう。だいたいイエスなどという名前は掃いて捨てるほどあったので、一世紀のユダヤ人歴史家ヨセフスの書物の中には、二十何人だかの異なったイエスが登場する。ヘブライ語のイェホシュア（旧約聖書の日本語訳ではヨシュアになっている）がなまってイェシュアになり、更にイェシュになり、ギリシャ語にはいってイェースースになり、それが我々の片仮名表記でイエスになった、というわけだが、太郎さん一郎さんほどに多い名前だから、出身地をつけて区別していた、というわけだ。

ナザレのイエスという男が、気がついたらああいう活動をしていた、ということだ。

## 三　それならお前はどう祈る？

こういう話がある。

何しろ、強力な宗教支配の社会のことだ。ユダヤ人はみな祈る。祈りのあり方についてもずい分やかましく議論されていた社会なのだ。夕方の祈りを立って祈るか寝て祈るかというので、神学的な大論争があって、それで律法学者のセクトが識別できた、というような社会での話だ。毎日、朝祈り、夕祈る。これは、旧約聖書の長い引用句をつなぎあわせたものが中心で、祈りというよりは誦経のようなものだ。土曜日の安息日にはシナゴグに集る。ここで礼拝し、ユダヤ教律法の教育も受けるのだが、その礼拝の間にもよく祈る。そのほか、いろいろ祈りが定められていた。

イエスがあのような活動をするようになって、当然のことながらそれはユダヤ教の神聖不可侵の前提をも批判にさらしかねないものであったから、人から質問されることはずい分あっただろうと思う。そういうことを言うのなら、お前はどのように祈るか、と。イエスを批判する宗教勢力の側からもそういう問いは出て来ただろうし、あるいはイエスの「弟子」と自称他称で呼ばれるようになった者たちからも、それでは私たちはどう祈ればよいのでしょうか、という問いは出て来ただろう。前者の問いは、社会秩序を批判にさらす者に対して、それではお前はどういう秩序をつくってくれるのか、という問いである。後者の問いは、社会秩序を批判にさらす者に何ほどか賛同してみたものの、やはり恐ろしくなって、私たちにも安心して身を寄せかけることのできる秩序を与えてください、という問いである。本質的に両者は共通する。前者は後者の上に立って自己を支え、後者は前者の力を補完する。また、こういう問いに対してだけでなく、イエスの方も自分からすすんで多くの機会に、「祈り」という形で設定されたユダヤ教支配のイデオロギーに対して、皮肉な批判をあびせかけていったのだろう。それだからこそ、それではお前はどう祈るのか、という問いが、執拗にからみついて来た。こうして、イエスはさまざまな機会に、「祈り」についてものを言うこととなった。

福音書の伝承というものは、このようなイエスの発言の数々を、同種のものは一つにまとめ、短いものは一つのせりふにしてしまい、一つの場面でのみ語られたものとして、ごく短い断片伝承にととのえて伝えられたものである。もちろん、伝承をまとめあげ、ととのえあげていくのはキリスト教徒だから、そこにさまざまの護教論的な思惑が、教条的な宣伝が、加味されていく。さらには、各福音書の著者がそれを書き下す時に、自分の思想的視点から切りととのえる。だいたい、一つにまとめ、短くととのえる、ということがすでに、極度な抽象化の作業である。人間の生のあまたの場面を、短く数行に切りととのえて語れるものではないのだ。もっとも、イエスの方も同じ趣旨のことを何度も語ったはずだから、それが一つのせりふにまとめられても仕方がないかもしれない。あのような活動をしていれば、どこでもかしこでも、同じ問いをあびせかけられるから、こちらもあきるほど反復して同じことを言わざるをえなくなる。一つの社会に支配するイデオロギーの共通性は、意外に強度なものなのだ。小官僚的な権力のしっぽは、どこで会ってもみな同じ顔をして同じ言葉を同じ抑揚で口にする。飼いならされた民衆は、これまたどこでも同じ言葉を語るように仕向けられる。古代社会とはいうものの、一世紀パレスチナはすでに、各町村の住民が密接にユダヤ教会堂に結びつけられ、そこで強力なイデオロギー注入作業が国民教育的に行なわれていたのである。だからイエスも同じことを何度も言わざるをえなかっただろう。

こうして、我々の手には、イエスが「祈り」についてなした発言が、二、三伝えられている。

律法学者ってものは、長い衣をまとって歩き廻ったり、広場で挨拶されたり、シナゴグ(会堂)の上座や食卓での上席を好むものですよ。ああいう連中には気をつけた方がいい。奴らのようにやもめの家を次々に食いつぶし、みえをはって長い祈りをする連中は、それだけでもう厳しく裁かれるに価しますよ。(マルコ一二・三八―四〇)

宗教家が苦労して生きているやもめを食いものにし、大学教授が広場での挨拶を好むなんぞというのは、いつも変らぬ世相らしいが、ここで、やもめの家を食いものにする、というのはもう少し悪辣なことである。ユダヤ教律法学者なるものは、宗教家として旧約聖書のモーセ律法を民衆に教え、その七面倒な解釈の体系を学派的に伝承する。律法は――「律法」などと訳したのがそもそもの間違いで、法律なのだが――宗教的な規定であると同時に社会的倫理的にも民衆の生活を規定する。「律法」に書かれている「正義」が民事的刑事的に裁判を執行する基準である。だから律法学者は同時に民衆の間の裁判官をかねる。やもめの弱みにつけこんで強奪する奴は世の中に多い。そこでやもめは裁判官に訴える。裁判官に対して公平な裁きを要求する。ところが実態はどうだ。

こんな話をイエスがしたことがある。

ある町に神をおそれず、また人を人とも思わない裁判官がいた。その町にはまた一人のやもめがいたのだが、裁判官のもとに来て言った、「私の訴訟の相手方との間を裁いて、相手の非をとがめて下さい」。裁判官はこれをとりあげようともしなかったのだが、あとになって考えた、「俺は神を恐れないし、人を人とも思わないわけだが、どうもあのやもめはしつこくていけない。厄介だから裁いてやることにするか。さもないと、いつまでもやって来て、わずらわしくてかなわん」　（ルカ一八・二―五参照）

これを伝えたルカ福音書の著者は、何とこの話を、「神様に対して倦むことなく常に祈り続けるべきこと」を教えた説教として解釈してしまった。しかしこの話だけ読めば、そういうものではないことがすぐわかるだろう。これは実際の社会関係を語っているので、愚劣な裁判官であろうと、そういう奴しかいなければ仕方がないから、こちらとしてはしつこく主張し続ける以外に方法はない、という民衆の生活の知恵のようなものが語り出されているのである。ただし、生活の知恵も語りようがあるので、とくとくとして説教するのと、権力にぶらさがっている人間を皮肉りながら語るのとでは、向いている方向が違う。腹のつき出た男が、「私は神を恐れず、人を人とも思わない裁判官なんでございます」と舞台で自己紹介すれば、村芝居の寸劇として、やんやと笑いをさそうものになる。しかし実際の生活では、律法学者の多くは、裁判のための謝礼をやもめから多くまきあげて、格好の収入にしていたのだろう。だからイエスは、一方では皮肉って笑いとばす時も持ちつつ、時には言葉鋭くののしったのである。あいつら、やもめの家々を食いつぶしやがって。

そういう連中が祈る祈りは、いったい何なのか。やたらと長く、いつ終るともしれずにわめき続ける。誦経のせりふを書いた羊皮紙かなにかを入れた経箱を、腕だか肩だかにひもでくくりつけて祈るのだが、これ見よがしにそのひもをきらびやかに幅広いものにする。だいたいが見せたくてたまらないものだから、シナゴグに人が集ると祈りたがるし、よせばいいのに、祈りの時間になると外に出て行って、たまたま広場を通りかかったら祈りの時間になりましたという顔をして、立ち止まって大声でやりはじめる。そんなに祈りたければ、おとなしく人に見られない納戸かなにかにひっこんで、そっと祈っていればいいだろう。だいたい祈りってのは、神との対話ってことになってるんだろう。何も他人に見せることはないじゃないか。だいたいあんたらの祈りは長すぎるよ……（マタイ二三・五以下、六・五以下）。

こういうことをしょっちゅう言っていれば、それではお前はどう祈るんだ、とたずねられても、まあ仕方があるまい。その時にイエスがふと思い出したのが、例のカディシュ（聖められんことを）の祈りである。これは短くまとまった祈りの句、祈りというよりも神を讃美する句であって、さまざまな長い祈りや誦経の途中でちょっと調子を整えるためにとなえられたり、あるいは特に、長い祈りや誦経の最後にしめくくりとしてとなえられる。現代でもなおユダヤ教会堂で用いられているが、その基礎的な原型はイエス時代にまでさかのぼる。あれなら短くていい、とイエスは思ったのだろう。

大いなる御名があがめられ、聖められんことを、御心のままに創造された世界にて。
汝らの生涯と汝らの時代において、またイスラエルのすべての家の生命あるうちに、その御国が
一刻も早く実現されんことを。
（これに対して人々は）アメーン（と唱えよ）。

やや横道だが「アメーン」が出て来たついでに説明しておくと、これは元来ヘブライ語で「まことにそうです」と宗教儀礼的に賛同を表現する語である。すでに旧約聖書で古くから用いられている。それがユダヤ教会堂での神礼拝に用いられるようになって、宗教家のせりふに対して会衆が唱和する時に、あるいは誰かが代表して祈った時に、それに賛同する意味で声をそろえて、アメーンと言っていたものである。キリスト教はそれをそのままゆずり受け、二千年たった日本のキリスト教徒までアーメン、アーメンとやっているのだが、イエスという男は、こんな時にもあまのじゃくだったらしい。だいたいがアメーンという語はこのように、礼拝かなにかの時に、人様の言葉に賛同して、その最後

に唱和するものだが、それをイエスは、日常勝手にしゃべっている時に、自分の言葉に対して自分でアメーンと言い、おまけに普通は発言の最後にアメーンと言って確認するのだが、彼は何か言い出す時に自分の言葉の冒頭でまずアメーンと宣言してしまう。ユダヤ教ラビの言葉で、自分のせりふに自分でアメーンを言いそえるのは教養のないしるしだ、というのがあるが、イエスの場合は、教養がないのでついうっかり言ってしまった、などというのではなく、意図的に、伝統的なアメーンの用法を逆手にとって用いているのである。

議論していると、イエスは相手に言い出す、「アメーン、それならあなたたちにはっきり宣言してやる」。人々を相手に少し長い演説をしている時に、途中で一息いれると、「アメーン、私ははっきり言う」とみえを切って、決定的なせりふが出て来る。いやそもそも、いきなり人をつかまえて、「アメーン、あなたに申し上げる」と言って話しはじめる。伝えられ、伝えられした巨大な宗教的権威を前にして、おとなしく、そっとあとから、声をそろえてアメーンと賛同する、そういうものの言い方にイエスは耐えられなかったのだろう。彼は言いたいことがいくらもあった。叫び出さねばならないことがいくらもあった。当り前だ。生きているというのはそういうことだ。この社会体制の中で収奪されて生きていれば、叫びだしたくなるのも当り前だ。あるいはまた、生の充実から力がほとばしる時、それが声になるのは当然だ。そういう時に、どうして、権威に裏づけられた発言に対してのみそっと声をあわせてアメーンと言っていなければならないのだ。そうではないのだ。俺は言ってやる、アメーン、断乎言ってやる。

それなのに、原始キリスト教からはじまって、二千年間のキリスト教は、旧約・ユダヤ教の宗教儀礼のアメーンは忠実に守り伝えながら、イエスの叫びの、逆手にとってつきつける、そういう態度は継承しなかった。キリスト教というものは、こうしていつも、イエスの頭をとびこして、ユダヤ教のイデオロギーを継承する。

さて、カディシュの祈りにもどると、まあ御連中の祈りにしては、短くすっきりしているけれども、それでもなお、何と慎重に神学的な配慮がめぐらされていることか。彼らは朝から晩まで、神のことをよく知りつくしているかの如くに、絶対的超越者なる神をふたことめには我々に説教して聞かせる。そのくせ、モーセの十戒の「汝、神の名をみだりに口にすべからず」を形式的には厳格に遵法して、決して直接に神を名ざさず、もってまわった言い方をする。もっとはっきり呼びかければいいではないか。ユダヤ教神学では、神は「天にましますす我らの御父」ということになっている。父なら父で、もっと端的に「アッバー（父さん）」と呼びかけたらどうだ。

聖なるヘブライ語ではなく、日常生活の言語たるアラム語の、それも俗語で「父さん」とは何ごとだと。

だってあんた達は自分の家でおやじのことを何と呼んでいるんだ。自分が生きている場所の言葉を正直に用いるべきですよ。それに、神の「御名」といえば、あわてて「大いなる」と形容詞をつけなければいけないと思っている。「あがめられ、聖められ」とおなじことをくり返して言わなくても、どっちか片方でいいではないか。その「御名」があがめられるのは此の世においてに違いない。だけれども「この世界」と言えば、必ず枕詞として、「その御心のままに創造された」とつけ加えねばならない神経はどうだ。だからカディシュの祈りでもまだ長すぎるんですよ。「父さん、お名前が聖められますように」でいいではないですか。

次の句も長すぎる。神の国が本当に来てほしい、というのなら、「あなたの国が来ますように」と端的に言いきればいいので、何もこんなところにイスラエル民族主義を持ち出すことはない。イスラエル民族の民族的生命があるうちに、神よ、汝の不可思議の秩序のうちに、イスラエル民族を世界に冠たる者としつつ、御国をうちたて給え、などというのでは、民族主義の露骨な願望が口にされているだけではないか。それに、宗教家どもは、いかにも神の代弁者であるかの如きつもりになって、神に対する祈りの中でまで、我々に向って、「汝ら、汝ら」と説教したがる。我々が神に祈るんだったら、はっきり「我々」と言えばいいのだ。

こうしてイエスは、あなたは律法学者の祈りは長すぎるといつも文句をおっしゃっていますが、あなただったらどう祈るのですか、と問われて、たとえばカディシュにしたところで、私ならばここまで縮めますよ、というので、

「父さん、お名前が聖められますように。あなたの国が来ますように」

と二言ですましてしまった。だが、おそらくは、そう言っておいて一息いれて、ぼそっとつけ加えたのでもあろうか。カディシュにない句が一つ加わった、

「本当はもう一言つけ加えた方がいいのですけれどもね。我々の毎日のパンを今日も与えてほしい、と」

聞いている者たちは唖然としたに違いない。聖なる神を讃美する祈りを、俗語もまじえて、ぎりぎり最小限まで縮めてしまったあげく、こともあろうに、「今日食うパンをほしい」などとつけ加えた

のだから。しかし、何を祈るといって、当時の民衆にとって、ローマ帝国の間接支配、ヘロデ王家の支配、宗教的貴族層の収奪と、二重三重の収奪に喘ぐ民衆にとって、そして周期的に必ず押し寄せてくる飢饉によって生命も危険にさらされる民衆にとって、無事にその日その日のパンがほしい、というのは切実な気持だっただろう。確かにイエスは、パンさえあればそれでいい、などとはもちろん思わなかっただろう。しかし、パンがあればそれでいい、というのと、今日食べるパンをきちんと毎日ほしい、というのとの間には、無限の距離がある。

「祈り」についてのこういうイエスの発言が、原始キリスト教の中でもう一度ととのえられて、「主の祈り」と後世呼ばれるようなものに仕立て上げられた時（マタイ六・九以下＝ルカ一一・一以下、Q資料）、言葉づかいはほとんど同じでも、向きが変えられることによってまったく違ったものとなる。イエスの場合、「祈り」というものが設定されるユダヤ教社会全体の様相に対して、またそこでなされている実際の祈りに対して、皮肉に、批判的に、言葉をなげつけていっている。それは皮肉な批判でありながら、同時に、生活する者の叫び声でもある。いずれにせよ決して、模範的な祈りの型を示したい、などというものではない。むしろ、カディシュという一つの模範的な祈りの型に対決していったのである。それに対して、原始キリスト教はそこから対決の要素を消し去って、再び一つの模範的な祈りに仕立ててしまった。イエスが「父さん、お名前が聖められますように」と言い換えた時、それはあくまでも「言い換え」であり、カディシュのせりふがむらむらと頭の中にあったのだ。それを原始キリスト教が、永遠不変の宗教的真理の表現として受けとったとたんに、歴史的な場への生きた切りこみは消え失せる。そこから逆流が生じるのは容易である。この場合、ルカはまだイエスの発言を言葉としてはかなりそのまま伝えているが、マタイになると、「天にましますます我らの父よ」となり、「御国を来たらせ給え」のあとに、それでは短かすぎて不満だったのだろう、「御旨が天にて実現しているのと同様に、地上でも実現しますように」とつけ加えてしまう。

## 四　イエス叙述の方法

私は何も、ここで「主の祈り」の伝承の細かい解説をやりたいのでもなければ、イエスが「祈り」というものをどうとらえていたかを解説したいのでもない。こういうところにイエスの発想の一つの特色が現れていると思うので、紹介したまでである。イエスの思想と生き様をとらえようと思えば、このように、彼の生きていた場にとびかっていた様々の事柄の中でとらえる以外にとらえようがない、ということだ。

一人の歴史的人物をどう描くかは、とどのつまり、その人の生きていた歴史の場をどうとらえるかという問いに帰着する。たとえ抽象的思想の言葉であろうとも、一人の歴史的人物の言葉をとらえようと思えば、その人の生きていた歴史的場を見ないといけない。まして、イエスのあのような活動を描こうと思えば、この問いを欠かすわけにはいかない。この問いの欠けたところで描かれるものは、存在のごく表層の部分の羅列に終る。そして、表層の単なる羅列で終始すれば、歴史の素材を並べているようでありながら、結局、自分が腹の底で無自覚的に保っている現代風保守的イデオロギーをそこに投入するだけのことになる。歴史の場を見ないからである。自分のつもりとしては、イエスを客観的かつ正確に描いているようでありながら、実は、自分の姿をそこに投影するだけである。しかも自分でそのことを自覚していない。自分の持っている意識に自分で無自覚であれば、所詮、体制を支配する保守的イデオロギーに自分で気づかずに順応するだけである。他方、過去の歴史の場を見る眼がなければ、現在生きている自分自身をも、また自分たちの現在の状況をも、歴史の一こまとしてとらえる眼を持つこともできない。

ここにこれまでのイエス研究の隘路があった。近代的な文献学としては、聖書学、特に福音書研究は、ずばぬけて精密化されている。写本も沢山あり、またイエスを知るための素材として、三つの福音書（マルコ、マタイ、ルカ）が存在するから、比較研究もいろいろと可能である（ヨハネ福音書は間接的に考慮すべきであるにせよ、イエスを知るための直接の資料にはなり難い。福音書という様式を借りて、著者が自分のかなり特殊な宗教思想を展開した書物であるからである）。それにまた、これだけの狭い領域にあきれるほど大勢の新約学者が集って、一文一句ごとにいくつも研究論文があるほどにつつきまわしたのだから、精密になるのも当り前である。だから、近代聖書学がなしてきた福音書伝承の批判は、今日においては、非常に精密度が高いものなのである。その限りではかなり信用に価する。

大ざっぱに要約すれば、イエス人の死後、いやおそらく生前から、イエスについての言い伝えは、口伝伝承として、あるいは噂話として、さまざまに伝えられ、さまざまに変化し、部分的に大きく改竄されたものもあれば、伝説的に創作されたものもある。それがイエスの死後二十年以上たってから、二つの文書にまとめられた。一つはマルコ福音書で、これは一人の著者の意図的な著作である。もう一つは、今日では失われてしまっているけれども、マタイとルカが共通して利用した資料で、孔子の『論語』と同じような様式でイエスの言葉だけを羅列していった語録（「イエスは言った」という程度の短い導入句だけをつけて、その発言を並べるもの。通常Q資料と呼ばれている。Qはドイツ語の「資料」という単語の頭文字）である。これは一人の著者の作品ではなく、そもそも一個の完結した文書であるというよりも、だんだんと成長していったもので、文書となってからも、さらに次々とイエスの「ロギア（言葉）」が書きそえられていったものであろう。だからこれは、原始キリスト教団の教団体制が生み出していった文字通りの資料集である。

マルコとQができあがって以後、さらに三、四十年して、つまり一世紀末頃に、マタイとルカがそれぞれ福音書を書いた。両者とも、マルコとQを資料として手にし、その二つを総合しなければならない、と思ったのと、この二つの主資料以外にも、それぞれが個別にかなりの量の伝承を知りえたので、それをまとめて発表したかったのと、おそらくもっと根本的な動機は、それまでの唯一のまとまったイエス記述であるマルコ福音書が原始キリスト教の主流に対してはっきり批判的視点をうちだしているので、そういう福音書だけでは正統的教会として困るので、マタイ、ルカそれぞれなりに、もっと正統的な権威をもった福音書を書きたい、と思ったからであろう。このうち、ルカの方は一人の著者の著述活動になるもので、パウロの伝道活動に時々「同労者」として協力していた人物であるが、比較的月並な宗教意識の視点から資料を整理して書いた作品であり、マタイの方は一人の著者の作品というよりも、著者マタイ（イエスの弟子とされるマタイとは別人）の属していたギリシャ語を話すユダヤ人の教会（おそらくシリア地方）の知識人キリスト教徒が、一種の学派的作業として自分たちの教会の正典的福音書をつくりあげようとした努力を、最後に一人の著者がまとめあげたものである。

福音書というものが以上のようなものであってみれば、それを資料としてイエスを描く場合には、いやでも、伝承を逆にさかのぼる必要が生じる。最後の福音書の著者の段階の潤色をまず取り除き、次いで、長い口伝伝承の段階での多くの潤色を取り除き、こうして、さかのぼり、さかのぼりしてふり分け、信憑性のある伝承を残すのである。この作業は、今述べたように、今日では比較的確実になしうる。客観的にかなり確かにイエスの発言を確定しうるのである。よくこの作業をらっきょうの皮むきにたとえて、順にむいていったらあとに何も残らなかった、などとひやかし半分に言う人がいるが、それは実際に本格的に福音書研究にたずさわったことのない人が言う印象批評的悪口にすぎない。ある程度以上に本格的に福音書研究にたずさわった学者たちの間では、どの伝承がイエス自身にさかのぼるかという点では、非常に多く一致している。しかも、そう判断される伝承の数は多い。意見が異なるのは、その内容をどう理解するか、という点であって、どの伝承がイエス自身にまでさかのぼりうるかの判断については、まず信用できる程度に精度の高い研究が発達している。

しかし、このふるい分けの方法にのみ頼っていると、客観性への盲信におちいり、ひどい失敗をする。だいたい、歴史研究における客観性というのは、一つの限定された方法論上の問題であって、客観的正確さという規準だけに頼って対象を描こうとすると、客観的などころか、おそろしく矮小に対象をとらえることになる。ここでは方法論の問題を詳しく論じるいとまはないが、現代神学者の描く「イエス」がいずれも極度に抽象的であるのはそのせいである。

ふるい分けの方法の最大の欠点の一つは、イエスの発言の字句しか残らない、ということである。確かに、福音書の伝承の中にはかなり正確なものもあるから、一字一句、イエスはこの通りに言葉を口にしたのだ、と推定しうるものも、あるいはそこまでではなくても、相当程度な確実さをもって推定しうるものも多い。右の「父さん、お名前が……」という祈りのせりふなどはその一例であろう。ところが、その発言がどういう場面でなされたか、あるいはまた、発言の記録ではない場合には、イエスがどういう行動をしたか、ということになると、これは、伝承者や編集者がおのれの主観をこめて描いた像であって、「客観的」なイエス像ではない、ということにされる。

つまり、単純素朴な客観性信仰を規準にすれば、単なる理論的可能性だけから考えれば、人が話した言葉はそのまま正確に暗記して伝えることができる。古代人の記憶力は現代人よりもはるかにすぐれていたと考えられるし、現に当時のユダヤ教ラビたちは意識的に訓練して師のラビの言葉を暗記してそのまま弟子に伝え、という作業を行なっていたから、その伝承の正確さはかなりな程度信用に価する。それに対して、人が行なったことやその場面は、その人自身が口に出した言葉ではないから、どうしてもそれを描く人の主観が混入する。その限りにおいては、「客観的」に正確な事実そのものの描写というわけにはいかない。というわけで、「客観的」に正確な事実そのものとなると、イエスの語った「言葉」だけが残されることになる。

けれども、この主観・客観図式は、歴史を理解する上では、ずい分と幼稚な手法だと言わざるをえない。またふつうの歴史研究はこんな幼稚な手法に依存してはいない。それがことイエスについては、いまだにまかり通っている。そもそもイエスは狭義のラビではなかったから、その言葉がラビ的伝承のようにして伝えられたと考えるわけにはいかない。まあ、あれだけ個性的で強烈な印象を残した人だから、その発言の数々の基本的な趣旨やその言葉づかいの特色などは多くの人々の記憶に鮮明に残されただろうけれども。しかし問題点はそこにあるのではない。この方法に依存すると、そこから先は、歴史的場面から抽象されたせりふの羅列を、どうやって理論的に整理、統合し、さらに抽象に抽象を重ねて、イエスの教えの「本質」なるものをぬき出すか、という作業になる。この場合、出発点の素材はいかに客観的に確実な素材であろうとも、すでに抽象化されている。人の発言は必ずその歴史的場においてなされる。しかし、この方法だと、歴史的場が消し去られて、「発言」だけが残る。しかし場のない言葉などありえない。だから、この手の神学者たちは、イエスの生きていた歴史的場を捨象する代りに、それぞれの現代風な宗教思想の枠組を前提に持ち込むことになる。しかも自分では「客観的」なイエス像だと思っているから、自分が自分好みの現代風枠組を持ち込んでいるという事実にさえ無自覚である。「最も客観的なイエス像」ということのまやかしはそこにある。今日、神学者の描く「イエス」が、比較的すぐれた学者の場合でさえも、いずれも、イエスの生と活動を描くものではなく、イエスの思想を描くものですらなく（歴史的人物の思想を描く、ということは、とりも直さずその思想をその歴史的状況の中で理解する、ということであるから）、イエスの「教え」の解説に、しかも抽象的神学論議的な解説に終っているのは、そのせいである（たとえば、ブルトマンは実存主義と現代風神学の発想の枠組の中にイエスの言葉をちりばめて解釈した。八木誠一は珍妙な宗教哲学の枠組の中にイエスの発言を埋め込んだ、等々）。はじめからイエスを永遠不変の真理の権化に仕立て上げているので、その生きた歴史的状況の中でイエスをとらえる意識など毛頭ないのだ。

いわゆる客観性では、歴史はとらえられないのである。

確かに、福音書の個々の伝承で描かれた場面は伝承者や福音書編集者の「主観」が描き出した像であるにせよ、そしてそれらはたいていの場合（後述するようにマルコの場合は別だが）、彼らの護教論的意図のつくり出した像だから、そのまま信用するわけにはいかないのだが、だからと言って、イエスの発言が歴史的状況の存在しない宙空でなされた、なんぞということはありえないので、個々の場面が正確に伝えられているかいないかは別として、歴史的状況の中で語られた、というのは確かなのである。どういう場面で語られたかがわからないからといって、場面のないところで言葉が語られたとみなすとすれば、もっとひどい誤りになる。確かに、小さな場面、つまり個々の言葉が誰を相手に、どの町で、もしくは村で、どんな抑揚で、つまり喧嘩っぽくたたみかけていったのか、皮肉っぽくにやりと笑って言ったのか、にこやかに語りかけたのか、といったようなことは多くの場合わからない――ただし、かなりはっきりわかる場合も多い、とつけ加えておこうか――。しかし、もう少し大きな場面、つまり全体の歴史的な状況は我々は明瞭に知っているのである。いわゆる歴史的大状況はもちろんのこと、もっと小さな状況も、たとえば今扱った「祈り」についてのイエスの発言について言えば、当時のユダヤ教社会でどのように祈られ、祈りがどのような社会的位置づけを持っていたか、というようなことは知っているのである。

教会的な説教の中でいわゆる「主の祈り」なるものが解説される解説に耳なれた人ならば、右に展開したような私の説明には驚かれるに違いない。けれども、そういう人たちは、たとえばカディシュの祈りが、またカディシュだけでなく、それよりも数倍数十倍に複雑怪奇な祈りの体系が庶民の生活を圧していた、という一世紀パレスチナの宗教的状況などおよそ知らずに、もしくは黙殺して、「主の祈り」を普遍妥当的な祈りの模範として解説してしまうのである。一世紀のパレスチナのユダヤ人がイエスのあのせりふを聞いたなら、いやでも、イエスはカディシュを意識的に言い換え、転倒している、ということに気がついただろう。だからまたイエスは常に敬虔かつ頑固なユダヤ教徒の憤激をかったので、普遍妥当的な祈りの模範を口にしたぐらいならば、殺されることはないのである。

だから、イエスの言葉が発せられた個々の場面を厳密に把握するのは不可能であるにせよ、その言葉の発せられた全体的な状況は知ることができる。そしてそれを知ることができるとすれば、実際には個々の場面についても、それが皮肉になっているのか、憤りを爆発させたものか、憤りを裏にひめたものか、といったことはかなりな程度まで想像できるものである。このように状況に向って発せられる時には、明らかに、一つの行動なのである。そしてイエスの活動全体をも、その歴史的状況に立ち向ったものとして理解することができるだろう。そうしてはじめて、イエスは何故殺されたかが理解できる。イエスは、権力によって逮捕され、殺された反逆者だったのだ。権力の側に言わせれば、どうしてもつかまえて殺しておかねばならないような男だったのだ。その生と活動は、にこやかに説教しつつ語れるものではない。

だから我々は、イエスについての個々の伝承を歴史的な場の中へともどしながらとらえていく。魚を水にもどすように。それは歴史的想像力の問題である。そして、はっきり言っておくが、歴史的想像力は、決して、歴史家の勝手な主観の持ちこみというようなものではない。それはもはや、主観・客観という軸からではふれることのできない課題、歴史的真実にどのように肉薄できるか、という課題なのである。

## 五　イエスは愛の説教者ではない

さて、「祈り」についてのイエスの一つの発言をとりあげたのは、イエスという男が、ユダヤ教に対してどういう反抗の姿勢を持っていたかを示す一つの典型的な例だと思ったからである。そこではイエスはカディシュを槍玉にあげた。そういう仕方でイエスはユダヤ教の基本的な教条の一つを批判している。そしてイエスはユダヤ教の他の基本的な教条に対しても同じ調子で批判をあびせかける。シェマの信仰告白についても、モーセの十戒についてもそうなのだ。

汝、心をつくし、生命をつくし、思いをつくし、力をつくして、主なる汝の神を愛すべし。
また、おのれの如く汝の隣人を愛せよ。

というせりふは、イエスが言ったせりふだと思われている。言ったどころか、ここにこそイエスの教えの根本が表現されていると思われている。しかし本当はそうではない。だいたいこのせりふはイエス自身が言ったのではなく、議論の相手である一人の律法学者が言ったものにすぎない。イエスという男は、だいたいこんな宗教的な教条をれいれいしく口にして、それで話がすむと思うような甘い男ではない。そもそもイエスは、現代の「ヒューマニズム」好みのキリスト教徒のように、やたらと愛の、愛のと言ってふりまわすことはしていない。イエスの言動の本質をよく抽象してとらえれば、愛と名づけることができる、と主張なさるのは御自由だが、イエス自身は「愛」という単語をほぼまったく用いていない、という事実だけは知っておいた方がいい。中学か高校の○×試験で、イエスの宗教＝愛の教え、とつなげれば○をくれる、という程度のことは、少なくとももうやめておいた方がいい。――そもそも、「イエスの宗教」などというものはないので、イエスは宗教支配の社会に対して抗った男なのだけれども。

福音書に「愛」もしくは「愛する」という単語が出て来るのは、「いつくしむ」とか「好む」といった比較的軽い意味に用いられる二、三の場合は別として、この個所と、あと、例の「汝の敵を愛せ」という句の前後のところだけがイエスの発言であって、残りはすべてマタイもしくはルカがその資料に対して書き加えたものである。キリスト教は「愛」の宗教だとする教義的主張からイエスの言葉が解釈されるようになった、ということなのだ。ところがイエス自身はこのように、「愛」という単語をほとんど用いていないばかりか、この二個所にしたところで、どちらも、当時のユダヤ教が「神への愛」と「隣人愛」を強調して語っていた句を引用しつつ、それに対して批判的に論評を加えているのである。

ある時一人の律法学者がイエスのもとに来て、たずねて言った、

「律法の中で、最も重要な戒めはどれか」（マルコ一二・二八）

一つの価値の体系がつくられる時に、その合理性の基準を支える基礎的な尺度を人は必ず求めたくな

るものである。それはすべての合理主義におのずとつきまとう発想なのだ。古代社会における合理主義の一つの典型であるユダヤ教法体系に仕える律法学者たちの間では、こうして、律法の戒めの中での価値水準を整理し、「大きな戒め」と「小さな戒め」に分類する作業は、すでに常識として定着していた。どれをどう数えたのかは知らぬが、律法全体には六一三の戒めがある、と当時のユダヤ教会堂では教えられていた。六一三の戒めのすべてを等しなみに扱うわけにはいかない。その中でどれが最重要の戒めであるか、という問いは、彼らの間ではしばしば議論の種にもなり、そして結論も何ほどか共通のものとなっていた。最重要の戒めを基準として、他の戒めをすべてその基準の上にのせてはかろうとしたのである。

こういう話がイエスより二、三十年以前のラビに関して伝えられている。ある異邦人がラビ・シャンマイのところに来て、自分が一本足で立っている間に律法全部を述べてくれたらユダヤ教に改宗してもいい、とからかい半分に言ったので、シャンマイは怒って、棒の先でこれを追い返した。そこでこの異邦人はシャンマイと対立するもう一人のラビ、ヒレルのところに来て、同じことをたずねた。ヒレルは答えて言う、「自分にとっていやなことは、隣人に対してもなさぬがよい。これが律法のすべてであり、他はすべてその解釈にすぎぬ。行って、このことを学ぶがよい」

また、後二世紀はじめの第二次ユダヤ独立戦争の精神的指導者だったラビ・アキバも、同じような言葉を残している。「おのれの如く汝の隣人を愛すべし。これこそ、律法の中で最も重要で、かつ包括的な基本の戒めである」

こういうことがいわば常識となっている世界で、律法学者の一人から、最も重要な戒めは何ですか、なんぞとたずねられれば、イエスならずとも、そんなことはあなたよく知ってるじゃないですか、と答えたくもなるだろう。もっとも律法学者がイエスにこれをたずねたのは、お前のように律法批判を激しく展開する男ならば、当然、律法の中でどれが最も重要な戒めであるかお前なりに見識を持っているだろう、という嫌味な問いが裏の気持としてあるに違いない。ルカの著者は、律法学者が「イエスを試みて言った」としているが、当たらずといえども遠からずと言える。しかし、こういう問いにいい気になって答えると、相手の論理的な前提にのってしまうというもので、実際、どれが最重要の戒めか、という問いにそのまま答えたのでは、個々の律法個条についてはいくら批判してみても、ユダヤ教の法体系の基礎構造は承認して、その前提からものを考える、ということになってしまう。イエスが批判しようというのは、まさにこの基礎構造なのである。

そんなことはあなたよく知ってるじゃないですか、と言われて、律法学者の方は、えたりかしことばかりに、自分の先生から教わったことを並べ立てる。「それはもちろん、汝、心をつくし、生命をつくし、思いをつくし、力をつくして、主なる汝の神を愛すべし、および、おのれの如く汝の隣人を愛せよ、ということですよ」

これが前述のヒレルやアキバの発想と似ていることは言うまでもないが、ここでは、神への愛と隣人への愛が二つとも並べられている点が違うように思える。ヒレルやアキバの場合、もちろん彼らも当然神への愛や隣人愛をそれぞれ強調しはするが、このようにその二つを両方とも同時に並べて言うことはしていない。それで、何とかこれはイエスの独得の発言だと言いたがる神学者は、これを二つ並べて同時に言った点にイエスの特色がある、などと言い立てる。しかしルカ福音書では、これはそもそも、イエスの発言ではなく、律法学者の発言である。それにまた、たとえば、イエス当時のユダヤ教文学の中でかなり独得な色彩のある『十二族長の遺言』という書物があるが、その中で、「イッサカルの遺言」という章には、「子らよ、神の律法を守るがよい……主と隣人とを愛せ」という風に、律法の中心としてこの二つを並べているし、あるいはまた、「私は心をつくして主とすべての人々とを愛して来た。子らよ、汝らもそのようにせよ」とか、「ダンの遺言」には、「生命をつくして主を愛し、またまことの心をもって互いに愛しあえ」という表現が出て来る。

後にも述べるように、原始キリスト教団の中には律法学者的修練を経た者もかなり存在していたし、こういう者たちが教団のイデオローグになっていたことは想像にかたくない。そして、彼らが思想的系譜の一つとして継承していたのが『十二族長の遺言』を生み出したユダヤ教の流れなのである。ここにも、イエスの頭をとびこして、ユダヤ教からキリスト教へと継承されていく要素の一つがある。この種のものの言い方が宗教的常識としてひろまっている世界に批判的なくさびをうちこんでいったイエスにもかかわらず、キリスト教はこういう言葉を自分の表看板として採用した。「神を愛し、隣人を愛せ」というのは、律法学者がイエスに答えて、おのれのユダヤ教信仰の常識を表現したものにすぎない。ところが、その話が伝承されているうちにいつのまにか、質問した者と答えた者の関係が逆になってしまった。つまり、律法学者に、何が重要な戒めか、と問われたイエスがみずからすすんで「神を愛し、隣人を愛せ」と言った、ということになってしまった（マルコ一二・二八―三四、マタイ二二・三四―四〇。この点ではルカ一〇・二五以下の方が元来の問答をよく伝えている）。さらにキリスト教がユダヤ教の土壌を離れて世界宗教として独自の伝統を持ちはじめるようになると、神を愛する愛と隣人愛こそがイエスの独得の主張であり、これこそキリスト教の根本精神だ、ということにされる。愛を語るのはいい。まして愛を実践するのは結構だ。しかしその愛の精神を人から学んだのであれば、あまり大きい顔をして、これが自分の独得の本質であるなどということは言わぬがいい。これではユダヤ教徒が心外に思うのは当然だろう。自分たちが長い間かかって共通の認識として作り上げた姿勢をキリスト教徒は借用していったばかりか、あたかもこれこそキリスト教の専売特許であるかの如く言いふらす。これでは文句の一つも言いたくなろうというものだ。

さて、イエスはどうだったか。あんた、そんなことぐらい知ってるだろう、と言われて、律法学者が神の愛と隣人愛を並べたのに対して、

「いいじゃないですか。あなたみたいによく知っている人が何も私に質問なさることはありませんよ。それで本気になってやってみてくれたらどうなんですか」

この言葉を口にしたイエスには、複雑な笑いが腹にあっただろう。およそ、体制内規範の建前というものは、それを本気になって実行することがありえない時にのみ、無難な表看板としての価値を保ちうる。どんな大学にしても、「永遠の真理を探究し」というようなうたい文句は飾ってあるし、警察は市民を守るために存在し、法のもとにすべての人間は平等です、というわけだ。いいじゃないですか、本気になってやってみてくれよ。

こう言われて、この律法学者はかなり真剣な男で、ことをうやむやにしたくなかったのか、それとも、およそ鉄面皮で何を言われても平気だったのか、もう一言たたみかけてしまった。それが、今ま

で辛辣に口数が少なく、重い気分だったイエスに、一気に雄弁にまくしたてられる結果をひきおこしてしまったのである。つまり律法学者は、「それでは、私の隣人というのはいったい誰でしょうかね」とたずねたのだ。

もっともこれも律法学者的問答の続きであって、「隣人」という概念は、彼らの間では極めて厳密に用いられている概念なのである。彼らにとってはたまたま隣に住んでいるとか、たまたま行きあう人が隣人だ、というのではないので、選ばれたイスラエルの民に属する者が隣人であり、生れがユダヤ人だというだけでなく――ユダヤ人として生れながら、律法を知らずに、異邦人のごとく汚れた生活を送っている「地の民」はいくらもいるのだから――信仰共同体としてのイスラエルの民に属する者こそが、互いに「隣人」なのである。「隣人」についてのこの厳密な概念規定を欠くところで、「汝の隣人を愛せ」とやみくもに言うとすれば、「地の民」と大差ないではないか。だから、律法批判者イエスよ、お前は「隣人」という概念をきちんと区別し、理解した上で批判しているのか。

そこでイエスは複雑な笑いから憤りに転じて、たたみかける。

そこまでうるさく言うのなら、あなた、最近おこったこういう話を知ってますか。エルサレムからエリコに下る街道筋で、あの往来のはげしい大きな街道筋で、一人の人が強盗におそわれたのですよ。盗人どもは、着ている物まではぎとり、さんざんなぐりつけて半殺しにしたところで、ほうり出して逃げてしまった。しかしあの街道ですからね、次から次へと人が通る。そういう時に、宗教的支配階級の連中はどうしたと思いますか。祭司が一人通りかかった。怪我をして地面に倒れているのは「地の民」だと思ったのかどうかしれませんが、道の反対側をそ知らぬ顔をして行ってしまった。次にレビ人が来た（レビ人という宗教階級が何であるかは、はっきりしないところがあるのだが、とりあえず下級祭司と説明しておく）。彼もまた同じで、黙って通りすぎた。ところがそこに通りかかったのが旅行中のサマリア人で、これを見て同情し、近寄って、彼の傷にオリーヴ油と葡萄酒をぬって包帯し、自分の驢馬の上にのせて、宿屋まで連れて行き、そこで介抱してくれたのですよ。おまけに翌日になると、このサマリア人は宿屋の主人に二デナリの金をわたして言ったそうですよ、これでこの人を介抱してあげて下さい。もしもこれで足りなかったら、この次にここを通る時にお返ししますから、と。あなたはいったいこの三人の中で誰が強盗にあった被害者の隣人になったと思うのですか。

（ルカ一〇・三〇—三七参照）

これが有名な良きサマリア人の譬え話である。しかし、キリスト教徒なら誰でも知っているこの話が、以上のようなユダヤ教における隣人愛の理念に対する批判として語られた、ということは意外に注目されていない。そして、この話だけは非常に好まれ、キリスト教的ヒューマニズムの精神に訴えつづけてきた。ここでは「祭司、レビ人」が批判されているのだが、この話をねたに説教するキリスト教の牧師、神学者は自分が「祭司、レビ人」の側にいる人間だ、などとは思ってもみない。ここで批判されているのは「ユダヤ教」という正しからぬ宗教なので、キリスト教はそれを克服して出て来たもの、いわば「良きサマリア人」の宗教だ、と思っているのである。しかしイエスはここでは決して、ユダヤ教に代えて新しい宗教を作ろうとしているのではない。そもそも宗教的なものが社会を支配するとどういうことになるのか、という一つの戯画を描いているだけである。

イエスが何を考えていたかはとりあえず別として、このサマリア人の行為こそ本当の隣人愛だ、と言ってほめあげることは容易である。しかし、それを説教としてほめあげることが、「アンクル・トム」的に従順な被支配者の倫理を長年にわたってキリスト教社会で作り上げてきたことも周知のことである。植民地支配への道を掃き清めたキリスト教が、ユダヤ人社会の中で差別されていたサマリア人でさえこのような隣人愛を持っていたのですよ、だからあなた方遅れた未開の民も救われるのです、従順な愛さえ持てば……、と説教した時に、この譬え話は植民地支配下の人々に一つの希望を植えつけた。神から見離されているはずの「サマリア人」も愛の行為によって神にほめられるのであるとすれば、あなた方「未開人」も愛の行為にはげみ、教会に通い続ければ、白人と同じ立派なキリスト教徒と認められましょう……。こうして彼らが従順な愛の行為にはげもうとしているうちに、手に聖書を持つようになったが、前から自分たちのものだった土地は奪われていた、というのはよく指摘される事実である。譬え話は使いようでいろいろな作用を持つ。「祭司、レビ人」を批判したこの譬え話は、いつのまにかキリスト教の祭司、レビ人の利用するところとなっていた。

確かに、サマリア人はパレスチナの中で差別され続けていた。パレスチナに対する長い外国支配の歴史は、その地方地方にずい分異なった性格をつくりだした。エルサレムの中央聖所に依拠しつつ、巨大な宗教的権威によって民族性を保とうとしてきた南パレスチナ（狭義のユダヤ）と、外国支配の政治的拠点とされてきた中央パレスチナ（サマリア）とでは、住民の意識はずい分異なってくる。この分裂は千年近く昔にさかのぼる。すなわちダビデ王が紀元前千年頃にパレスチナ統一王国をつくりあげたものの、その孫のときにはすでにイスラエルは南北両王国に分裂している。しかし、サマリア差別の歴史は、前八世紀末に北王国（サマリア）がアッシリア帝国によって壊滅せしめられた時に発端があると言ってよい。メソポタミアの大帝国によってつぶされた、という点では南王国（ユダヤ）も同じで、前六世紀のはじめにカルデヤ（新バビロニア）の侵略により独立を失ったのだが、こちらの方はその後のペルシャ支配のもとに半独立の宗教国家として自己を保ち続け、強度な民族意識を養い続けた。

古代末期のユダヤ人に民族意識があくどいまでに強かったのは、国の独立を失ったからではない。国の独立を半分失ったからである。政治的な独立は失ったものの、宗教支配による民族社会の内部構造には外国人支配者は手をつけなかった。それでかえって、民族的自尊心はつのるばかりだったのである。ところがサマリアの方は、すでにアッシリアによる征服の時から、住民は大量に他国に奴隷、植民者として連れ去られ、逆に「異邦人」がかなりはいりこんでくる。人種的な混血もなされたし、文化的にもどうしても異質なものを持ってくる。ペルシャ時代には、宗教的にもエルサレムと分離し、サマリア市（サマリアというのは元来この地方の中心都市の名前で、それが地方名にもなった）に近いゲリジム山に独自の聖所を持ち、モーセ五書も独自な形で伝承するようになる。こういう歴史の過程は、次にヘレニズム・ローマ時代になっても、サマリア地方がもっとも容易にヘレニズム化するという結果をひきおこす。サマリア市はヘレニズム的都市となる。こうなると、ユダヤ人から見れば、サマリアはもはや異質の世界である。しかもその異質さは、もともとまったく異質ならばともかく、同質のものが歴史の過程を通じて差ができていったのだから、一方から見れば他方は堕落に思える。

けれどもまた、異質というだけでは差別は生れない。社会差別を強力につくり出すのは、一方が他方を政治的社会的に支配する時である。一方が他方に、支配的な力関係として圧倒的な優位を保ち、それが優越意識につながった時である。ユダヤは、前二世紀半ばにマカバイ王朝のもとで独立するが、その後、前一二八年にサマリアを侵略して支配下に組み入れる。ユダヤ側から言わせれば再統一だが、サマリアから見れば、ユダヤ人王朝に侵略され、その支配下に組み入れられたのである。新たな支配者は被支配者を強引に同化しようとする。

こうして、サマリア人に対する強度の蔑視がはじまる。彼らはユダヤ化することが期待されながら、しかもユダヤ人扱いされない。その後ヘロデ王朝の時には、サマリア市はローマ風に作り変えられ、町の名もローマ皇帝を記念するセバステという名前に変えられ、町の中にはローマ皇帝礼拝のための神殿がつくられる。同じヘロデが晩年に、エルサレム神殿の入り口に金の鷲の像を飾った時には、大きな騒動がおこっている。聖都に「偶像」を持ち込んだ、というわけだ。しかしサマリアがこのように扱われても、何もおこらない。あそこはどうせ汚れた異邦人化された町さ、というのだろう。

そういう中で、イエスがサマリア人をひきあいに出してこの物語を語った時、それは明らかに、サマリア人に対する差別に抗議しようとする姿勢である。「隣人」という理念によって、差別される部分を排除していくことに対する憤りである。あなた達は、サマリア人は「隣人」ではないと言っている。しかし、傷つき苦しむ旅人に対してみずから進んで「隣人」となるのは、あなた達の尊敬する「祭司、レビ人」ではないので、サマリア人なのですよ。

しかし一方では、このようにサマリア人差別に対して憤り、抗議するとしても、その抗議するものの言い方が、場合によっては、差別意識を裏返しにしたコンプレクスの現れになりかねない。イエス自身はサマリア人ではなかった。これが、サマリア人でさえもこういう立派なことをするではありませんか、ましてあなた方は、という形の説教になると、実は裏返しの形で相変わらず差別意識を継続することになる。差別の意識に気がついた何ほどか良心的な人々が、差別を克服するために、最初にいだく心やさしい発想であるけれども。

あの人たちは愚かな悪い人たちだとみんな言うけれども、こんな立派なこともしているのですよ、こんな善人もいるのですよ、だから私たちの仲間に入れてあげようではありませんか……。

そう言う時に、そこには柔和な親切さがあふれていて、人の心としては美しい。しかし、それは差別を柔和に覆いかくす役割をも果たす。こう言うことによって、人々は、差別されてきた者たちを社会的秩序への従順さに馴らしていこうとする。彼らもこんなにおとなしい、いい人たちなのだから、と言いつつ。イエスがサマリア人をひきあいに出してものを言う時には、一方では、まだそういう水準をぬけきっていないと言えるかもしれない。たとえばこういう話がある。

ある村で、イエスが十人の癩病人を癒したことがあった。その中の一人はサマリア人だったが、大声で神を讃美しながらもどってきて、イエスの足もとにひれふして感謝した。しかし残りの九人は感謝することもしなかった……。

（ルカ一七・一一―一九参照）

これはもちろん、やや後のどこかのキリスト教会の中で伝説化、教訓化されて伝わった話であって

(あるいはこの種の話を好むルカが創作したか)、このままの形ではとてもイエス自身にさかのぼるものではない。しかし可能性としては、イエスが元来「良きサマリア人の譬」と同じ調子で語った譬え話が大幅に作り変えられ、実際にイエスが癩病人を癒した話にされてしまったのかもしれない。話の出所は別として、ここにも、同じような発想が見られる。そして、ことサマリア人の問題に関する限りは、イエス自身こういう発想以上には出ていないし、それは結局、サマリア人でない者が、比較的遠くからサマリア人のことを考える時にいだく発想である。共観福音書によれば、イエスはサマリア地方では活動していないし、イエスの「弟子」や支持者の民衆の中にもサマリア人は見あたらない(マルコ三・八)。

しかしイエス自身にとっても、彼の生きていた周囲の民衆にとっても、サマリア差別とは形態こそ違え、根は同じ差別が重くのしかかっていた。彼らは北部パレスチナ、すなわちガリラヤ人であったのだ。エルサレムを拠点とするマカバイ王朝によってガリラヤが統合された時に、ガリラヤ人はサマリア人よりもよほど「従順」にユダヤ化された。それはむしろ、サマリアほどの経済的実力も、政治的社会的自立性も持ちあわせていなかったからだろう。サマリアほどに重要でなかったから、数百年にわたる外国人支配の間、かえってそれほど異国化されていなかった。要するに、ガリラヤなどは、歴史の支配者たちはかえりみることもなく、踏みにじっては、ほっておいたのだ。ただその間もエルサレム神殿による宗教支配に対しては、つかず離れずの関係を保っていた。だからガリラヤ人は「ユダヤ人」だった。しかし、それは服従し、順応せしめられた「ユダヤ人」であり、南部ユダヤ地方のきっすいのユダヤ人、輝けるエルサレムのユダヤ人とは違っていた。ガリラヤのこの位置については、また改めて記すことにしても、イエスの活動は、決して、「ユダヤ人」イエスの活動というのでなく、ガリラヤ人イエスの活動であったことは銘記すべきだろう。だから、イエスの場合、第三者的に、差別されたサマリア人も仲間にしましょう、という以前に、まず自分たち自身の場にのしかかってくる強力な宗教支配に抗う活動として存在した。柔和なやさしさから出て、逆説的反抗になった時、イエスの活動は存在の根につきささる。

もっとも、この「良きサマリア人の譬」にしたところで、単に、心やさしくサマリア人を受け入れましょう、という程度の発言ではない。自分たちを日常覆っているところの宗教性こそが、たとえばサマリア人に対する差別をつくり出す要因なのだ、という批判なのである。

「だれが我々の隣人なのか」と「隣人」の範囲を宗教的に規定しようとする時に、サマリア人はそこから排除される。従ってイエスは律法学者のこの問いに、そのまま答えて、「隣人」の範囲を定めることはしなかった。この譬え話の最も要の点はそこにある。たとえば正統的律法学者よりも「隣人」の範囲を広くひろげたとしても、その範囲を定めようとしている限り、本質においては変らない。範囲の外にいる人は隣人ではなくなってしまうからである。むしろイエスはその問いに対して、「だれがこの被害者に対して隣人になったか」という問いを対置した。隣人とは、自分の方から隣人になるものだ、というのである。こう言うことによって、イエスは「隣人」の概念を転倒しようとした。このように問いの方向が変れば、特定の人間の範囲だけを「隣人」として定める限定された隣人観は消えてなくなる。相手が誰であれ、自分の方から隣人になればよろしい。

そしてまたこれは、単に一般的に、当時のユダヤ教を支配していた「隣人」の概念を転倒しただけでなく、ユダヤ教の根本的な信仰個条に対する批判として提示されている。すなわち、この問答の時に律法学者は、「汝、心をつくし、生命をつくし、思いをつくし、力をつくして、主なる汝の神を愛すべし」とまず答えている。註解書なぞをお読みになると、これは、旧約聖書の申命記六章五節の引用だ、と必ず記されている。そうには違いない。しかし、その律法学者もイエスも、また当時のユダヤ人ならば誰でも、これを単なる申命記の引用と考えるよりも、まずもっと身近なものを思い出しただろう。朝夕となえる祈り、祈りというよりも信仰告白のせりふである。

シェマと呼ばれるこの祈りは、主として申命記六・四―九、一一・一三―二一、民数記一五・三七―四一の連続した誦経からなりたつ。彼らとしては、もう暗記しきったせりふであり、ユダヤ教信仰告白のもっとも中心的なせりふなのである。シェマというのは「聞け」という意味のヘブライ語で、「聞け、イスラエルよ」という呼びかけからはじまるので、こう呼ばれる。

聞け、イスラエルよ、主なる我らの神は唯一の主なり。
汝、心をつくし、生命をつくし、思いをつくし、力をつくして、主なる汝の神を愛すべし……

だから、かの律法学者としては、最も重要な戒めとは何か、という自分で提出した問いに対して、自分で、シェマの信仰告白の最初の部分を引用したのである。これは、彼らにとって、当然かつ常識的な答にちがいない。「隣人愛」の理念は、イスラエルの神に対するこの信仰に包摂されてのみ意味を持つ。だからまた、イエスがそれに対して、結構じゃないですか、あなたはそれで本気になってやって下さいよ、と皮肉に答えつつ、それではすまない問題として、サマリア人の譬え話を自分の方から語り出した時に、それは明らかに、シェマの信仰告白という形で全国民的にユダヤ人の頭脳を支配していた教条に対して、一つの実践的なつきつけをなそうとしたのである。

以上の「愛」についてのイエスの発言と並べれば、「敵を愛せ」とイエスが断言的に言い切った場合の意味も理解できよう（マタイ五・四四）。マタイはこれを、キリスト教迫害者の魂の救済のための祈り、という意味に解釈し、その観点から多少の論拠を並べているが、イエス自身の論点は決してそういうところにはない。イエスは「敵への愛」を普遍妥当的真理として語るほどの超世間的説教家ではなかった。「敵への愛」とは所詮矛盾なので（愛することのできる相手であればそもそも敵ではない）、これを絶対的真理として言いくるめる者は、どこかでごまかさなければならない。これまた逆説的反抗として語られた時にのみはじめて意味を持つ。そしてこれもはっきりと、「隣人愛」の理念に対する批判として主張されている。

いにしえの人々に（つまり旧約の律法で）、隣人を愛し、敵を憎め、と言われていることはよく知られている。

しかし私は言おう。敵をこそ愛せ、と。

聖書学者たちは、この言葉を解釈するのに、いくら旧約聖書を探しても「隣人を愛し、敵を憎め」と書いてないので、扱いに困っていた。ところが一九四七年に死海のほとりのクムランで発見された文書（いわゆる死海写本）にはっきり出て来た。「すべての光の子らを……愛し、すべての闇の子らをおのおの……その罪に応じて憎むこと」（1QS一・九―一〇）。これこそまさに、「隣人を愛し、敵を憎め」ではないか。聖書学者たちは喜んだ。イエスのこの発言は旧約聖書に対してではなく、ユダヤ教の特殊な一セクト、クムランの修道院的教団の思想に対する批判だったのだ、と。こうして、彼らの護教論的意識は満足させられた。これなら、旧約聖書が傷むことなく、イエスの発言をたてることが出来る……。

しかし、イエスが、今日の学者が「宗規要覧」（1QSと略称）と名づけたクムラン教団のこの文書を知っていたとは考えられないし、クムラン教団を直接に相手どって批判的な活動を展開した、などという痕跡はおよそ見られない。むしろ、「隣人」という概念が以上述べたような正統的信仰によって規定された概念であるとするならば、クムランの連中ほど露骨に言わなくても、「隣人を愛せ」という主張はおのずとその影として、「敵を憎め」という主張をともなわざるをえないではないか。あなた方はそれを意識していないだけだ。表にかかげる理念の影に、無意識に何をかかえこんでいるかが問題なのだ。だからこそ、あなた方にはっきり言ってやる。そうではないのだ、敵をこそ愛せ。

この言葉は、支配権力が「敵」をつくり出すことによって、人民をみずからの支配下にかかえこむことに対する逆説的反抗として、このように言われてこそ意味を持つ。それが逆に、支配階級が、みずからに反抗する者たちに対して、「憎しみを持ってはいけません。敵をも愛するほどの心をお持ちなさい」とにこやかに説教する時には、意味が逆転する。日本キリスト教は、かつて日本帝国主義がアジア大陸への侵略にのりだして行った時には、「敵」と戦うことが神の御旨だ、と説教した。知らない人は、まさか、と思われるだろうが、残念ながら事実である。そして、今では、日本帝国主義を敵として抗う者たちに、一所懸命、イエス様は敵を憎んではいけませんとおっしゃったではありませんか、と説教する。同じせりふでも、方向が変えられれば、意味が逆転する。

## 六　「十戒」批判

イエスの活動は、ユダヤ教という宗教的社会支配体制に対する逆説的反抗だったのだ。だから彼は、カディシュ、シェマのように、ユダヤ人にとって最も日常的になっていた宗教的せりふを皮肉にあげつらう。同じことは、シェマと並んで、ユダヤ教の中心をなしていたモーセの十戒についてもあてはまる。

一人の金持がイエスのところに来て、「良き師よ、永遠の生命を受け継ぐためにはどうしたらよいでしょうか」、とたずねた。経済的に余裕のある生活を得ても、人はそれだけでは不安である。これでいいのだ、という安心をえたい。それが、たとえば「永遠の生命」といった宗教的理念に結びつく。こういう真面目な金持は、まずは、その時代の宗教的、倫理的教条については、一通りや二通りのことは知っているものである。いろいろと「師」を遍歴したが、絶対的な安心立命を得られなかった、という場合が多い。「師」にもろくなのがいない場合が多いのだろうが、だいたい、どこかの「師」から絶対的に安心立命を得られる教えを受けようと思うのが無理な願いだ。イエスは、そもそもこの男が大ぎょうに、真面目くさって、「良き師よ」なんぞと呼びかけてきたのが気に入らない。

人のことを良い者なんぞと呼びなさるな。あなた方の正しい信仰によれば、良いのは神様だけ、ということになってるじゃありませんか。それに、お見うけしたところ、あなたはなかなかのインテリのようだ。私なんぞにおたずねにならなくたって、ユダヤ教信仰の根本はよく御存じでしょう。モーセの十戒の内容を。殺すな、姦淫するな、盗むな……

当然この男の方も気に入らない。そんな常識的なことを聞きに来たのではない。有名なユダヤ教批判者だから、何か独自の律法解釈でも持っているのかと思って聞きに来たのですよ。それで坊ちゃん育ちらしく、不満そうな顔をして、しかし相変らずていねいに、

「先生、そういうことなら子どもの頃からずっと守ってまいりました」

その真面目さを可愛らしく思ったのであろうか、イエスは皮肉な態度を離れて、正直に語りかける、

「それでは、敢えて一つだけ申し上げましょうか。あなたの財産を全部売りはらって、貧乏な人に分けてあげておいでなさい」(マルコ一〇・一七以下参照)

この伝承も、現在福音書に記されているものは、原始キリスト教団が禁欲主義的な倫理を宗教的価値としてほめあげる視点から潤色した伝承である。つまり、それが「天に宝を積む」ということだ、とユダヤ教倫理の価値の標語をつけ加え、そしてその上で、「イエスに従うがよい」、つまりクリスチャンにおなりなさい、と宗派の宣伝をつけ加えることも忘れない。イエスの皮肉な会話は、ここでも、

原始教団によって、一つの説教に仕立てあげられる。

原始キリスト教団が私有財産を放棄した者の禁欲的共同体だ、などとよく通俗本で言われるのは嘘で、財産一切を教団に――「貧乏人」にではなく――寄付した例外的な場合は二、三あるにせよ、一般にはそういうことは何ら行なわれていない。それにもかかわらず、たてまえとしてそういう主張がなされていたのは、それがいわば心の持ち方としてそういうつもりで生活を時々刻々キリスト教徒としておすごしなさい、という精神化した説教にすぎなかったということなのである。それは禁欲主義的な倫理観を生み出したけれども、その結果は、もしもこれを本気で実践しようと思えば、人里離れたところで禁欲の修道士的生活を送ることにしかならなかった。しかし多くの場合原始キリスト教は、ユダヤ教がこのように曲りなりにも実践的な倫理として主張していたことを精神化して「継承」しているのである。

もちろん、この問答におけるイエスの場合、財産を捨てたようなつもりで謙虚につつましやかに、なんぞと愚劣な説教をしているわけではなく、また、何らかの教団を形成する目的などもなかったから、財産を寄付して教団に参加せよ、というようなことを一般的な教条として言おうとしているわけでもない。どういうつもりでイエスがこの男にこういうことを言ったのかは、もはやわからないが、いずれにせよ、生活の実質にふれないところで、永遠の生命などということをいくら問題にしても仕方がない、ということだろう。我々にしたところで、天下り官僚やら財閥の息子か、財閥どころか雇われ重役の息子か、そういうところの有閑夫人に、どうしたら生き甲斐が得られましょうか、なんぞとたずねられれば、そんなこと言ってないで、いいから、今の生活を抜け出してだな、ともかく自分の労働ですったもんだ食うために働きまわってみろよ、生き甲斐もへったくれもないんで、俺達は生きるのに精一杯なんだよ、と言ってやりたくもなろうというものだ。イエスという男は、どうやってお前は祈るのだ、ときかれて、明日のパンがほしいんだけれどもな、とひょっこりつけ足すような男である。永遠の生命なんぞということについて、神学的な議論を展開するつもりなど、さらさらなかったことだろう。

永遠の生命という概念はパウロやヨハネ文書には非常に多く出て来るし、共観福音書でも後期のマタイやルカには編集上の付加として多少出て来る。けれどもイエス自身にさかのぼりうる伝承でこの概念が出て来るのは、おそらく、「もしも自分の手が自分をつまづかせるならば、切り捨てよ。片手になっても生命にはいる方が、両手そろって地獄に落ちるよりはましだ」(マルコ九・四三)という言葉だけであろう。これは無気味な言葉である。現代人にはもはや持ち得ない無気味な感覚である。身体を痛めつけることが比較的多く日常生活でも見られた昔の人間ならば真面目にこういうことも言えるだろうか、という類の言葉である。もっとも古代人にとってさえ、宗教的な要求をここまでつきつめてなすということは、無気味に強烈な要求であったと言えよう。イエスはどこまで本気になってこういうことを言ったのか、この場合もまた、こういう言葉を発言した具体的状況がわからないので、何をどこまで言おうとしているのかよくわからない。ただ、三つのことはおそらく言えると思う。

第一に、イエスという男はある種の無気味につきつめた思想的雰囲気を持っていた。この点にはあとでもどって来る。第二に、こういうことを言う場合のイエスは、決して何か特別な聖者にのみあてはまることを言うわけではない。世にも稀な高邁な伝説的な聖者にはこういうことがあります、などと言っているのではない。こういう無気味に強烈なつきつけを誰に対してもなさないのである。第三に、そのくせ、イエスはどこまで本気でこういうことを言っているのかわからない、という面がある。今述べたように、「永遠の生命」などということをイエスは本気になって、これこそが人生のすべての目標であるというような仕方で、年柄年中夢中になって追い求めていたわけではない。もしもそうだったとすれば、こういう無気味な強烈さを持ったイエスのことだ。実際に自分で自分の手を切り落としたり、片目をえぐり出したりしたかもしれぬ。しかしイエスは普段は永遠の生命などということを考えてもいない。むろん古代人だから、永遠の生命なるものを否定しはしなかっただろう。けれども、問われた時には考えてみる、という程度のことだったのか。何しろこの人は一筋縄ではいかない。そんなにあんたたち永遠の生命なるものの中にはいりたいのなら、しかもあんた達の言うように、罪を犯した者ははいれないというのなら、あんたの手が罪を犯したら、切り落としてはいればいいだろう。眼が罪を犯せば、えぐり出してでもはいればいいだろう……。どうなんだ、ふだんから他人にむかって「罪を犯すな、罪を犯すな」と説教するんなら、まず自分でそこまでやってみなよ……。もしかすると、イエスはぼそっとつけ足したかもしらぬ。俺はそんな宗教熱心にはつきあわねえけどな。

さて、富める者との問答にもどろう。ここでもイエスは、財産を捨ててこいということを、状況ぬきで誰にでもあてはまる真理として語っているわけではない。真面目にモーセ十戒を実践してきたけれども、どうもそれだけでは釈然としない、という一人の金持に対してはこう言った、ということである。モーセ十戒の教条性によってはふれることのできないような生活の実質部分へと切りこむことによって、ユダヤ教の法支配に風穴をあけているのである。まわりの大多数の者がやっと食うや食わずで生きている社会の中で、大金持でいられるというのは、いったいどういうことなんだ……。

ユダヤ教の社会的な支配力は圧倒的なものがあった。その中で、十戒、シェマ、カディシュとユダヤ教の中心になる事柄を並べて、このようにあげつらったのだが、それだけでも大変なことだっただろう。それだけでも殺されるに価した。もっとも、これらの場合いずれも、イエスは、いわば斜めにかまえて皮肉っている。十戒も結構、シェマも結構、カディシュも結構、みんな本気になってそれでやってみてくれよ、と彼が言う時には、にやっと笑った底意地の悪さがある。そして一言だけ辛辣につけ加える。明日のパンがほしいんだけれどもな……。自分の方から隣人になってみてくれよ……。財産を捨てて俺達と同じようにすったもんだ生きてってみたらどうだ……。

## 七　逆説的反抗

しかしイエスはいつも皮肉にかまえて、ちょっと一言だけ本音のきびしさを見せる、という調子で話していたのではない。正面きってユダヤ教批判を展開している場合もある。いやその方がよほど多い。ただ、どちらの場合も、イエスの活動の基礎になっているのは、逆説的抵抗とでも呼ぶべき発想である。十戒、シェマ、カディシュを批判していく場合にもほの見えていたこの姿勢が、もっと端的に表現されている場合も多い。

レビという名の取税人の家で飯を食っていた時の話だ。イエスはよくレビやレビの仲間の家で一緒に飯を食ったり、酒を飲んだり、談笑したりしていた。――「取税人」というのは要するに税吏であるけれども、この場合特に関税を集める税関の下請け業者である。職業上、「異邦人」と多く接する。従って異邦人に消し難くついている「汚れ」にふれ易いから、異邦人なみに「汚れ」た者とみなされる。けれども取税人が特にいみ嫌われたのは、不当に人から金銭をまきあげるからであった。取税人は盗人と同じだ、という言い方が多く見られる。異邦人と比較的多く接触する者はほかにもいただろうけれども、たとえば商人が取税人と同じようにいみ嫌われたというようなことはない。やはり不当に金銭をまきあげられることに対する恨みが、特に取税人だけをユダヤ教社会から排除しようという感情的な根拠になっていたのだろう。税金は公共の事柄に役立てるためにあるのです、などという理念はまだ存在していなかった古代のことである。現代においてすら、自分たちは不当に多く取られすぎていると感じている人間は多いのだから、まして古代人ともなれば、自分たちがせっかく働いてかせいだものを何の理由もなく不当に強奪される、という感じが強かっただろう。もっとも世の人々の感情は不公平であって、もしも税金とはそのようなものであると思うなら、税を取る大元締である政治支配者に対して怨嗟の声をあげればいいのだが、実際には直接人々が接触する出先の小者が一番多く槍玉に上げられる。

事実また当時の関税の収集方法からして、出先の小者はいやらしくかせぎまくらないと自分の収入にはならないようにできていたから、かなり悪どく立ちまわって人々からますます嫌われていたのだろう。つまり、政治支配者は自分で税を徴収するのではなく、請負人に徴税事業をまかせる。その際請負人は、事実これだけの税収がありました、と言って報告するのではない。政治支配者の方ははじめから見つもって、ここでは年額いくら税金を集めろ、と命じて請け負わせる。それ以上集めれば、余った分は請負人の収入になる仕組みである。見つもり額は厳密な計算の根拠があって出て来る数字ではないので、実際にはかなり苛酷な金額であったと思われる。請負人がそれ以上に自分のための収入をあげようと思えば、よほどえげつなくやらざるをえなかっただろう。しかも請負人はさらに下請に出し、その下請に雇われた小者が取税所に座って実際に税金の徴収にあたる。

このように中間搾取が多くはいるから、関税の額は極めて不当な額になっただろう。この機構では「取税人の頭」である請負人と、下っぱの小者は区別して考える必要がある。頭はみずからあこぎな仕事に手をそめなくても、小者を働かしてしぼり取ることによって、莫大な収入を得ることができる。ルカ一九・二に出て来るザアカイなる取税人の頭が「金持だった」と言われるのはそういうことである。それに対して、実際に取税所に座っている小者の方は、自分たちがどのくらいかせぐかは親方にほぼ筒抜けだろうから、かせげばかせぐほど上に吸い上げられて、人々に蛇蝎の如く嫌われながら税をしぼりとっても、たいして自分のふところには残らない。マルコ二・一四に出てくる取税所に座っていた男レビはこういう小者の取税人である。民衆と多く接触する立場にあり、自分自身嫌われつつも民衆の中のけちな野郎として生きていたのが小者の取税人であった。

イエスが取税人とも平気でよくつきあったという事実は、何としてでもイエスに政治的社会的意識を見たくないと思っている現代の抽象的博愛主義の神学者にとっては、非常に嬉しい事実である。取税人は権力の手先である。ローマ帝国の出先機関である。イエスはそういう者に対しても救いの御手をさしのべ給うた。だからイエスは決してローマ帝国支配に反対していたわけではなく、また抑圧された階級の解放を叫んだわけでもない。政治権力者だろうと、貧しい者だろうと、ローマ人だろうとユダヤ人だろうと、平等にすべての人々をイエス様は愛されたのです、というわけだ。これほど極端ではないにせよ、荒井献もこの点では大差ない。「取税人は……少なくとも経済的には社会の下層には属しておらず、しかも外国人（ローマ人）支配の手先として働いているのである。彼らはいわば、自国民から経済的に搾取をすることによって自らの日常生活を支えていた敵性協力者（コラボラテュール）であった。それ故にこそ、パリサイ派、とりわけゼーロータイ（熱心党）からは蛇蝎のごとく忌み嫌われており……。このことは、イエスを支配－被支配、体制－反体制の図式にあてはめ、彼を被支配－反体制の側に位置づけようとする人々にとって、最も説明の困難なところである。……イエスはその行動と思想の視座を、支配－被支配、体制－反体制という政治的・経済的区別を超えるところに置いていた」（二一一頁以下）。そう言いながらこの人は他方では、イエスは常に社会的「弱者」に視座を据えて、究極的には国家権力に抗った（一七五頁）などという結論を引き出してくるのだから、いったいどちらが言いたいのか、いい加減なものであるけれども、あっちの頁ではあっちの人の意見を写し、こっちの頁ではこっちの人の意見に従う、というような本の書き方をするからこういうことになる。ちっとは自分の頭で考えてみればいいのに（「コラボラテュール」は原文ではルビ。だいたい、日本語であるはずの「敵性協力者」にわざわざ片仮名で舌をかみそうな振り仮名をつけているので、ネタ本がすけて見えるような文章だが、その点の詮索はやめておこうか）。

それはともかくとして、政治支配者を国家権力として意識することなどまずありえなかった一世紀のパレスチナの人間を、「国家権力の総体」に対して抗った者であるかどうか判定してみようなどという荒井さんのこの見解は時代錯誤でしかない。また、社会の支配被支配の構造を全体としてとらえて、その構造を転倒すべく闘った「反体制の闘士」としてイエスを描こうというのも時代錯誤である。けれどもまた、逆の極端に走って、イエスは支配被支配の構造を超えた全人間的な立場に立っていた、などというのも、歴史を知らぬたわごとにすぎない。自覚しようとすまいと、歴史社会の中に生きている人間は、歴史社会の構造の外に出て立つことなどはできないのである。無意識のうちであろうとも、支配体制を肯定する気持がどのようにイエスの中ににじみ出ているか、また逆に、直感的な憤りにすぎずとも、支配体制のもろもろの表現に対してどのようにイエスが抗ったか、ということを明らかにするのが、歴史的現実の中に生きていた人間イエスを理解する仕方であろう。取税人とも仲良くつきあったから、イエスはローマ帝国を敵視していなかったの、体制反体制を超越していたの、と言うのでは、論理的にあまりに幼稚すぎて話にならない。

第一に、この場合の取税人はローマ帝国の出先機関ではない。イエスの当時のガリラヤ地方ではローマ帝国は直接税金を徴収していなかった。領主ヘロデ・アンティパスが自分の領土内からあがってくる税金収入の中から、ローマ帝国に対して貢納金を払っていたのである。だから、個々の取税業者はローマ帝国ではなく、ヘロデに仕えて働いていた。カペナウムの取税人は領主の雇い人にすぎない。それも直接の雇い人というよりも、下請の下っぱである。

第二に、イエスが平常つきあっていたのは、こういう下っぱの取税人であって、「取税人の頭」については前出のザアカイについての話が伝えられているだけである（ルカ一九・一―一〇）。この話は宗教説話的にかなり潤色されていて、ザアカイを「アブラハムの子」つまりイスラエル民族に属する者だから救われる資格がある、とみなしている点など、民族主義の色彩をまだ強く持っていた最初期のエルサレム教団の傾向が強く反映しており、他方ではルカ独得の甘ったるい博愛主義がにじみ出ていたりして、もはや実際の事実をはっきりととらえることは不可能である。だいたい、有名なイエスが通るからというので木の上に登って見物していたザアカイを、イエスが通りすがりに直ちに取税人と見破って、今日はお前の家に泊まることにする、と言ったなどというのがすでにあまりに作り話めいている。けれどもこの話で面白いのは、「取税人の頭」ザアカイは財産の半分を貧民にほどこした、となっている点である。この話ではザアカイが自発的にそうしたことになっているが、ほかでは、敬虔でひどく真面目な一人の金持の男に対してすら全財産を売り払うことを要求したイエスである。イエスの方からザアカイに対してその程度のことを要求したとしても不思議はない。それに対して、ガリラヤ地方でイエスがよくつきあっていたのは、ザアカイのような頭ではなく、下っぱの取税人である。

第三に、もしも税金集めの下請人の下っぱと仲良くつきあえば「敵性協力者」を承認したことになるから反体制ではありえない、ということになるとすると、かつての沖縄の全軍労（米軍基地で働く労働者）の闘争などは全然理解できないことになってしまうだろう。いやさ、日本全国の国家公務員地方公務員の一人、その下請で極めつきの低賃金で働かされている「臨時」や非常勤の労働者の一人とでも多少仲良くつきあったら、それは国家権力を全面的に承認したことになり、体制反体制を超える地点に躍り出たことになるのか。天下りで不労所得を稼ぎまくる大蔵（財務）官僚や国税局の上層部と、地方の小さな税務署の下請アルバイトの非常勤職員をいっしょくたにしなさんな。いくらなんでも、そんな子どもだましみたいな幼稚な論理で歴史が書けますか。

さて話をもとにもどそう。イエスが取税人レビの家で飯を食っていた時のことだ。取税人が「汚れ」ているのであれば、取税人と平気でつきあう者も「汚れ」の規定を無視する無法者、自分も汚れる者となる。ましてや一緒に飯を食ったり、酒を飲んで談笑するとは何ごとだ。平素あれだけ既成宗教家の悪口を言い、我々を偽善者呼ばわりしておきながら、自分ではどうだ。ひどいずぼらな生活をしているではないか。律法学者はこう言ってイエスを批判する。それを聞いて、イエスは一言だけ言った、

「私は義人を招くためでなく、罪人を招くために来たのだ」(マルコ二・一七)

ルカ福音書の著者は、よせばいいのに、このせりふに余計な単語をつけ加えた、「罪人を招いて悔い改めさせるために」、と。しかしこの付け加えのせいで、意味が逆転する。「義人」という概念を前提とし、「罪人」は義人にはなれない悪い人であるが、その悪い「罪人」でさえもしも悔い改めれば救われますよ、と言っていることになる。何のことはない、イエス様は「罪人」を「義人」にするためにお出でになった、ということになってしまう。しかしイエスのせりふはそれとさかさまである。ここでは端的に、義人ではなく罪人を招く、と言っている。これは、だから、世の中に生きている人たちはみんな罪人なので、あなた方迷える罪人よ、こちらにいらっしゃい、そうすれば神の国に入れてあげましょう、などというルカ的説教とは全然違う。

これは、別の機会にイエスが言った言葉と一致する。

「取税人や売春婦の方があなた方よりも先に神の国にはいる」(マタイ二一・三一)

ここで「あなた方」と言われているのが、直接には誰を指すのか定かでない。マタイの前後関係ではエルサレム宗教貴族にむかって言われたことになっている。そこまで厳密に確定するのは無理だろうが、いずれにせよ、「義人」であることを宗教的に厳格に追求しようとしていたユダヤ教の指導層にむかって投げつけられた言葉であることには間違いない。現代の聖書学者たちは、その言語的な知識を駆使して、この「よりも先に」という語は、直訳するよりも、もっと強く否定的な意味に訳すべきだ、としているが、それは正しい。つまり、まず先に取税人や売春婦が神の国にはいって、あなた方はあとまわしになる、という程度のことではなく、むしろ、取税人や売春婦こそ神の国にはいるのであって、あなた方ではないのだ、という主張である。

　当時のユダヤ教指導層は、その厳密な宗教的社会倫理によって社会秩序を保とうとする。往々言われるように、彼ら、特にその主力をしめるパリサイ派が、口先ばかりで実際には何もしない偽善者だ、というのはかなりゆがめられた像であって、実際には、彼らは、中には例外もあったにせよ、厳密な宗教的倫理的実践者であった。彼らを言行不一致な偽善者呼ばわりしたのは、原始キリスト教の側からの宣伝、特にマタイの著者たちの宣伝なのであって、額面どおり受け取るわけにはいかない。イエスも彼らを偽善者呼ばわりして批判しているが、それは単に言行不一致ということではなく、彼らの宗教的な理念に基づく倫理行動そのものが困ると言っているのである。言行不一致どころか、そういう宗教支配を熱心、真面目に実践しようとすればするほど、他人に対する抑圧になるよ、と言っている。彼らの主張する宗教的社会倫理に厳密に忠実な者のみが「義人」と呼ばれるのであって、その「義人」こそが「神の国」にはいる、と彼らはおっしゃる。

そもそも「義」という概念は法的な発想にもとづくものである。ユダヤ教倫理がモーセ律法を中心とする法的な体系に基礎をおく、ということはすでに何度も強調した。法が媒介になって民族が国家支配の構造へと吸収され、法が標準になって社会支配の秩序が守られる。ユダヤ教における「正義」は、「法正」と等しいのである。

そういう社会秩序からはみ出させられた人たち、ここで言う「取税人や売春婦」こそがお前らよりもむしろ神の国にはいるのだ、とイエスが頑張って言う時に、それはおやさしいキリスト教的説教などではありえないので、そのように設定された秩序に対する、そのように「義人」というものの枠組を設定する者に対する、反逆の叫びであろう。だからイエスはまた、自分がやろうとしていることは、義人ではなく罪人を招く行為なのだ、と主張する。「義人」なるものを設定することによって、「罪人」が排除される。そういう設定をこそ転倒せねばならぬ。

似たような主張は、譬え話によっても語られる。

二人の人が祈るために神殿に出かけて行った。一人はパリサイ人で、一人は取税人であった。パリサイ人は立って、胸の中でこう祈った、

「神よ、私がほかの者たちのように貪欲、不義、淫蕩な者ではなく、またここにいる取税人のようでもないことを感謝します。私は週に二回断食をし、自分が手に入れるものの一切の十分の一をささげています」

だが取税人の方は、遠くに離れて立ち、目を天に向けてあげようともせずに、胸をたたきつつ言

った、

「神よ、この罪人なる私をあがなって下さい」と。

あなた達に言うが、むしろこの取税人の方があのパリサイ人よりも義とされて家に帰って行ったのだ。

（ルカ一八・九―一四）

残念なことに、この話はルカにしか伝わっていない。義人ではなく罪人を、という逆説的反抗のせりふを「罪人を悔い改めさせる」という宗教的説教に変えてしまったルカのことだ。この譬え話にしても、ずい分自己流に書き直していることだろう。それは、この譬え話の結論として、「すべて自らを高める者は低くされ、自らを低くする者は高くされる」という謙遜の道徳を説いた一句をつけ加えていることからも知られる。「罪人をあがなう」というのも、パウロ好みの贖罪信仰の用語である。従ってここから、イエスが語った元来の言葉づかいを厳密に復元することは不可能だが、以上の発言と同種のものであることは確かであろう。

しかし、イエス自身もここではまだ譬え話として、パリサイ人よりも取税人の方が「義とされる」と語っているだけなので、甘い説教へところがりかねない要素はある。それは紙一重の転換点なのであり、そこから逆に転がれば、ただちに階級的懐柔へとなだれこむ。「罪人」の方が、つまり多くは社会の底辺に呻吟している者の方が、むしろ謙虚であることを、「自らを低くする」ことを、知っているのであって、その従順な精神こそ立派なのだから、彼らを社会から排除することなく、暖かく迎えいれましょう、と言う時に、それはまさに、事実として彼らを屈従の中に沈潜させているだけでなく、その屈従を屈従と思って憤る精神までも、彼らから奪い去ろうとすることになる。

義人ではなく罪人が救われる、と主張することは、従って、はなはだしい危険をはらむ。これを固定した真理として証明しようとした時には、すでにおかしくなる。しかし、イエスは人類に真理をもたらした人ではない。現状を支配する「真理」を拒否する逆説的反抗者だったのだ。その紙一重があちら側にではなく、こちら側に転がる瞬間は、それを、憤りをもって発言する時である。それを「義人」にむかってたたきつける時である。取税人や売春婦こそが、あなた達宗教的支配階級ではなくて、彼らの方こそが、神の国にはいるのだ、と相手に直接ぶつける時である。

だから、取税人レビの家で飯を食ったことに対して律法学者から難くせをつけられた時に、イエスは憤慨して言ったのだ。お前ら義人には用はない、罪人こそが招かれるべき客なのだ、と。この言葉に意味を与えるのは憤りである。

それにしても、ことの論理から言えば、ここでイエスが言おうとしているのは、「義人」というような宗教的価値を定める枠を設定するから、その枠からはずれた「罪人」が排除され、宗教的差別が社会的差別を強めることになる、ということなので、要するに、義人とか罪人とかいう概念を定める根本的発想が正しくないのだ、ということである。しかし、それならそれで、はっきりそうと落着いて言えばいいではないか。義人とか罪人とかいう概念を廃棄せよ、と。何もひねくれて、罪人の方が救われるのであって、義人は駄目だ、なんぞと言わなくてもいいではないか。それは確かに、罪人は救われません、と言って排除するのはよくない。彼らも迎え入れなければ。しかし、だからと言って、義人の方は駄目だ、なんぞと言うのは逆の行き過ぎではないか。罪人が排除されていけないのなら、義人が排除されるのも正しくない。パウロのように、義人は一人もいないので、みんな罪人なのだから、罪人は救われます、と言うのならば結構だけれども、あなたのは振子が反対側にゆれてしまった感じで、あまりに攻撃的にすぎる。あなたのような問題提起者は、今まで人が気がつかなかった非常に鋭いところを指摘している点で、尊敬に価するし、我々も耳を傾けましょう。しかし、そこまで言うのは行き過ぎですよ。宗教的な差別が正しくないのなら、逆の方向に行き過ぎるのは、暴力的で、もっと正しくないのですよ。せっかく正しいことを言いながら、それでは誰もあなたを理解しなくなりますよ……。

こうして、このようにイエスをよく理解したと思っている連中がイエスを殺した。かつては肉体的に、今は精神的に。

もちろん、義人とか罪人とかいう宗教的概念の枠組を設定する、ということこそが廃棄されなければならない。それが根本的問題である。しかし、それを廃棄するためには、ただそう言っていただけではどうにもならない。宗教的な「義人」は、社会秩序における、社会構造における、上層部なのだ。支配者なのだ。権力を持っているのだ。だから彼らは落着いて言うことができる、現状をそのままにしておいて、双方仲良くやっていきましょう、義人も罪人もみんな救われるんですよ。従って、それと同じせりふをこっち側でくり返しても、駄目なのだ。たとえ根源的な真理であろうとも、それをそのまますんなりと彼らのところに持って行ったとて、それで彼らが自分たちの権力を手離すことはありえない。

「いいじゃないですか、取税人の家で食事をしたって。まあお待ちなさい。だんだんと教育して、罪人ではなくなるように、良き社会の仲間入りができるようにさせますから……」、なんぞと言っていたのでは、彼ら「義人」の代表者はにっこり笑って帰るだけだ。そうではない。そこに難くせをつけに来た彼らこそ糾弾されるべきなのだ。

逆説的反抗とはそういうことである。それ自体を客観的真理として語れば嘘になる。しかし、客観的真理とは何なのか。

## 八　貧しい者は本当に幸いか？

「貧しい者は幸い」とイエスは宣言した。この場合などは明瞭に客観的真理ではない。貧しい者が幸いであるはずがないのだ。比較的裕福な国で、比較的経済的に恵まれている人々にとっては、これは頭の中だけでは成り立つ立派な真理かもしれない。余計な富を離れ、清貧の中で素朴に生きることができたら……。貧しい者は富にこだわることがないから、かえって互いに助けあうことを知っている……。なまじ富や権力があるから醜い争いがおこり、虚偽でかためられた人間関係がつくられるので、貧しい者はそういうことがなく、ひたすら正直に生きている……。確かにそういう面がないわけではない。けれども、だから貧しい方がいいにきまっている、と言えば嘘になろう。理想を言うのなら、みなが平等にある程度豊かになり、かつ、正直で親切に互いに助けあって生きていけばいいのだ。貧しい方が人間が素朴でいい、などとうそぶくのは、九分九厘、自分自身は貧しさのどん底で明日は食うパンもないかもしれぬという生活もしていない、何ほどかは余裕のある者たちにすぎぬ。彼らにとって、貧しさとは一つの観念でしかない。むろん大勢の中には、みずからは貧しさのどん底にありながら、金持どもの醜さに対する憎悪から、人間は貧しい方がいいのだとかたく思いこんでいる者もいる。しかしそれはごく例外的な場合だし、それは結局、今の世の中では何ほどか豊かになろうと思えば他人を踏みつけにしなければならない、という実情に対して、壮烈に反抗の意識を表明しているに過ぎぬ。本人は壮烈とも反抗とも思わず、純朴に貧しさの中に自足しているだけかもしれないが、そうであればますます、そういう人がいるのだから、貧しい者は貧しいまんまにとどまっている方が幸いなのです、と説教してしまったのでは、貧しい者が踏みつけにされる社会は改まらない。そしてキリスト教は、イエスのこの言葉を客観的真理として説教しつづけることによって、貧しい者たちを貧しいままに押さえつけ、結果として金持どもの社会的横暴を正当化する役割を果してしまった。イエスがどういうつもりでこの言葉を口にしたにせよ、キリスト教は二千年間イエスにかこつけてそういう役割を果してしまったのだ。とすると主観的にはともあれ、結果としてはイエスはずい分罪つくりな人間だったということになるのか。それとも、逆説的反抗の叫び声を客観的真理に仕立て上げたキリスト教のみが悪いのか。

とまれ、貧しさは決して純朴な誠実さなどという美しげなものにとどまらない。生きぬくためには醜くもがめつくなり、自分よりも更に弱い者をけっとばし、権力を持たないからあらゆる類の不当な辱めに対してもただ卑屈に忍従する以外に仕方がなく……。いやそもそも、明日の食い物が手にはいるかどうかわからないという状態は絶望的におそろしいものだ。周囲の人々が貧しさからくる栄養失調で容易に病気にかかり、多く死んでいくような中で生きているアフリカの大学の神学部の学生にたずねてみた、「諸君は聖書を信じているというが、本当に貧しい者は幸いだと思っているのか」。彼らは足を踏みならして、大きな声で言った、「ノン（否）」。

イエスはどういうつもりでこのせりふを口にしたのか。マタイとルカの伝える伝承（マタイ五・三以下＝ルカ六・二〇以下、Q資料）から最大公約数をとって、元来イエスが語ったであろうと思われる言葉を再現してみると、

幸い、貧しい者
　神の国は彼らのものとなる。
幸い、飢えている者
　彼らは満ち足りるようになる。
幸い、泣いている者
　彼らは笑うようになる。

「幸い……」という言い方は旧約聖書伝来のものの言い方で、複雑な意味あいを含みうる。元来が、目の前にいる相手に対して「幸い」と言って祝福する言い方である。「幸い」は神により与えられる祝福である。「幸い」というものがあなたにありますように、「幸い」というものがあなたのもとに届きますように……。しかし、神による祝福と言ってみたところで、これは、ごく卑俗に、此の世でう

まく幸運を得て繁栄することができる、という意味から、宗教的に敬虔に、正しい信仰の持ち主が神によって祝福されるのだ、という意味、さらには倫理的に、こういう生き方をする人間が正しいのだ、という意味まで、多種多様な意味を表現する。

「幸い、知恵を見出す者」(箴言三・一三)というのは第一の意味だろうし、「幸い、主(なる神)により頼む者はみな」(詩篇二・一二)は第二の敬虔な宗教信仰の意味、「幸い、貧しい者のことをおもんばかる者」(詩篇四一・二)は倫理的な意味に重点を置いている。

　このように多様な意味を表現しうるのは、そもそもが神信仰というものはごく現実的な利害から、各人各様に変化する崇高な理想まで、何でも幅広くぶちこめる大風呂敷であるからなのだが、セム語独得の動詞を省略するこの言い方にも理由があると思われる。「幸い、貧しい者」と言ったとて、そこに補う動詞によって、「貧しい者が幸いである」という叙述文にも、「貧しい者こそ幸いである」という強調した文にも、「貧しい者も幸いになるだろう」という未来を予測した文にも、「貧しい者こそ幸いになれかし」と願望と意欲をたぎらせた文にもなる。

　「幸い」という祝福の言葉が日常的にもさまざまな仕方で言われる環境で生きていたイエスが、何を考えただろうか。彼の逆説の精神はこういうところにも現れる。あなた方、まるで自分が神の代弁者にでもなったようなおつもりで、「幸い」「幸い」と御自分たちの月並な基準で人を選んで祝福しておいでになるが、もしも本当に「幸い」と言って呼びかけうる相手がいるとすれば、貧乏人をおいてほかにないではないか。貧しい者に幸いが訪れなければ、いったい何のための祝福か。というので、イエスは敢えて宣言した、「幸い、貧しい者」、と。

マタイの著者はこのままではこのせりふに無理があることをよく知っている。だから言葉を補って、「霊において貧しい者」と説明する。とすれば、実際に金がなくてぴいぴいしている者のことではなく、「霊」においておごりたかぶっていない者、それも人間関係において謙虚かどうかということだけでなく、神に対して謙虚である者が祝福の対象になっている。マタイがこう解釈してしまったのは、旧約・ユダヤ教の伝統からして、必ずしも不当なことではない。「貧しい者」という表現を経済的社会的な意味に用いず、神に対してへり下った者の意味に用いる例は、ユダヤ教敬虔主義者のもの言いに多く見られる。たとえば前一世紀に『ソロモンの詩』とよばれる一群の詩をつくった敬虔主義者の集団は、自分たちをしばしば「貧しい者」と呼んでいる。

けれどもイエスの方はもっと具体的現実的な意味で「貧しい者」と言っている。すぐ続けて、「飢える者」「泣く者」と並べているからには、これを精神の持ち方にしてしまうわけにはいかないのだ。「飢える者」となればもっと即物的で、端的に貧しさを表現している。飢えている者に必要なのは何か。腹いっぱい食うことである。貧しい者、飢えている者は、単に食い物、着る物が不足するだけではない。貧しいから体力も弱く、社会的な権力もない。しばしば屈辱に泣かねばならぬ。「泣く者」に必要なのは何か。笑えることである。

実際に幸福ではありえない「貧しい者」をつかまえて、「幸い、貧しい者」と宣言してみたとて、何の意味があるのか。しかし、逆説的反抗とはそういうことではないのか。貧困は苦痛なのだ。貧困が幸福であるはずはない。とはいうものの、それだからとて、幸いなのは豊かな者だけであって、金持こそ幸福、と言われてみても、嫌な気分がするだけだろう。そういうことがあってはならない。あの連中だけが幸福なのだ、などと言われたら、貧しさの中で苦労して生き抜いている者の矜持が許すまい。いや、これはやせ我慢の矜持ではない。金持が幸福で貧しい者が不幸だ、などということが当然のこととして認められてよいはずがない。もしも此の世で誰かが「幸いである」と祝福されることがあるとするならば、貧困にあえぐ者を除いて誰が祝福されてよいものか。もしも「神の国にはいる」なんぞと言えるとしたら、俺たち貧しさをかかえてすったもんだやっている者たちをさしおいて、誰がそういうことを言えるのか。いや、「神の国にはいる」なんぞとは言うまい。神の国は貧乏人のものなのだ、きっとそうしてやる。

というわけで、イエスは「幸い、貧しい者」のあとにもう一句つけ加えた、「神の国は彼らのものとなる」

あるいはほかにもこういう譬え話が伝えられている。

> 羊を百匹持っている者がいたとしよう。そのうち一匹がどこかに行ってしまった。そういう時、たとえ九十九匹を荒野に残しておいてでも、いなくなった羊を探しに出かけて行かないだろうか。出かけて行って、うまくその羊を見つければ、迷い出なかった九十九匹にもまして、その一匹の羊のことを喜ぶではないか。
>
> （マタイ一八・一二―一三＝ルカ一五・四―六、Q資料）

この短い譬え話も、「貧しい者は幸い」の句と同様、誰を相手にどういう場面で語られたのか、よくわからない。従ってまた、イエスが他の場面でも見せている逆説的なもの言いの一つとして理解するのがふさわしかろうと思われる。マタイもルカも、これを教会経営のための示唆として解釈してしまっているけれども。すなわちマタイは「迷い出た羊」を教会の信者の中で「罪を犯した者」の意味に解釈し、ということはつまり、何らかの意味で教会の主張と異なることを言ったり行なったりする者ということであるが、そういう者を見捨てずに、教会の規律に立ちもどらせるよう努力しなさい、という説教にしている。ルカの方は、信者となって教会に加わる者は「罪を悔い改めた者」であるという単純な前提があるから、「失せた」けれどももどって来た羊とは、すなわち罪を悔い改めた者、キリスト教徒のことを指す、と解釈した。世の中の百人の人のうち一人はそのようにしてキリスト教徒となるのであるが、残りの九十九人は「悔い改めを必要としない」人たちであって、つまりキリスト教徒になる意志のない人たちであり、従って「天にて喜ばれることはない」と解釈する。どちらも、イエス自身の生活の場とは無縁の教会経営の論理である。そしてこのように解するのでは、九十九匹をその場に残してまで一匹を探しに行く、という比喩の強烈さが失われてしまう。

これは譬え話であるから、その内容にいちいちこだわっても仕方がないので、これによって比喩されている「事柄」の「真理」をつかむことが重要だ、というのは、解釈として一見正しいようでも、それでは譬え話の面白味が消えてしまう。これも筋書としては無茶な話である。羊飼の重要な仕事は野獣から羊を守ることであった。とすれば、九十九匹を荒野もしくは山にほっておいて、一匹を探しに行くのは、危険なかけである。算術的に合理的な論理からすれば、九十九と一を天秤にかければ、一を犠牲にしても九十九を守るのが正しい。けれどもまた、この話は羊飼の当然の心理をも描いている。実際にはやはり、一匹たりとも自分の飼っている羊が失せれば悲しい思いをするだろう。羊飼にとってこれは九十九対一という算術の問題ではない。それぞれの一匹が、ほかの何をもっても代えることのできない個性ある生命なのだ。だから、九十九匹をいったんはほっておいても、何とか失せた一匹を探し出そうとするだろう。

現実の世の中は算術的合理性で動く。事実、もしも九十九対一を文字通りあれかこれかで選択しなければならない時に、九十九を捨てて一をとる人はいない。けれどもまた、そういう理屈で、実際には必ずしも絶対的にあれかこれかではない場合にも、九十九のために一が犠牲に供されていく。そしてそういう場合はほぼ常に、九―九の方が何らかの意味で強い者であり、犠牲に供される一人は大勢の中でも何らかの意味で弱い者である。こういう現実に対して、本当に理性の立場に立って反論を加えるとすれば、実際には九十九人が少しずつ譲歩しあえばこの一人を滅ぼさずにすむのだから、みなが平等に困難を分かちあいましょう、ということになろう。

けれども、そう穏やかに申し上げることによって世の中の不公平が除かれることはめったにない。世の中全体が算術的合理性を力をもって強制して来る時に、それに抗おうと思えば、こちらも強引かつ単純にそれを裏返して主張するのでなければ、強い衝撃力を持てない。大切なのは九十九ではなくて一だ。こう主張する時、もはや人は深く全体を見通す平衡のとれた理性を失っている。暴論ですらある。だがそのように叫び出さねばならない状況はしばしばあるものだ。これまた決して不動の真理ではない。逆説的反抗なのである。

此の世で実際にこのようなことをある程度以上主張すれば、叩きつぶされざるをえない。実際には九十九の力に一が勝つはずがないからだ。逆説的反抗に立ち上れば、人は悲劇に突入する。しかし歴史を動かしてきたのはさまざまな悲劇だった。

イエスという人がさまざまな場面で語り、主張してきた逆説的反抗を「真理」の教訓に仕立て変えてはならない。イエスは「真理」を伝えるために世界に来た使者ではない。そのように反抗せざるをえないところに生きていたからそのように反抗した、ということなのだ。そして、もう一度言うが、だから殺されたのだ。

# 第二章　イエスの歴史的場

イエスはどういう社会に生きていたのか。

伝記を書く時は誰しもがその人の歴史的背景を探ろうとする。ある程度は。けれども、歴史的背景をその人の活動の「背景」とのみみなしている時には、その歴史的場をとらえることもできないし、その人の活動を理解することもできない。それは、一般的にそうであるし、イエスのような人の場合は特にそうである。

一つの思想が反抗の思想たりうるのは、自分のおかれた歴史的場に対して、自覚的に切りこもうとする時である。まぐれあたりの勇ましさは、時として偶然に事の核心をつきえても、根源をつく反抗とはなりえない。問われるべきことは、だから、たとえばイエスならイエスの場合、その一つ一つの言葉が、またその活動全体が、自覚的に歴史の場を意識して、それに切りこもうとしたものであるのか、それとも、その人の主観的意図においては、歴史の場を超越した、無時間的な真理たろうとしたものであるのか、ということである。

後者の場合でももちろん、本当は歴史の場を超越することなどできはしないのだから、超越と思えば思うほど、自分の現実を忘れているにすぎない。しかし、たとえ忘れてしまっても、自分の歴史的現実が消えてなくなるわけではない。自覚的に切りこむことをしなければ、自分がおかれている歴史社会の体制の支配的理念が、無自覚的に自分の頭に流れ込んで来るだけのことである。歴史を超えたつもりになっている人ほど、歴史的状況の中の支配的表層に無自覚的に押し流されて居直っている。従ってそういう場合でも、歴史的背景は決してただの「背景」ではありえないので、むしろ歴史的場がことの主役である。

だから、一般的にどんな人の場合でも、歴史的場はその人の思想と活動の中心問題なのであって、決して「背景」――一つの装飾品――ではない。歴史的場はその人の後方に離れてあるのではなく、その人の生活と活動の内実を形づくる。

まして、自分のおかれた社会状況に自覚的に切り結ぼうとしたイエスの逆説的行動の場合、このことはますます強調されねばならない。

## 一　ヘロデ家とローマ風

ガリラヤ湖畔には、この地方での大都市がいくつかある。大都市と言っても、この地方の中では、ということだけれども。中でも、ティベリアスの町は新興都市として、新しい文明と技術の力を誇っていた。ガリラヤ湖西南岸にこの町が作られた場所には、ほんの二十年ぐらい前までは人里は存在していなかった。ヘロデ・アンティパスがガリラヤ地方の領主としてこの町を新たに建設したのである。一世紀のユダヤ人歴史家ヨセフスによれば、すぐ近くに温泉の出る村もあり、ガリラヤ地方で「最良の場所」だということである。都市というものは、古代地中海世界においても、城壁をめぐらして、その内部には、王宮をはじめいくつかの重要な建物が、遠くから見れば、そそりたっていたはずである。中世ヨーロッパの都市建築はローマ帝国時代の巨大な石造建築の技術を受け継いだものであるから、今もヨーロッパにある中世以来の城壁を残した人口一、二万の都市を遠くから眺めるのと、景色としては同じような感じだっただろう。ティベリアスはそれよりずっと小さかったが、はじめて見る者には目を見はる巨大さであったはずだ。（巻頭七頁の地図参照）

当時のパレスチナの人間にとっては、こういう城町の建設は、ちょうど近代日本において巨大なコンクリート建築物がつくられはじめたのと、印象としては似たものがあっただろう。それはいわば、「近代技術」の人工的な力が自然に対立して無気味なよそおいを大きくしていくのに接しはじめた人々が、驚きと不安を覚えるのに似ている。ローマ風の巨大な石造建築が比較的大量にパレスチナにつくられるようになったのは、イエスの生れる直前の頃である。パレスチナにローマの勢力が直接にはいりこんで来たのは、前六三年のポンペイウスによるパレスチナ侵略の時からである。ポンペイウスというのは、例のユリウス・カエサルと同時代人で、カエサルと共に三頭政治の一角をなした人である。ローマ共和制の最後の時期で、形式的にはまだ帝政にはなっていないけれども、ローマ帝国の世界支配が飛躍的にのびていった時期である。それまでのパレスチナは、シリアとエジプトにある二つのヘレニズム的世界勢力（セレウコス朝とプトレマイオス朝）にはさまれて、その間で辛うじて独立を保って来たにすぎない。独立と言っても、実際には、シリアに対してほぼ常に従属する位置にあった。ところがこの二つのヘレニズム王朝は前一世紀にあい次いでローマによって倒される。ローマは、カエサルによって西方に力を拡大するとともに、ポンペイウスによって東方に帝国支配を拡大した。

ローマ帝国を中心としたこの世界的な勢力交代の変動期を利用してパレスチナの支配者にのしあがったのが、ヘロデという男である。それまでのパレスチナは、前二世紀半ばから約百年間、マカバイ王朝（別名ハスモン王朝）が支配していた。例の有名なユダ・マカバイ（ユダス・マッカバイオス）がユダヤを独立させてつくった王朝である。この王朝の末期に、王家の大臣の地位にあったヘロデ家が王朝内部の実質的な権力者として権力を拡大していった。ハスモン王朝の最後の王であるヒルカノス（ヒュルカノス）二世がおよそ無能な人物であったため、その大臣であったアンティパトロスが実質的に最高権力をにぎるにいたったのである。この人物の息子がヘロデである。ヘロデは、ローマ帝国の勢力が新しく、かつ以後持続的に世界的な支配勢力になることをよく見通していた。政治的権力者としての能力は抜群であったと言わねばならない。それも、ローマ帝国の勢力を全体として見通していた、というだけでなく、次々と変るローマ帝国内の新しい権力者にそのつどうまく歩調をあわせていっている。すなわち、ポンペイウスからカエサル、カエサル暗殺直後の「元老院派」、その「元老院派」をすぐに追い落としたアントニウスへと、アンティパトロスとヘロデの親子は、うまく鞍がえしつつ、ますます権力をのばしていく。ヘロデが国王になったのは、前四十年にローマに出かけて行って、アントニウス、オクタヴィアヌスの二人を動かして任命してもらったのである。この事実からしてすでに、ヘロデ王朝はローマの傀儡政権であったことがわかる。もっとも、傀儡としても、無能な人形ではなく、当時のローマ支配下に数ある諸民族の傀儡政権の中では、群を抜いて巧みな政治的実力を駆使している。当のローマのいかなる支配者よりも、ヘロデの支配権力の方が長続きしたのもそのせいである。右に名前をあげたローマの権力者の中で天命をまっとうしたのは最後のオクタヴィアヌスだけである。他のすべては暗殺されたり、競争者との戦争に負けて生命を落としている。ところが彼らに従属していたヘロデは、王位を手にしたあとだけ数えても、老齢になって病気で死ぬまで三十六年間（前四十年—前四年）統治した。その間彼の勢力は増大するばかりであった。たとえば、ヘロデは国王になって以後ずっと、ローマ帝国の東方の権力者アントニウスと結びついていた。一事が万事、アントニウスの鼻息をうかがっていたのである。ところが、前三一年、アントニウスがアクティウムの海戦で破れると、機を見るに敏なヘロデは、直ちに鞍がえして、アントニウス側の軍隊がエジプトに移るためにシリアからパレスチナを通ろうとするのを、自分の軍隊を派遣して妨げている。そしてそれを手みやげに、ロドス島にいてエジプトへの攻撃を準備していた勝利者オクタヴィアヌスのところに出かけて行って、自分の王としての地位を確認し直してもらっている。

ヘロデの人物と、ヘロデ治世の問題には、あとでまたもどって来ることにして、ここではとりあえず、ヘロデの時にローマ風の巨大建築が大量にパレスチナにつくられたことを指摘しておこう。ヘロデはこのように親ローマ的な権力者であったから、積極的にローマ建築の技術を導入して町づくりをした。それは、権力者がみずからの繁栄を誇示する行為でもあった。エルサレムの近郊にローマ風の劇場や円形競技場をつくり、前二四年には自分の王宮をつくっている。特に町づくりには力をこめ、サマリアの町を新しくつくりかえて、町名もセバステとローマ皇帝にちなんだ名前に変え、さらに重要なのは、地中海岸にカイサリアの港を建設したことである。野心に富んだ古代、中世の権力者は港をつくる。平清盛が神戸港をつくったのと同じようなものだが、ヘロデの場合特に、地中海に開ける港をもつことは、パレスチナの産業の発展とも関連して、重要な意味を持っていたはずである。それまでは、ユダヤは独立国だったとは言っても、海岸によい港を持たず、そもそも海岸地帯は他国に押さえられていることが多かった。ヘロデ自身にしたところで、アントニウスに圧力をかけられた結果、パレスチナの海岸地帯の支配権をエジプトのクレオパトラにゆずっている。これはヘロデにとってくやしい譲歩だったに違いない。アントニウスがオクタヴィアヌスに追い落とされたあと、早速オクタヴィアヌスにとりいって海岸地帯の支配権をとりもどしている。そこで喜んで港町の建設にとりかかった。海の中に大きな堤防をはりだし、その堤防の上には舟人の住む住居もつくられ、散歩道もあるほどに大きかった、という。その建築には十二年を費やし、前十年か九年に完成している。これは当時としては目をむくような大土木工事だったはずだ。

もちろん、最も有名なのはエルサレム神殿である。この神殿は、第一回目は前千年頃のソロモン王の時につくられ、それが、前六世紀はじめのバビロニアの侵略で破壊されたあと、いわゆる捕囚期後に第二神殿がつくられたのだが、この第二神殿はかなり粗末なものであったらしい。それに対して、これをつくり直したヘロデ神殿は、右に指摘したように、ローマの石造建築の技術を知って行なっているから（もっとも神殿の聖所そのものの建築は、祭司以外は立ち入ってはならない場所であるから、大勢の祭司に石工の技術を覚えさせて、祭司だけで行なっている)、非常に壮大なものだったのだろう。ラビの言い伝えの中にも、「ヘロデ神殿を見ないでは美しいものを見たとは言えない」というのがある。前二十年から約八、九年かかって完成している(ヨセフス『古代史』一五・四二一以下)。もっともこれは一応の完成で、その後も工事は継続し、後六十年代のはじめまで続けられている。

ヘロデ王のこの建築好みは、息子の代にも受けつがれる。ヘロデの領土は三人の息子が分割統治することになったのだが、その中でガリラヤ地方の領主、すなわちイエスが生きていた地方の領主になったのは、ヘロデ・アンティパスという人物である。このアンティパスが、前述のティベリアスの町を建築した。これも、セバステやカイサリアと同じように、ローマの二代目の皇帝ティベリウスにのっとってつけられた名前である。ここに彼は自分の王宮をつくっている。もっとも、何もない湖岸の野原にいきなり都市をつくって、ここが首都だからみんな移り住め、と言っても、伝統に固執するユダヤ人がそうおいそれと移住するものではない。その間の事情を、当時の歴史家のヨセフスは、ここにはかつて墓場があったので、律法に忠実なユダヤ人は、汚れをおそれてこの町に住みたがらなかった、と伝えている。その結果アンティパスは、いろいろな種類の人間をこの新しい町に強制的に移住させ、また、この町に住まわせるために奴隷を解放して家や土地を与えたりした、という(『古代史』一八・三六―三八)。

墓場の上につくられた、というのは、事実がそうであるかどうかは別としても、支配者が強権的になした土木工事と、さらにそこに集団移住を強制したことに対する住民の反感から生れた言い伝えだろう。そこには、この種の「近代化」に対する住民感情がよく現れている。そして、こういう住民感情がユダヤ人インテリの民族主義的な宗教意識にうまく吸い上げられる。聖なる律法からすれば（民数記一九・一一以下）、あの町に住むと七日間は汚れることになるぞ、と律法学者は民衆をおどす。あそこには、異邦人に等しい者、奴隷に等しい者が大勢住んでいるではないか……。だからこの話には、政治支配者の権力に対して住民が当然持つところの反感と、社会的、宗教的な上・中流階級が体制的イデオロギーとして持つ差別意識（異邦人、奴隷は「汚れ」ている）とが結びついている。社会的に支配階級に属しながらも、直接的な政治権力の座にはついていない者たちは、時の権力者の悪口を言いたがる。特にヘロデ家はきっすいのユダヤ人ではなく、ヘロデ王の父親の代にイドマヤから出て来た「半ユダヤ人」であるから――イドマヤ（旧約聖書の伝統的日本語表記では「エドム」）はユダヤよりもさらに南部で、百年ほど前にユダヤ人王朝によって征服された土地である。イドマヤ人はサマリア人以上に差別されていたと考えられる。聖書の中でサマリア人の差別はかなり問題にされても、イドマヤ人についてほとんどふれられないのは、人口的にも、社会的経済的にも、サマリアの方がよほど大きかったからであって、イドマヤ人は、その差別が問題にもされない程度に大きく差別されていたのである。サマリア人は、ユダヤ人とは違う形であっても、彼らなりのモーセ五書（いわゆるサマリア五書）を持っていたし、同じヤハウェの神に対する信仰を保っていた。イドマヤ人は、支配された時に強制的にユダヤ化された。――だから、ユダヤ人の宗教的上流階級は、民族主義的宗教意識から、ヘロデに対する反感をあおる。

残念なことに、長い歴史の中にあってほとんど常に、民衆は、社会的な支配階級が権力者に対して持つ反感と、自分たちが支配者に対していだく反感とを区別することを知らなかった。一方は、自分が支配者になれないところから生じる対抗意識であり、他方は、支配されることに対する反抗意識であるのだから、本質的に異なるのであるけれども、多くの場合民衆は、社会的支配階級の打ち出す「進歩的」なイデオロギーの中に自分の魂の当然の叫びを同化させてきてしまった。

このことを知らないで、ヘロデ王家及びその背景にあるローマ帝国のみを一世紀パレスチナにおける支配階級とみなすとすれば、それは、歴史を知らないだけでなく、支配階級というものを知らないのである。田中角栄だけが問題なのでなく、与党も野党もおしなべて、政界財界教育界等々の権力者からさらには進歩的知識人や小金を持った町や村の権力者にいたるまで、田中角栄を田中角栄たらしめている力の背景が問題なのだ。田中だけだとすれば、ヘロデと同様に、ヘロデよりもはるかに水準が低いけれども、愛すべきピエロにすぎぬ。ヘロデの悪口を言いはやしていたユダヤ教民族主義者こそがどのように当時の社会支配の体制を支えていたかを探ろうとせずに、一緒になってヘロデの悪口を書いていれば当時のパレスチナの歴史を描けるなどと思うとすれば、とんでもない見当違いである。

だから、ユダヤ人社会上層の知識人ヨセフスのこの記述を理由に、ティベリアスを「異邦人」の町だった、などと説明するのは正しくない。当のヨセフス自身、住民の大部分はガリラヤ人だった、とつけ加えているのである。しかしまた、ガリラヤ土着の大多数の住民は、この町がローマ風の豪華さと豊かさを持っていたとしても、そこにはやはり異質なものを、ガリラヤの自然の風土に対して支配者が強引に持ちこんだ人工のゆがみをかぎとっていただろう。それでも、結局、首都は政治的経済的な中心地として、多くの人が住むようになる。

ヘロデ・アンティパスはそのほか、ガリラヤ地方の以前の中心都市であったセッフォリスが、前四年の父ヘロデの死の直後におこった反乱の結果焼き払われて廃墟になっていたのを、再建している。また、彼の母違いの兄弟で北部パレスチナの領主になったピリポも、ガリラヤ湖北岸のベツサイダの村を都市につくりかえ、オクタヴィアヌスの娘の名にちなんで、ユリアスと改名させている。彼もまた自分の支配領域の首都を自分でつくった。すなわち、北方にあるパニアスと呼ばれていた古い町を大きくローマ風につくりかえて、カイサリアと命名している（港町のカイサリアと区別するため「ピリポのカイサリア」と呼ばれている）。

## 二　ソロモンの栄華

以上、ローマ風の都市づくりを一例として、一世紀パレスチナの世相を見てきた。これだけの知識を頭においてみれば、たとえばイエスが、

空の鳥を見よ、まくことも、刈ることも、倉に取り入れることもしない。しかも天なる汝らの父がこれを養い給う。汝らは鳥よりもすぐれた者ではないか。……着るもののことで何故思いわずらうのか。野の花がどうして育つかを学ぶがよい。労働もせず、紡ぎもしない。しかし、ソロモンでさえ、その栄華のすべてをつくしても、この花の一つほどにも装うことができなかったではないか。

（マタイ六・二五―二九）

と言う時に、その意図するところは、決して抽象的な自然讃美ではないので、その時代の状況に即した発言であることがわかるだろう。

残念ながら、この伝承にも、初期教会の伝承者たちや福音書の著者たちが、自分たちの信仰的発想にあわせて、いろいろと言葉を加えたり削ったりしてしまった。たとえば右の「天なる汝の父」という言い方は、マタイ教会が律法学者的表現を持ち込んだのであって、ルカは同じ句をただ「神」とのみ書いている（ルカ一二・二二―三一）。そして、この句の結論として、「思いわずらう」者は「信仰の小さい」者なのであって、衣食の物質的向上を求めるのは「異邦人」のすることであり、汝らキリスト教徒は「神の国」をまず求めるがよい、としているのも、教会的な付加である。しかし、厳密にすべてを一語一語にわたってどこまでが教会的付加で、どこまでがイエスの発言であるのか、区別することは不可能だが、この言葉の伝承の骨格はイエス自身に帰することができるものだろう。

もっとも、これは特にイエスに、もしくは初期キリスト教に、特徴のある発言ではない。むしろ当時のユダヤ教に一般的な神信仰の表白である。だいたいこの種のイエスの言葉の伝承は、多く、当時のユダヤ教一般に共通するものを含んでいる。ここでは、クラウスナーという現代のユダヤ教学者の発言を紹介しておこう。「すべての福音書を通じて、旧約聖書や、イエス時代の外典、偽典、タルムッド、ミドラシュなどの文献に類例の見あたらないような倫理的教えは含まれていない」。キリスト教徒が、イエスのすぐれた倫理的発言として伝承していることは、イエスの独創でも何でもなく、ユダヤ教の常識だ、というのである。たとえば、ラビ・エリエゼル・ベン・ヒルカノスは、「籠に一片のパンを持っていて、しかも明日何を食べようか、と言う者」は「信仰の小さい者」だ、と述べている し、もう一人別のエリエゼルという名のラビは、「日々を創造した者（神）は、日々のパンをも創造 し給うたのである」と述べ、また、「今日のための食べ物を何か持っていながら、明日何を食べよう か、と問う者は、信仰なき者である」とよく言っていたという。

こういう例を引きながら、クラウスナーは、右のような結論を出している。そして、彼によれば、ユダヤ教とイエス（ないしキリスト教）との唯一の違いは、具体的な「民族」に固執するかしないか、という点だ、という。「ユダヤ教は単に宗教だけであるのではなく、単に倫理だけであるのでもない。民族の必要とすることの総体なのだ。その総体が宗教的基礎にもとづいているのであって、つまりユダヤ教は、宗教的倫理的基礎にたった民族的世界観である」「（ところがイエスは）民族的生活を宗教から切り離し、宗教に特別な位置を与えようとしたばかりか、民族的生活を完全に無視し、その代りに宗教的倫理的体系をおいたのである」。従って、「イエスが語っていることはみなユダヤ教の倫理ではあるけれども、しかも倫理的側面ばかりを強調しすぎた結果、非ユダヤ教的になっている」。宗教、倫理と日常的社会生活をこのように分離してしまう結果、その方向に進んで行ったキリスト教は、「宗教は可能な限り倫理的かつ理想的であるが、政治的社会的生活は可能な限り野蛮で異教的となった」。

クラウスナーはずっと以前の人だから、二十世紀後半以降の可能な限り野蛮で殺戮的な「イスラエル」国家を知らないのでこういうことを書けたが、もしも知っていたら、こう手離しでユダヤ教讃美を書くことはできなかっただろう。しかし、イエスに関してはともかく、ことキリスト教に関しては、いささか誇張しすぎているが、この批判はあたっている。宗教および宗教的倫理がそれだけのこととして切り離された結果、政治的社会的生活は「世俗」のこととして考慮の外に放り出されてしまった。だから逆に、そのつどの政治的社会体制と和合しえたのである。クラウスナーは現代のユダヤ教のイデオローグであるから、政治的社会的生活を「民族的生活」と呼んでいるけれども、そしてまた、これはこれで、政治的社会的生活を民族主義へと吸収するものであるから、その視点はまるでほめたものではないけれども、彼のキリスト教に対する批判はそれなりに的を射ている。実際、特にマタイ福音書の著者の背景にある教会は、ユダヤ教律法学者のものの言い方にもかなり通じていたから、イエスの発言を伝承するに際してそれをだんだんと律法学者的言い方へとひきよせて言い直していった。クラウスナーが、イエスの倫理的発言はすべてユダヤ教諸文書に類似のものを見出せる、というのも、マタイ福音書の与える印象に依存するところが大きい。

けれども、マタイの言い直しだけでなく、イエス自身も、当時のユダヤ教知識人と共通する内容の発言をかなり多くしていたのは事実である。どんなに独創的な人間でも、時代の子である以上、その時代に共通する発想やせりふをわけもつことは当然なのだ。もっとも、イエスの場合、前章で述べたように、自覚的には、当時のユダヤ教のイデオロギーに対して逆説的に対立していった。だから、ユダヤ教律法学者の発言と同じような発言をしていても、それは、逆説的、もしくは皮肉な言及であることが多い。初期キリスト教徒がそれを逆説としてでなく、不動の「真理」として聞いた時に、クラウスナーが指摘するように、ユダヤ教の宗教倫理とほとんど変らず、しかもそれだけを政治社会生活から切り離して抽象した教えになってしまったのである。しかしイエス自身も、おそらく無自覚的には当時のユダヤ教徒の常識的発言をくり返して言っているにすぎない部分がかなりあっただろう。そのことは、しかし、イエスも時代の子だった、というごく当り前な事実を意味しているにすぎない。

「空の鳥、野の花」についてのイエスの発言は、その中間に位置する。確かに、「何を食い、何を着るかということについて、明日の生活を心配して思いわずらうな。空の鳥は何の農業労働もしないのに、無事に食べ物をえているし、野の花は紡ぎ織る労働に従事せずとも美しく装っている。だから創造者なる神に安心して生活のことはゆだねて、明日のことは思いわずらうな」というだけの内容の発言ならば、律法学者のぎくしゃくした文体よりもイエスの方がよほど詩的に滑らかだ、という点は別として、基本的な内容は同じだと言ってよい。——もっとも、文体の相違は微妙な意味あいの相違に結びつき、微妙な意味あいの相違が実は重要な問題でもあるので、この場合でも、ぎくしゃくとした宗教倫理の言葉で同じことを言えば、「創造主」といったような教理的概念が型どおり重々しく主張されるのに対して、詩的に滑らかに言えば、同じことが、自然のなごやかさをおのずと語り出す言葉にもなる。古代ユダヤ教のラビたちの言葉は、ユダヤ教信者かあるいは我々のように特殊な「学者」にしか知られていなくても、イエスの言葉はキリスト教徒以外にもよく知られている理由の一つはそこにあろう。だから、私としては、その文体から生じる意味あいの相違を無視するつもりはないし、イエスが自然のなごやかさに身を寄せかけていく傾きのある人だったことも、無視するつもりはない。ただそのことには後でもどって来るとして、ここでは、ユダヤ教律法学者の発言と基本的な意味内容が一致しているのに加えて、もう一言イエスがつけ加えた言葉に注目しておきたい。この一言に、イエス独自の時代批判が読みとれる。

しかし、ソロモンでさえ、その栄華のすべてをつくしても、この花の一つほどにも装うことができなかったではないか。

ソロモンは栄華の代名詞である。イエスよりも約千年前に統一イスラエル王国が最大の繁栄を示した時代の王である。けれどもイエスの頃に千年前の遺跡が残っていたわけではないし、お伽話化された言い伝え以外には、この「栄華」の具体的な姿をイエスが知っていたわけでもない。イエスがこの言葉を口にした時に、その目の前に実際に見ていたのは、ヘロデの神殿であり、この数十年の間にやたらとふえたローマ風の巨大建築である。ソロモンの神殿をそれよりもさらによほど豪華につくり直したヘロデ神殿が、しかも自分たちの時代の新しさとして多くの人々の話題をさらったヘロデ神殿が頭にあったからこそ、「ソロモンの栄華」という語をイエスはこのように吐き捨てるようにして口にしたのだろう。そしてまた、ガリラヤ湖畔にまでその「栄華」をつくろうとしたティベリアスの町づくりをしばしば見てもいたからこそ、「ソロモンの栄華」を野の花の装いと比べる気になったのだろう。ガリラヤはエルサレムと比べて、よほど自然はおだやかで緑が多かった。

神殿に対するイエスのこのひややかな気持は、やがてもっと徹底的かつ直接的な神殿批判へと展開するようになる。それはもはや、単に「神殿」という建物についてだけでなく、「神殿」を支えるユダヤ教の全宗教的支配体制に向けられていく。

イエスが支配者の生活の豪華さに対する皮肉な反感をおりおりその言葉の中にあらわしていたこと

は、洗礼者ヨハネについて短く語った次の句からも知られる。荒野でのヨハネの活動を思い出しつつイエスは言う、

何を見るためにあなた達は荒野まで出て行ったのだ。風にそよぐ葦か。いったい何を見に行ったのだ。上等に着飾った連中か。上等に着飾った連中なら王宮の中にいるものだ。それでは何を見に行った。預言者を見るためか。そうだ、預言者以上の者だ、と私は言おう。

（マタイ一一・七―九）

イエスが「ソロモンの栄華」を否定的に口にした時に、ティベリアスその他の都市の姿を頭に描いていたとするならば、我々は、イエスの活動の足跡が、これらの都市を不思議と避けて通っていることも、よく理解できるというものだ。これは、イエスの活動の地理的特色として、十分に注目する必要のある事実である。つまり、イエスが活動したのはパレスチナ北部、すなわちガリラヤ地方であるけれども、そのガリラヤ地方の名のある都市では何の活動もしていない。それればかりか、これらの都市の名前はそもそも福音書には言及もされていない。ガリラヤの新しい首都ティベリアスがそうだし、それまでの首都セッフォリスがそうである。ティベリアスよりもやや北にあるマグダラも、マグダラ出身のマリアなる女性がイエスの弟子の中にいた、という以外には、何も言及されていない。イエスの活動の拠点であったカペナウム（カファルナウム）からたいして遠くもないのだから、マグダラでの活動の記録が何か伝えられていてもよさそうなものだが、まったく言及されていない。この地方の

南部にあるもう一つの都市スキュトポリス（このヘレニズム的都市はヨルダン西岸であるにもかかわらず、行政区画から言えばヘロデ・アンティパスの領土には数えられず、デカポリス地方にはいる）も言及されていない。一世紀のガリラヤ地方の人文地理を学ぶためには、これらの都市の名前から知るのが普通のはずである。しかし、新約聖書をかなりよく読んでいる人でも、セッフォリスやスキュトポリスという町名を知らない場合が多い。

この事実は何を示しているのか。ここから直ちに、イエスをひなびた村の田舎者と想定するわけにはいかない。彼は山間の僻地にひきこもっていたわけではないのだ。ガリラヤでは比較的山地に属するナザレの村の出身者であるのは確かだが、彼がナザレの村をいつ去ったのかは明らかでない。ともかく、彼の活動の中心地はガリラヤ湖畔の比較的交通の多いところであって、ナザレのあたりでは活動していない。ナザレについては、その村の人々はイエスを受けいれなかった、ということしか伝えられていない。イエスはまた他方、洗礼者ヨハネのように人の住むところを好んで避け、「荒野」で禁欲的生活を送ったわけでもない。むしろ彼は、これらの都市と容易に接触しうる近隣の小さな町に住み、生活し、活動した。

カペナウムの町はそういう町だった。マグダラ、ティベリアスまでは歩いて三、四時間で行けただろうし、舟で湖をわたればもっと簡単に行けたはずである。従ってまた、経済的社会的にもこれらの都市との直接の接触の中で生きていたのがカペナウムの住民であろう（なお、ついでながら、福音書の中ではカペナウムがもっとも頻繁に出て来るので、これがガリラヤ「最大」の都市だと思い込んでいる「聖書学者」もおいでになるが、もちろんそういうことはない）。イエスの職が大工であったことからも、これらの都市と生活の上で結びついていたことが想像できる。イエスがどのようにして生活費をかせいでいたかということは、資料のとぼしさから、あまり確かなことはわからないけれども――そもそもイエスが大工だったということも（マルコ六・三）、写本によっては、「大工の子」だったとしているので、イエス自身は大工ではないと判断する学者がいないわけではないが、大多数の重要な写本はイエス自身が大工だった、としているし、また、たとえ「大工の息子」だとしても、当時の常識からして、よほどの例外的な場合でない限り、親の職業をつぐものだから、この点については疑問をさしはさむ余地はあるまい。しかし、それ以上のことは資料からは直接にはわからない。そしてまた、これまでの神学者たちは、そういう問いを問うこともしなかった。けれども、何をして食っていたかということは、その人の思想の質を知るために、重要な問題である。それは決して「個人的」な問題ではないので、その人の活動がどういう社会関係を前提としたものであるかを示す事柄なのである。私は何も、生活費を得る仕方がその人の思想を百パーセント規定するものだ、などと言っているのではない。生活の場との葛藤の仕方が問題なのである。対決的に葛藤する人もいるし、何ら葛藤を自覚しない人もいる。だから同じ生活の場にいても、その思想の質は異なってくる。

　イエスは大工だった。もっとも、大工と言っても、大きな土木工事に従事したということではない。土木工事は石工の仕事である。大きな建造物は石造だし、住居は石と粘土でつくられる。大工の職業について後世の教父が語っていることから想像すれば、イエスは家具をつくったり、農具、漁具をつくったりしていたのだろう。漁業のさかんな湖北の町カペナウムに定住したことから言っても、舟大工もかねていたかもしれない。ここから我々は、イエスの活動の幅を想像することができる。多くの家庭に――比較的富裕な家庭にも、かなり貧困な家庭にも、仕事のために出入りしたであろうし、農民、漁民と生活の上で日常的に接触していた。彼が漁や湖上の舟行について、相当詳しい知識を持ちあわせていたことも、後世の伝説化した物語から知ることができるし（「嵐を鎮める物語」マルコ四・三五以下、「湖上を歩く物語」マルコ六・四六以下、「奇跡的な大漁」ルカ五・一以下など）、農業についての知識も豊富だった。彼が多く語った譬え話の中には、農民の生活に素材をとったものが多い。イエスのこのような生活から、一個所に固着することなく比較的自由に歩きまわることができたのも、できたというだけでなく、むしろ職業上の必要からかなり遠くまで歩きまわらざるをえなかったのも、理解できる。「宗教家」として信者に生活を支えられていたから相当広範囲に歩きまわることができたのだろう、などと想像する必要はまったくない。

だいたい、イエスが常に十数名の「弟子」をひきつれて、毎日「神の言葉の宣教」をして歩いていた、といった類の像は、後世のキリスト教の修道士や宣教師の姿を投影したものにすぎない。このように、仕事の都合からかなり広範囲に歩きまわれる人は、仕事の合間にいろいろ人と話す機会もあっただろうし、余暇を通じて種々の活動をなすこともできただろう。だから、生活の上からは――思想内容から言ってもそうだけれども――イエスは宗教家ではなかった。

ガリラヤ地方の主たる産業は農業であり、それにガリラヤ湖の漁業が何ほどか加わった。従ってイエスは、当時のガリラヤ地方の生活する庶民の暮しを広く知る位置で生きており、他方、その庶民の生活を政治的経済的に支配し、かつ外来文化と伝統主義的文化とが勢力を競いつつ共存する場でもあった都市の中では住んだり活動したりせず、しかしまた荒野に隠遁してしまうわけでもなく、そういう都市の支配層の様子をしばしば目にする比較的近い距離のところで生きていた。イエスの思想はその位置から理解される。彼が、「野の花、空の鳥」に比べて、「ソロモンの栄華」をひややかな目で批判する時、福音書の中のこのたった一言でも、右に長々と述べて来たような彼の生活の具体的な場からの発言としてしか理解できないはずなのだ。

さてしかし、「ソロモンの栄華」に対するイエスのこの感情は、当時の社会的支配体制全般に対するどのような批判へと展開していくものであろうか。

## 三　宗教史的背景？

従来のキリスト教神学者の手によるイエスの歴史的背景の研究は、ほとんど百科辞典的な知識の羅列に終始してしまって、その「背景」とイエスの活動との間の緻密なからみあいを（からみあい、というよりも、本当はイエスの活動自体がその時代の歴史の一こまなのだが）、描き出すことに成功していない。成功していないというよりも、そういう問題意識すらない場合が多い。しかしそれはそもそも、歴史というものを理解する目が欠けているからである。その結果、歴史を極めて上部構造的な部分においてしか見ることをせず、イエスの活動を歴史の深みにおいてとらえることができないのである。

今までの「イエス時代史」の研究は、大きく言って、二つに分けることができる。一つは、歴史的背景と言いながら、実際にはほとんど宗教史的な背景、それも、宗教的諸理念の歴史しか考えていないものである。これは、ごく最近までの「新約時代史」の教科書の示している傾向である。「新約時代史」の学者といえば、新約時代前後の「宗教」としてとらえられた限りでのユダヤ教、およびヘレニズム諸宗教の専門家でしかなく、歴史を全体としてとらえる作業はまずやっていない。歴史が宗教史に矮小化されてしまうのは、結局これらの著者たちの――また大部分の神学者、キリスト信者の――問題意識がせまく「宗教」に限定されてしまっているからである。イエスを宗教家としかみなさないから、イエスの歴史的背景として、宗教的背景しか思いうかべることができない。だから、イエス当時のユダヤ教その他の終末論だとか、神理解だとか、メシア論だとか、救済論だとか、そういったことばかりを「歴史」として論じているのである。しかし、これらのことは、歴史のきわめて上部構造である宗教の中でも、特に理念的な上層部分にしかすぎない。

さすがに、多少まともな学者たちは、もう少し広くものを見ているけれども、その場合でも、イエスの時代背景というものを、右の宗教史と並べて、上部構造としての政治史（政治権力の歴史）としてしか見ていない。歴史をこういう政治史としてしか見ないから、歴史がイエスの活動の「背景」にしかすぎなくなるのである。確かに、政治権力の歴史は、イエスの生きた時代の一面であるから、一つの「背景」として知っておくべきだが、政治権力の歴史はあくまでも社会の上部構造のごく一部分なのであり、イエスは直接政治権力の場には出入りしていないから、それがイエスの活動の本質的な部分と直接密接に関わりあってこないのも、これまた当然のことである。その結果、こういう意味での「時代史」だけをイエスを描く場合に考慮しようとした人々の場合には、結局、その時代史とイエスの活動、生涯とを密接な関わりにおいてとらえることに成功していない。

その典型が八木誠一の描いた『イエス』である。この書物は、欧米の神学書のつぎはぎ孫引き受け売りではない、という意味では、今まで日本人が著わした「イエス」の中で最もすぐれたものの一つと言えるだろうけれども、この点については全然評価できない。「イエス」を描こうとした他の神学者の著作と違って、わざわざ一章をもうけて、かなり長く「イエス時代史」を叙述しているけれども、その章と、イエスの思想を論じた章とが、まるで木に竹をついだように、相互に無関係に並んでいるだけである。そしてイエスの思想を論じる点ではそれなりに深く素材と取り組もうとしたこの著者が、時代史についてのこの章では、西欧の教科書を要約する以上のことはしていない。だからその時代史の叙述は、西欧の神学者の欠点をそのままに、宗教史および上部構造としての政治史を一歩も出ることをしない。そして、このように、歴史的場とイエスの活動とを、木に竹をついだようにしか並べられないところからは、イエスの生を描くと言っても無理なので、せいぜいイエスの思想を思想自体として切り離して論じることにしかならない。そして、イエスの思想を思想自体として切り離して扱う時には、そこからはついにイエスも消え去って、抽象化された思想しか残らない。よく言われることだが、「イエス」像はそれを描く著者によって十人十色に変化する。それはある意味では当り前なことだし、必ずしも悪いことではないが、その一つの原因は、このように、神学者たちが「イエス」を単なる思想としてしか論じないからである。抽象化された「イエス」の思想とは、とどのつまり、それぞれの著者のお好みのイデオロギーに「イエス」の名をかぶせて脚色しているにすぎないからだ。そしてこの点に関する限りは、イエス像が十人十色に変化するのは、決してほめたことではない。

それでも、八木誠一の場合は、「イエス」叙述の中にわざわざ一章をもうけて、時代史を論じようとしているだけ進んでいるので、西欧の古典的な「イエス」叙述では、そういうことさえしていない。最も典型的な西欧型の「イエス」叙述であるブルトマンの場合で言えば、イエスの背景として、終末論的なメシア運動をいくつかあげるにとどまっている。これは二つの点で間違っている。その結果、一世紀パレスチナの歴史現象の中で、決して終末論的メシア運動として規定してしまうわけにはいかない諸事件までも、すべてメシア運動の範疇に入れて列挙してしまった。他方、これでは、イエスの活動をも、最初から、ユダヤ教における終末論的メシア運動の一亜種としてしか見ることができない。

その点ではディベリウスの『イエス』の方がもう少し幅広く論じている。けれども彼の場合は、時代史的背景への問いを、イエスはユダヤ人であるかどうか、ということに集中してしまっている。もちろん、生れから言えばイエスは広義のユダヤ人であったにはちがいないが、ディベリウスが問うているのは、イエスがどの程度までユダヤ人として生きたか、という意味である。それを「民族、国、血統」という章で論じている。これは、ヨーロッパのキリスト教徒にとっては切実な問いでもあろう。彼らの救済者がユダヤ人である、ということは、彼らにとって一つの矛盾だからである。だから、イエスがどこまでユダヤ人で、どこまでユダヤ人でないか、ということは、彼らにとっては気になる問いであろう。けれども、イエスの時代状況との関わりをこういう問いに集約してしまったのでは、問題の本質がずれてしまう。このような問いを持つところからでは、「ユダヤ人」という民族の対極に、今度は超民族的、超歴史的極を設定することにしかならない。そうなると、つまり最初から、「イエス」の中に超民族的、超歴史的要素を読み取ろうと、一所懸命努力することになる。

しかし、イエスはそもそも、ユダヤ人というよりはガリラヤ人だった。百年ほど前に、エルサレムの権力によって再ユダヤ化されたガリラヤ地方の住人である。その点ですでに、イエスはどこまでユダヤ人であったかという問い自体が歴史的現実からずれている。けれどももっと根本的に、人間の質を人種、民族、ましてや国家的帰属によってのみ判断しようとするのは、決定的に間違っている。生きている人間は単に人種、国籍としてのみ存在しているわけではない。

荒井献の『イエスとその時代』は、たてまえ上の問題意識だけからすれば、以上の「イエス」よりもだいぶすぐれている。けれども、実際の中身は、M・ウェーバーの理屈ごっこを更に安直に焼き直す作業をやっているだけである。歴史の場を描くのに、その歴史の場そのものに取り組むのではなく、それとまったく関係のない近代の一人の「理論家」の「理論」をおうむがえしにくり返せばすむ、と思う姿勢そのものが、まるで歴史とは縁遠い。

## 四　イエスと熱心党

イエスをその生きた歴史状況においてとらえるための努力をしているのは、土井正興である。彼の『イエス・キリスト』は、その姿勢の点では、評価できよう。やはり神学者よりも歴史家の方が歴史をとらえる眼があるからであろうか（もっとも彼は、一般的に歴史学的な眼は持っているとしても、肝心の福音書研究についてはまるで無知である。イエスを描くのに、福音書研究そのものの水準を知らないようでは話にならない)。ただし彼の場合も、この種の政治意識をもってイエスを描こうとする人の通弊におちいっている。つまり神学者が描く「イエス」を政治的に裏返しにしただけでことをすまそうとする。

すなわち、従来神学者の多くは、福音書の数多くの記事に熱心党との関連を読みとろうとしてきた。熱心党というのは、後六六年から七〇年の第一次ユダヤ戦争、すなわち、ユダヤがローマに対して独立をはかって戦った独立戦争において、その中心勢力をなした部分である。言うなれば、民族解放の戦士だ。この戦争は、ローマの帝国支配の歴史にとっても、まれに見る大きな出来事であった。ローマの正規軍が敗北をきっしたのである。確かに、この戦争の最後の年の七〇年には、ローマ側が考え得る最大の戦力を注ぎこんだ結果、ユダヤ側の完敗に終り、エルサレムは破壊しつくされる。そして、独立運動は、二世紀はじめに再燃するまで、根だやしにされてしまう。けれども、戦いの初期においては、ユダヤ側は一度はローマの正規軍に対して勝利をおさめている。すなわち六六年に、シリア駐在の一軍団（第十二レギオン）が、エルサレムを攻撃しようとして、かえって大きな痛手をこうむり、退却している。その帝国の拡大期において、ローマの正規軍が支配下の民族によりこれほどの敗北をこうむったのは、ゲルマンの森トイトブルクの会戦（後九年）を除けば、この場合だけだと言ってよい。ローマにとってこの敗戦の衝撃は大きかっただろう。そのあと対ユダヤ戦の指揮官は、敗将ケスティウス・ガルスが更迭され、ヴェスパシアヌスに代る。ヴェスパシアヌスは第五、第十レギオンと、さらに、息子のティトゥスがアレクサンドリアからひきいてきた第十五レギオンの力をもって、パレスチナを再征服する。ヴェスパシアヌスのこの勝利が、ローマ側にとっていかに重大なものであったかは、六八年にネロが死んだあと、ヴェスパシアヌスが第六代目のローマ皇帝になった（六九年）ことからもわかる。

それだけの大きな独立戦争の中心部分をになったのが熱心党である。彼らはユダヤ教の神信仰に対して、ということはつまりユダヤ教伝来の律法に対して、「熱心」であったので、こう呼ばれた。これは彼らが自分でつけた名前であろう。「律法」に対して熱心であるということは、それだけ強度に民族主義的であることを意味する。彼らの民族的な神信仰を額面どおりに貫こうとすれば、外国支配に対して武器をとって戦うことになる。この熱心党の本質が何であるかということはすぐあとで論じるが、ここではとりあえず、民族主義的なラディカリストと呼んでおこう。

さて、現代の神学者たちは、好んで福音書の多くの記事をこの熱心党と関連づける。イエスは熱心党に反対だった、というのだ。ところが、福音書を注意して読んだことのある人なら知っている事実だが、福音書の中には、熱心党について言及されているのは、ほんの一個所、イエスの弟子の中に「熱心党のシモン」なる人物がいた、という言及だけである（マルコ三・一八並行）。そして後述するように、これは当然のことである。熱心党の先駆的な活動家はすでに後六年から現れているけれども、熱心党そのものはイエスの生きていた当時はまだ存在していなかった。あるいは、もしも存在していたと仮定しても、人々の間で問題になりうるほどの活動はしていなかった。イエスの死からユダヤ戦争の勃発まで、約三五年ある。古代史を考える時、我々はつい長い尺度でものを考えがちだけれども（正確に知られていない出来事や著作の時を推定するのに、近代史なら、誤差数ヶ月、せいぜい一、二年程度であるが、古代史となると、短くて数十年、下手をすると百年、二百年の誤差を平気で見つもっている)、三五年といえば長い。日本の一九三五年に、七十年代の新左翼の存在を予測した者はいない。マルコが福音書を書いていた五十年代（もしくは六十年代）になって、ようやく熱心党の活動が顕著になってくる。かつてイエスの弟子であったシモンなる人物が、後になって熱心党に加わったので、もしくは、熱心党的な傾向を持つようになったので、もう一人のシモン、つまりペテロとあだ名されたシモンと区別するために、熱心党のシモンと呼ばれるようになったのであろう。

もしもこの人物がイエスの生前から熱心党に加わっていたと仮定しても、その場合には熱心党はその頃からすでに存在していたことになるけれども、これが福音書の中で言及されている唯一の個所であることに変りはない。そして、熱心党なるものに言及する最古の書物がマルコ福音書である。キリスト教以外、以前の諸文献でもマルコ以前に熱心党なるものに言及しているものはない。またマルコ以後のユダヤ教文献でも、これ以前の時期に関して「熱心な」という語を政治党派の意味に用いる例は出て来ない。ヨセフスの描く歴史では、熱心党という党派名は、六六年の蜂起の時からしか用いられていない。またマルコのこの個所の場合（またほかの文献でも）、日本語訳では「党」をつけて訳すことになっているけれども、原語は単に「熱心な」という形容詞である。彼はユダヤ教の伝統に熱心だった、というだけなのか、それとも政治党派としての熱心「党」の一員だったというのか、区別し難い。要するに、この僅か一つの言及以外にイエスの生きていた当時に熱心党が存在した、という記録はなく、この言及そのものもそのことの保証にはならない。従って、イエスがその活動において熱心党の存在を頭におき、熱心党に対して同情的に、もしくは批判的に活動した、と仮定するのは、昭和初期のファシズム台頭当時の日本の思想家に、六十年代末の新左翼の思想状況を頭に置いた活動を期待するのと同じ程度に無理な話なのである。

それにもかかわらず、どうして神学者諸氏は、福音書の多くの記事を熱心党に結びつけたがるのか。理由は簡単である。現代の保守的な神学者は革命、武装蜂起、いや武装蜂起どころか、帝国主義に対するいかなる積極的な抵抗、批判に対しても、それを、「暴力的」で此の世的なものとして退けたいからである。イエス様は熱心党に反対なさった。だからキリスト教は此の世の変革なんぞには関わらないのだ……。そこからどういうお伽話がつくられるか。たとえばイスカリオテのユダは熱心党だったということにしてしまった（これほど根拠のない「学説」が多く支持されたのもめずらしい）。ユダはイエスに革命の指導者、来たるべき王を夢見て従って来たのだが、イエスの方は決して反ローマ抵抗戦線を結成しようとしたのではなく、世界の人々に魂の救いをもたらそうと望んでいた。ユダはそういったイエスに失望し、裏切ったのだ、というのだ。そこからはじまって、ゼベダイの子ヤコブとヨハネも熱心党員だったとか、ペテロまで熱心党員にしてしまい、この弟子たちは、だからイエスをよく理解できず、しばしば叱られてばかりいたのだが、彼らの場合はイエスの死と「復活」を体験して、熱心党的な現世の革命の理念から、永遠の「真の」救いへと改宗したのだ、という想像、はては、いわゆる「五千人の供食」（マルコ六・三〇以下）、つまり、荒野でイエスの話を聞きに集って来た五千人の聴衆に、イエスが、五つのパンで満腹するまで食べさせた、という奇跡物語までも、武装蜂起をめざして集った群衆を、イエスは、彼岸的な「救い」へと導こうとしたのだが、理解されなかったので、以後はイエスは民衆と接触しなかった、などという話につくりかえ（まったく何の根拠もない）、ペテロがイエスに「サタンよ、しりぞけ」と叱られたのも（マルコ八・三三）、同じことであり、最後のエルサレム入城の場面で（一一・一以下）、驢馬に乗ってエルサレムにはいっていくイエスを群衆が迎えて歓呼の声をあげたのも、今度こそイエスが反ローマの戦いをいどむ「メシア」として立ち上ることを期待したからであり、同じ群衆が（本当は福音書のどこにも「同じ」とは書いてないのだが）、すぐ一週間もたたないうちに心変りして（この一週間というのも神学者の勝手な計算であるが）、イエスを十字架につけよ、十字架につけよ、と叫ぶようになったのも、この期待を裏切られたからだ、という「解釈」にいたるまで、ぜんぶこの手の神学者の、キリスト教を「宗教的高み」に引き離しておきたいという現代風の護教論的意識がつくり出した根も葉もない想像である。

これらの想像は、二つの点で根本的に間違っている。一つには、福音書に出て来るこれらの物語は、熱心党とおよそ関係がない。たとえば、五千人の供食の物語は民間説話的な奇跡物語であって、そこに教会儀式に用いられる表現が混入したものであるから、これを歴史の事実とみなすなどはおよそ馬鹿げているけれども、万が一福音書の記述をそのまま信用したとしても、この群衆は「飼う者なき羊」のようにおとなしくイエスの言葉に耳を傾けていた、ということが記されているだけで、ローマに対する武装蜂起を思わせるものは何一つない。それに、五千人という数字も、五つのパンでいかに大勢の人間が満腹したかを強調する奇跡物語的数字なのであって、ここからは、イエスに関する奇跡物語を好んで語りたがった人々の心情は憶測できても、民衆の武装蜂起を想像するわけにはいかない。――それにもかかわらずこの物語に関してくり返しこの種の「政治的」解釈が語られるのは、この物語にヨハネ福音書がつけ加えた註釈に依拠しているのである。ヨハネの著者は、この物語をマルコと同じように語ったあと、一言解説をつけ加える、「イエスは、人々が自分をつかまえに来て、王にしようとしているのを知って、再び一人で山に退いた」（六・一五）。しかしヨハネ福音書はすでに述べたように一世紀末近くの一人のキリスト教徒の神学的思弁の所産であって、特にこの一句などは、この著者が考えているキリストの救いとは、此の世に対してもたらされるものではなく、人間を此の世から救い出そうとする、つまり彼岸的な救いであるということを、よく示している。だからこの句に基づいてイエスの事実を判断するわけにはいかない。

エルサレム入城の場面にしたところで、これを右のように「政治的」に解釈するのは馬鹿げている。この物語は、イエスの死後、イエスを終末論的なメシア王としてまつりあげる信仰が生れ、そして、終末論的なメシア王はダビデの末裔でなければならなかったから、イエスはダビデの子である、という主張が生れた（マタイ福音書の誕生物語がこの理念にかなり支配されていることはすでに述べた）、その後で、この理念にのっとって作られた話である。ここで、エルサレムに驢馬に乗って入っていくイエスについて行った民衆が歓呼してうたった歌として記されている句、

ホサナ（我らを救い給え）
主の御名によって来たる者に祝福あれ
我らの父ダビデの来たるべき王国に祝福あれ
いと高きところにて、ホサナ
（マルコ一一・九―一〇）

は、ユダヤ人が仮庵の祭の時にうたった歌（旧約の詩篇一一八・二五以下）に、民族主義的（ダビデ王）

かつ彼岸的終末論的（いと高きところにて我らを救い給え）理念を混入させたものにすぎない。ここに社会革命の理念を読みとるわけにはいかない。ごく初期の（エルサレムの？）キリスト教が、この歌を当時のユダヤ教から継承して、それを、「驢馬の子の上に乗って来る平和の王」という象徴的な理念に結びつけたところに成立したのがこの物語である。従ってこの物語は、初期キリスト教団の理念が生み出したものであるから、ここから、イエスの出来事を直接に想像するわけにはいかぬ。

十二弟子――「十二」弟子というのがそもそも虚構だが――の中の多くの者が熱心党員だった、という想像はもっと馬鹿げている。熱心党のシモンの場合（前述）を除き、イスカリオテのユダ、ゼベダイの子ヤコブとヨハネ、ペテロなどが熱心党員だった、などというのは、何の根拠もなく、限りなく無茶苦茶な想像である。知らないと、「学者」の衒学的な議論にまどわされるから、一つだけ実例を提示しておくと、イスカリオテという語は、ギリシャ語のシカリオイから来たのだ、という想像である。シカリオイとは、五十年代にエルサレムに現れたテロリスト集団で、大祭司の暗殺などを実行している。イスカリオテのユダとは、シカリオイの一人ユダという意味だ、と想像し、そこから、ユダは熱心党の一人だった、と結論づける。けれども、五十年代になってはじめて現れたシカリオイと、三十年前後のイエスの弟子とを結びつけるのは無理だし、またシカリオイと熱心党の関係もさだかでない（歴史家のヨセフスは、ある個所では、シカリオイをローマの代官に買収された暗殺者集団とみなしている）。しかし特に、イスカリオテとシカリオイ（単数はシカリオス）を同一の単語とみなすのは、音韻上まず絶対に無理である。語頭の「イ」音の説明がつかないし、シカリオイの一人ならば、シカリオスと書けばよいのである（この語はヘブライ語でもシカリーと音写して、イスカリオテとは記していない)。イスカリオテが何を意味するかは定かでないが、最も穏当な説によれば、カリオテ(ないしカリオート、地名)の人(イス＝ヘブライ語のイシュ＝人)という意味である(ただし、カリオテという地名はほかには知られていないが)。ユダ以外の弟子を熱心党に結びつけるなど、これよりもっと滅茶苦茶な論拠しかなく、荒唐無稽としか言いようがないのである。

最後に、ペテロが「サタンよ退け」と叱られた話だが、これも熱心党とはおよそ関係がない。イエスについて人々のなしている噂話を、つまり、イエスは預言者であるとか、終末時に神が顕現する直前に先駆者として再臨することになっているエリヤであるとか、ヘロデ・アンティパスに首を切られた洗礼者ヨハネがよみがえったのである、といった噂話を紹介したあと、福音書記者マルコは、ペテロ一派の意見として、イエスはキリストである、という見解を記している。キリストという語は、周知のように、「油を注ぐ」という動詞の受動形からつくられた名詞で、「油注がれた者」という意味であり、ヘブライ語のメシアの直訳である。そして、旧約聖書や後期ユダヤ教の諸文書では、「油注がれた者」とは神によって特別に選ばれた者(聖別のしるしとして頭に香油を注ぐ)という一般的な意味から、またもっと限定して、神的な支配権の委託を受けた者という意味で、「王」について特に用いられた。イスラエルが国家的統一と独立を失ってからは、メシアは、民族的かつ宗教的な救済者としてだんだん理想的な像となり、超越的な救済者として待望された。キリスト教のキリスト像は、そこから民族的要素をぬき去って、純粋に宗教的な救済者の理念に仕立てあげたものである。もっとも、エルサレムに最初にキリスト教をつくったペテロ一派の場合には、まだ民族的要素を消し去っていたわけではないだろう。しかし民族的な救済の待望と言っても、現実的に政治的な独立を目ざすものから（その場合は、何らかの形で反ローマ抵抗運動をすることになる）、宗教的な終末待望へとそれを疎外してしまうものまで、ずい分と幅があった。

マルコの記述に話をもどして、マルコはここで、彼の描くイエスに拒否的な反応を示させている。ペテロが、「あなたこそキリストです」と言うと、イエスは、そういう仕方で議論をするな、と沈黙を命じている（八・三〇）。つまり、宗教的メシア論の論議の中で、通常の預言者か、特別な終末論的預言者か、エリヤか、それともヨハネのよみがえりか、といった規定と比較し、それらの規定を排除しつつ、キリストという概念を選びとる、というような仕方でイエスについて論じてはならない、ということである。これはおそらく実際の会話ではなく、イエス死後のエルサレム教会を中心としたメシア論議と、それに対して批判的な著者マルコ自身の気持とを、歴史的な場面に仕立て上げた巧みな創作であろう。その意味でこの会話場面は史実ではないだろうと思われるが、しかし、イエスの歴史的実態にせまろうとしたすぐれた創作であると言うことができる。マルコは、イエスの歴史的現実が持っていた広がりを、宗教的なメシア論議に解消させたくはなかったのだ。この会話にさらに続けて、マルコの描くイエスは自分の死を、しかもユダヤ教支配当局の手による虐殺の死を予告する。それに対してペテロが、そういうことはあってはならない、と反対するのだが、そのペテロに向ってイエスは、サタンよ退け、と叱りつける（八・三三）。会話のこの部分は、伝承史的には複雑である。つまり、実際の事実の何らかの記憶がここに反映していることは否定できないし、他方、八・三一の死の予告の一句は、言葉づかいとしては、原始教団の神学的言葉づかいであるし、それらの素材を用いいつつ、マルコが、ペテロに対する自分の批判的な意識から、この会話全体を創作しているからである。

従って、いずれにせよ、この会話を直ちに史実とみなすわけにはいかないが、著者マルコの見解としてみても、ここでは、言うところの「熱心党」的な政治的メシア像を排して、「神の子」の十字架上の「受難」による宗教的救済が主張されている、などと解釈するわけにはいかない。むしろここで排されているのは、エルサレムの宗教的なメシア論議にイエスの存在意義を閉じこめて論じることであり、主張されているのは、エルサレムの宗教的支配勢力に抵抗して殺される批判者の姿である。マルコはここで、エルサレムのまたパレスチナのユダヤ人社会全体の、宗教的な上部構造をもった社会支配体制に鋭く抗って殺されたイエスと、そのイエスの「弟子」でありながら、エルサレム支配体制の中にうまく自分たちの宗教集団をすべりこませて生きていたペテロ一派とを、対照させて描いている。

以上、個々の素材にあたって論じて来たことからわかるように、イエスの活動を熱心党の思想と活動とに批判的に対決したものとして解釈するのは、何の根拠もない。この解釈はイエスを熱心党の正反対とみなすことにより、政治的社会的な変革と民族解放を志すのは人間にとって本質的な問題ではないのであって、イエスはもっと本質的、「根源的」な宗教的救いをもたらそうとしたのだ、と言おうとしている。しかしもしも実際にそうであったとするならば、福音書の中でもっと積極的かつ直接に熱心党に言及され、熱心党の思想、活動内容が問題にされているはずである。けれども福音書の中では熱心党については何らふれられず、それに対し、パリサイ派を中心とした律法学者、そして、エルサレムの宗教的支配当局（サンヘドリン）と祭司階級とが、何度も何度も直接にイエスの対決した相手として言及されているのである。もちろん、その中の何ほどかは、イエスの死後のキリスト教会のパリサイ派的ユダヤ教に対する対立の反映であるにせよ、この豊富な素材の大部分は、やはり、イエス自身に帰さざるをえない。イエスの対決した相手は彼らなのである。そのところを問題にしないでおいて、およそ無関係な熱心党との対比においてイエスを論じるのは、間違っている。

けれどもまた、現代の神学者たちのこの論議は、もう一つの点でも根本的に間違っている。つまり、イエスのとらえ方としても間違っているが、熱心党のとらえ方としてもおよそなっていない。熱心党を社会主義革命を目指す集団であるかの如くに勘違いしているのである。それも、社会主義革命について鮮明な理解があってのことではない。漠然とした、「現世的政治的」といった形容詞しか持ちあわせない。そしてまた、熱心党についての歴史資料を原典にあたって読んだことなどまずないのであって、ただ自分たちの反社会主義的な曖昧な意識を熱心党に読みこんでいるにすぎない。けれども、熱心党が今日考えられるような意味での革命集団ではなかったことは、はっきりと指摘しておく必要がある。だいたい、そういう集団の存在を一世紀に期待するのが無理なのだが、そういう一般的な理由だけでなく、具体的に熱心党に関する素材を洗ってみても、社会的な革命集団、下層民が社会構造の変革を志して立ち上った集団という像は出て来ない。神政政治を理念としてかかげる極端な民族主義の集団なのである。

以上からわかるように、神学者が熱心党との対比において描くイエス像は、歴史のイエスを描き出そうというよりもむしろ、宗教的精神においてのみ脱世間的な、ということはつまり現実的には安直に体制内安住的な自分たちの現代の宗教的イデオロギーを投影しているにすぎないのである。たとえば八木誠一の場合、「イエスは、ユダヤがローマから独立しさえすればあらゆる問題が解決するとは考えていなかった」とみなし、「現存する秩序を変革しさえすれば社会の幸福がもたらされる」という考え方をイエスは批判したのだ、と言う（一五四頁以下、傍点は私）。だからイエスは親ローマだの反ローマだの、社会秩序のどうの、といった問題は超越していたのだそうだ。冗談も休み休み言うがよい。当時のどこに「ローマから独立しさえすればあらゆる問題が解決する」などと浮世離れしたことを考えていた人間がいたのだ。熱心党だとてそのように抽象的に呑気なことは考えてはいなかった。誰も考えてもいなかったことに対して、どうしてイエスが反対する気を起こしえたのか。だいたいどこでイエスがそんな奇妙なことを言っているか。作り話もいい加減にした方がいい。おまけにこの八木の屁理屈は論理的にもなっていない。それによってすべての問題が魔術の如くに解決するのでないとすれば、ローマ帝国の支配から独立することは無意味だ、などという馬鹿げた論理がどこにあるか。たとえ他の多くの問題が解決せずとも、かなりの問題はローマ帝国の支配を転倒することによって解決できたはずだ。いや、万が一たいした問題は解決できないとしても、せめてその屈従だけははねのけたい、と願うのが人情というものだろう。高見の見物でごたくを並べる神学者と実際に歴史社会の中で何ごとかをなそうとする者との相違は、神学者は、これによって一切が解決するわけではないというようなことは、何もやる必要はない、とうそぶいて平気でいられるのに対して、現実にローマ支配のもとでの屈従にあえぐ者は、それを転倒することによってほかの点までうまくいくわけではないにしても、せめてこの屈従からは逃れたいと願う、という点にある。しかもそのローマからの独立ですらついには不可能だったのだ。

何なら八木さん、ジンバブウェ（この原稿を書いた時点ではまだ植民地支配下にあり、「ローデシア」と呼ばれ、南アフリカ共和国以上に残忍なアパルトヘイトが支配していた）に行って、諸君は白人の支配から解放されたとて、それで一切の問題が解決するわけではないのだから、白人支配からの解放のために血を流して戦うことなんぞおやめなさい、と説教してきたらどうなんだ。そういう場に身をおいてみれば、この種の論理がいかにとんちんかんで浮世離れしたものかがわかるだろう。

確かにイエスの場合、ローマ支配に対して、熱心党のように直接に武力闘争を呼びかけたわけではない。それについては何も言っていない。しかし、何も言っていない、ということは——熱心党の活動はイエスの死後四半世紀ぐらいたってはじめて顕在化したのだから、何も言っていないから熱心党を批判したことになるのだ、というのも論理的にまるで滅茶苦茶である。イエスは彼なりに、ローマ支配の与える屈従に対して、呪詛をぶつけていく。その呪詛も多くはなく、口が重い。それがどういうものであったかは、改めて論じる。いずれにせよ、重い口をとざして呻吟している者は、口を閉ざしているが故に、その屈従に対する抵抗を必要なこととは思っていなかった、などということにはならない。ジンバブウェで、民族解放の運動が出て来る以前の重く口を閉ざしていたアフリカ人たちは白人の支配から独立することなんぞはどっちでもいい、たいした問題ではないと思っていた、などということは決してない。その可能性があまりに小さかったから口を開く気力もなかった、ということは、決して、屈従を唯々諾々と容認していたことを意味しない。いずれにせよイエスは、政治も経済も法も超えた超越のかなたに、これさえあれば「あらゆる問題が解決する」という宗教的精神の妙薬を、薬会社の宣伝よろしくしゃべっていたわけではない。

しかし、八木誠一の場合、日本に限らず、世界の神学者たちの描く「イエス」の中でも、最良の部類に属する、ということは言っておかねばならない。それですらこうなのだから、あとは推して知るべしだろう。けれども我々が気をつけなければならないのは、こういう神学者の描くイエス像に性急に反論しようとして、彼らの主張をそのまま裏返しに、イエスは熱心党的に反ローマの抵抗の戦士だった、と主張するおとし穴におちいることである。こう主張したのでは、彼らの二つの誤りにこちらもおちこむことになる。すなわち、イエスの活動が熱心党と何の関係もなかったにもかかわらず、その関わりを架空に想像して、その架空の想像をイエス理解の中心点におくこと、第二に、熱心党を描くのに現代の民族解放戦線の像をそのまま投影することである。政治的な意識をイエスに投入しようとして、しかし中途半端に、歴史の素材とは取り組もうとせず、極めて観念的図式的にとらえた革命史観（というよりも、当時の日本共産党の教条史観）だけを頼りに、イエスを革命家もしくはそれに近い者に仕立てようとすると、このおとし穴におちいる。土井正興の例がそうである。彼の場合、現代の発達した福音書研究をほとんどまったく考慮しようとせず、奇妙なことに、欧米の新約研究者の中でもイデオロギー的に最も右寄りでどうしようもないO・クルマンだけに頼ってしまい、クルマンが福音書の熱心党とは無関係な記事を強引に熱心党に結びつけようとした荒唐無稽な学説をそのまま継承する。クルマンの意図は、イエスはこれらの記事のいずれにおいても熱心党に反対であって、政治的解放を叫ぶことは間違っていると主張していた、という点にある。土井正興はそれを単純に裏返して、イエスは熱心党に近く、熱心党と共に活動した、と言っているだけである。おまけに彼の場合、ヴェトナムで民族解放戦線の活動が世界の注目をあびている時期にこの本を書いているのだが、その現代史の状況をそのまま無制約に一世紀に投影しているせいで、加えてその現代史の状況をとらえる意識そのものも、極めて単純、安直に図式的であるせいで、世界的帝国の支配に対して民族独立の旗をかかげて立ち上る勢力をそのまま社会的な革命勢力とみなしてしまっている。その結果、一世紀のパレスチナにおけるユダヤ民族主義、反ローマ帝国の運動、下層民の社会的解放への要求といった諸要素を全部同一のものとみなしてしまう。しかし一世紀パレスチナにおいて反ローマの政治運動が、即そのまま下層民の社会的解放のための運動である、などというわけにはいかないのだ。社会が混乱する時、抑圧された民衆は、世の中が新しくなって自分たちが解放されるようになることを必ず期待する。だから抑圧された民衆は新しく出て来る政治勢力に共感する。共感するばかりか、一緒に立ち上ることもある。けれどもそのことは、新しく出て来る政治勢力そのものが民衆自身の革命的な運動であることを意味しない。多くの場合、新しく出て来る政治勢力は、占い政治勢力に対抗するために、抑圧された民衆の爆発力を吸収しようとする。けれどもいったん自分たちがある程度の力を持てば、彼らもまた民衆を抑圧する権力となる。そういう意味で、熱心党の独立運動に下層民出身の者が加担している事実を見つけ出すのは確かに容易である。けれどもそのことは、熱心党の運動がその本質において下層民の解放を主眼とするものであったことを意味しない。反ローマ抵抗運動というだけならば、貴族的な民族主義者も、宗教的な社会支配の構造を根強く保とうとする伝統主義者も、あるいは一旗あげて独裁権力を得ようとする野心家の民族主義者も十分果敢に立ち上ることはありうる。

土井正興の場合、このように基本的な視点にすでに無理があり、おまけに福音書の緻密な研究はすっかり無視している上に（緻密どころか、基礎的な常識さえろくに知らない）、歴史的な知識に不注意な間違いが多すぎて、とても歴史的なイエスの研究とは言い難い。三文小説家のイエス伝とどっこっちなのだ。ローマ史の「専門家」だから、キリスト教については素人なのでお許し願いたいと言い訳しているが、そういう言い訳をするくらいなら、はじめからイエス記述になど手を出さねばいいのだ。もっとも、たとえば鎌倉時代の日本史の専門家だったら、自分は仏教については素人だからと言い訳しつつ、鎌倉仏教について初歩的な間違いばかりを並べた本をぬけぬけと書くことなぞ許されまい。鎌倉時代の歴史の専門家なら、当然、鎌倉仏教についても深く専門的に知っていなければいけない。初期キリスト教についても話は同じである。古代ローマ史の「専門家」を自称する者が、初期キリスト教について私は素人ですなぞと言い訳をするんじゃ、とても専門家とは言えまい。もっとも、土井さんは御専門のはずの狭義のローマ史についてもこの書物では不注意な間違いを数々書き並べているので、お話にならないが。

ただし、土井正興の場合、類書と比べて一応すぐれているのは、類書が単純にイエスを熱心党的「革命家」として、神学者の反政治的イデオロギーを裏返しにしているだけなのに対して、彼の場合は、「熱心党的下層民」の反ローマ抵抗運動と、社会的宗教的に「差別された民衆」の動きを分けて考え、その二つの流れの合流点としてイエスを把握し、この二つの流れの矛盾を統一することができなかったところにイエスの悲劇を見る、としている点である。もちろん、熱心党を「下層民」の「革命集団」とみなしている点に無理があるが、他方では、政治的な独立運動に加わるわけではない、とてもそこまでの力はない、社会的宗教的に差別された民衆の存在を意識し、イエスの活動をその「民衆」との関りにおいてとらえようとした点で、単なる政治主義的なイエス把握よりは一応すぐれている。しかしこの二分法自体、歴史の事実をていねいに知り、理解する努力から出て来るものではなく、著者の持っている当時の日本共産党的政治的図式を投影しているだけであるから、その点ではとても誉められたものではない（一方に名目上「下層民」を代表するはずの「革命集団」がいて、他方で、それが働きかける相手として「差別された民衆」がいる、という。そして後者は無自覚的であって、「革命集団」はその無自覚な大衆を目覚めさせようと努力するのだが、なかなか言うことを理解してくれない……、ですと。およしになって）。「民衆」の件については、項を改めて論じ直すことにして、ここではもう少し熱心党について話を進めよう。

### 五　帝国の税金と神殿税（カイサルのものと神のもの）

ある時一人のパリサイ派の男が——イエス当時のパリサイ派は大きく二つの派閥に分れていた。ラビ・ヒレルの一派と、ラビ・シャンマイの一派である。ヒレル派はいわば自由主義で、シャンマイ派は伝統主義であった。土井正興は、前者を右派、後者を左派と呼んでいるが、この場合、政治的な意味の左翼、右翼という概念をあてはめるのはまったく正しくない。シャンマイ派は伝統主義的に強固にユダヤ主義を主張したから、反異邦人的傾向が強く、その意味で、政治的にも反ローマだったのである。反ローマだから「左派」である、なんぞというわけにはいかない。——従ってこれは、おそらく、シャンマイ系のパリサイ派の男だっただろう。ともかくある時、一人だか数人だかのパリサイ派がイエスのところにやって来てたずねた（マルコの記述でここにヘロデ派なるものが一緒に出て来るのは、おそらくマルコの編集上の付加であろうか）、

「ローマ皇帝に税金を払うことを、あなたは正しいと思っているか」（マルコ一二・一四参照）

この問いは、後六年にローマの支配者がユダヤ人に直接税金（人頭税）を課すようになってから、ユダヤ人の間でしばしば論じられていた問いである。いや、単に頭の中で論じられていただけではない。果敢な反ローマの運動がこの問題をきっかけとして動き出している。ローマがユダヤ人を直接支配したのは、この時がはじめてである。それまでは、ヘロデ王家を通じて間接に支配していた。しかし、ヘロデの死（前四年）以後、おそらくローマは、直接支配に転じる機会を常にねらっていたのであろう。ユダヤ（南パレスチナ）とサマリア（中部）の領主になったヘロデの息子アルケラオスは、ちょっとしたきっかけで、僅か十年にして失脚せしめられ、ガリア——今日のフランス——のリヨンの近くにあるヴィエンヌに追放されてしまう。これが後六年であり、この時からローマはユダヤ、サマリアを直接支配するようになる。

直接支配の基礎は、いかに住民をもれなく国家的に登録せしめ、細大もらさず税金（人頭税）をしぼりあげるか、というところにある。だから、ローマ帝国は後六年に、まず、この種の調査に能力のあるキリニウスなる人物を総督としてつかわして、住民登録の台帳をつくることからことをはじめた。これに対して、民衆の間から強力な反対運動が生じたのは当然である。これを指導したのがガリラヤのユダと呼ばれる男であって、後の熱心党はこのユダの流れをくむ、と言われている。ユダは、「ローマ人に税金を払うことを忍び、神のほかに死すべき人間を支配者として承認するのは、恥である」と主張して、ザドクというパリサイ派の人物とともに、反ローマ抵抗運動を呼びかけている（ヨセフス『ユダヤ戦史』二・一一七以下ほか）。このことからわかるように、ローマによる税金の徴収に反対する根拠としては、ユダヤ民族における神政政治の理念が持ち出されている。このように税金を徴収することは、当然狭い意味での経済現象だけで話はすまず、そのためにきっちりと住民登録がなされ、生活が監視されるのであるから、住民にとっては、全人間的な支配の強化であった。ヘロデ家の時代とローマの直接支配の場合とで、税金負担がどちらがどの程度多かったのか、私はまだ知りえていない。必ずしも、税負担が強化されたから生活が苦しくなって、それで抵抗の気運が生じた、というような単純なことではなかっただろう。ただ確かなことは、ヘロデ時代に比べてよほど組織的に税金が徴収されたから、生活感覚としては逃げ場がなく、息苦しいものに感じられたはずである。この息苦しさは、生活全体に対する支配の強化を感じるところからくる。パン一つ作るにも、野蛮で図体ばかりは馬鹿でかい「異邦人」支配者のローマ人を――しかも遠い海のかなたの支配者ではなく、直接時々町でも見かけ、よくわからないが安っぽい言葉をわめきちらしては、自分たちに危害を加えていくローマ人の顔を、思い出さざるをえなかっただろう。だから、ガリラヤのユダが、これを「奴隷」の状態と形容し、人間全体に対する支配の問題として受けとったのは正しかった。

これは相当な影響力を持った運動であったけれども、おそらくはユダ自身が権力の手にかかって殺されることによって、鎮圧されている（使徒行伝五・三七）。こういう時にいつでも出て来てピエロの役割を果すのは、被支配者の中の上層階級である。この場合ならば、ユダヤ民族全体が被支配者の位置にあるのだが、その中の貴族的上層階級は、支配者の手先につく。大祭司のヨアザルなる人物が、反抗は無駄であり、ローマの支配は神によってイスラエルに下された罰なのだから甘受せよ、と説教して、民衆に税金を払うことをすすめる。大祭司は、エルサレムの宗教貴族の中でも最高の権力者である。そして、たてまえからは宗教家である大祭司が常に最も露骨に政治的に立ちまわり、宗教家でないガリラヤのユダのような人物が、かえって宗教的な運動を徹底して展開する。それは、徹底して展開される時には、「宗教」という観念空間にとどまることはせず、歴史的現実の全体に切りこむものとなる。神以外は支配者としては認めない、ということを本気になって主張し、行動するとすれば、いかなる政治権力をも容認しない、民衆の上に特定の階級が支配することを容認しない、徹底した運動となりうる。宗教がそのたてまえを実際にラディカルに遂行しようとすれば、「宗教」の枠を根源的につき破る。

だから、ガリラヤのユダの運動は、いったんはつぶされてもなお長い間地下水となって生命力を保ち、やがて、半世紀の後には第一次ユダヤ戦争の如き大きな力の噴出へとつらなっていく。

けれどもまた、歴史の流れはもっと非情である。一つの変動期に否定契機を強くつき出して行く運動の出発点としては、こういう宗教的ラディカリズムは「宗教」をつきぬけた根源的な意味を持ちうる。けれども、それを担う者自身が宗教をつきぬける意識に到達しないと、持続しているうちに、再び宗教的観念空間へとからめとられ、その時には、根源的に否定する力も失って、体制内に生き残る宗教となる。ローマのような強大な支配力に対しては否定する力たりうるけれども、ユダヤ人社会の内部では、みずからが他を支配する力となっていく。ガリラヤのユダの反ローマ抵抗運動はそこまでのものであったし、それはまた、一世紀全体を通じてのユダヤ人の果敢な独立運動に一般的にあてはまる。神以外には誰も支配者として認めない、という主張を、単純かつ強力に推進することは、素手で強大な支配者に立ち向う時には、歴史の根源をつく真理たりうる。けれども、自分たちが何ほどか権力を持った時には、それではすまなくなる。自分たちの力を民衆に向けて、これが神の支配だ、とせまることになる。

だから、ガリラヤのユダの運動は、その体質からして、ついにはユダヤ民族主義の、極端に民族主義的な権力志向へとからめとられる運命にある。もっとも、一世紀の歴史にそれ以上を求めるのは無理かもしれないが。

その意味で我々は、ガリラヤのユダ、さらには後の熱心党と、パリサイ派伝統主義者とのつながりを考慮しておく必要がある。ユダの盟友ザドクは、パリサイ派であった。パリサイ派とは何であるか、という説明はここではおく。だいたい、「パリサイ」という語が何を意味するかも——有力な仮説はあるが——厳密なところはわからないし、この派の発生の歴史も不明である。一種の在家の宗教運動として成長し、同時に律法学者の大きな派閥でもあった、と思っておけば間違いない。確かなことは、前百年ごろにはすでに国家権力をも左右する大きな政治勢力になっていた、ということである。サドカイ派が貴族的最上層をしめて、国際政治に棹さしていったのに対して、パリサイ派の方は言うなれば中間階級的で（この場合、中間階級という語はかなり漠然とした意味である。権力の最上層ではないが、社会的には何ほどか上層部である）、律法を時代に即して新しく解釈していくのに熱心で、その熱心さから、多くは民族主義的な傾向を帯びていった。同じ民族主義でも、宗教的文化的にのみ民族主義的であろうとする者たちと、政治的社会的に民族主義的であろうとする者たちがまざりあっていたけれども。

今日パリサイ派について常識的に描かれる像はヒレル派のものである。というのも、ヒレル派は政治的には親ローマで、従って後七十年のエルサレム滅亡後に生き残った。それ以後のユダヤ教はこの系統のパリサイ派一色に塗りつぶされる。従って残された資料もほとんどこの派の視点から描かれたものである。その結果、パリサイ派と熱心党とのつながりはあまり注目されないが、自由主義のヒレル派とちがって（この場合の「自由」とは、単に、律法解釈に際して多少幅広く考える、という程度の意味にすぎないが）、伝統主義をとったシャンマイ派は、極端な民族主義を押し出して行き、その点で、ガリラヤのユダにはじまる反ローマの政治運動とつながっていった。つながっていった、というよりも、その担い手の主体が彼らだった、と言ってよい。熱心党はパリサイ派の中の政治的ラディカルだ、という言い方をする学者が比較的多いのも、うなづける。

一つだけ実例をあげると、十八のハラコート（教え）の事件というのがある。これは民族主義的な異邦人排除を生活倫理に反映させたものであって、十二の食物（異邦人のパン、チーズ、葡萄酒、酢、油など）とその他六項目（異邦人の言語ほか）を禁止したものである。これをパリサイ派の公式見解として定める時に、おそらくシャンマイ派は多数決では勝つ自信がなかったのか、ヒレル派に対して武闘をしかけて、強引に決定してしまった。「彼ら（シャンマイ派）の六人がかけ上って、他の者（ヒレル派）に向って剣と槍をもって対した」（エルサレム・タルムッド『安息日』三C・三四以下）と言われる事件である。パン、チーズ、葡萄酒、酢、油などは当時の基本食料であるから、異邦人がつくったこれらの食物が禁止されるということは、実質的には農業生産物の輸入をほとんど全面的に禁止するということである。これは外国人との経済的な交渉を大幅に制限することになる。まして外国人の言語の禁止は、当時の国際的な通商言語はギリシャ語であったのだから、経済的社会的活動をますます大幅に制限することになる。近代日本史において、英学万能の風潮に対する反動として、戦前戦中に英語が極端なまでに毛嫌いされたのと似ている。もちろんこういう禁止が実際に厳密に守られるはずもないが、相当な社会的圧力になったであろうし、そして、この精神から反ローマ抵抗運動が生れてくる。しかしそれは、極端な民族主義の運動である。ガリラヤのユダの運動、そして、後の熱心党の運動は、こういうシャンマイ派のパリサイ主義と歩調をあわせていく。

結局、当時のユダヤ人社会の状況においては、「神のみが唯一の支配者である」とする運動は、それぱかりを主張している限り、この種の極端な民族主義にからめとられていく。「神」がユダヤ人の神である限り当然である。――もっとも、それをひっくり返して、神は世界の神だから、と言うだけでは、ローマ帝国に対する抵抗さえも出てこない。普遍主義的神信仰を持つキリスト教徒パウロに言わせれば、ローマの国家権力も神様がおつくり下さった善だ、ということになる。――それはともあれ、ユダヤ民族主義による反ローマ抵抗運動の袋小路はこの点にあった。それはとどのつまり、自分が権力をにぎれば、神の力を代行する王として君臨することになるか（かつて、前二世紀に独立を果したマカバイ兄弟の場合がその典型的な例である。彼らも、異邦人支配に対して、神以外の支配者を認めないために立ち上った。そして、独立運動が成功するや、自分たちが王として民衆を支配した。その亜流がヘロデ王家だったではないか。また、第一次ユダヤ戦争の初期、六六年に、ローマ軍に勝利したころの熱心党の英雄メナヘムも、何ほどか権力を得るや、神殿にて王服をまとった）、あるいは、王制は神以外に支配者をたてることになるから正しくない、というもっと徹底した神政政治のイデオロギーに立てば、王宮の代りに神殿をもって来ただけの、祭司集団を中心とする宗教貴族の支配する神政政治におちいらざるをえない。この祭司貴族による神政政治の型は、古代オリエントにおいて、王支配以前から存在し、もしくは王支配と並び、拮抗する力として広く見られる型である。

ガリラヤのユダからイエスまで、四半世紀の時のへだたりがある。その間、運動はこのような方向に風化せざるをえなかっただろう。その間もずっと、ローマ帝国に税金を払うことは正しいかどうか、という問いは問われ続けていた。けれどもその問いはすでに、全人間的な支配をはねのけようとする抵抗の意味よりも、民族主義的「信仰」の踏み絵と化していただろう。伝統主義的なパリサイ派の一人がその問いをイエスに向って発する時、それはもはや、搾取される民衆の抵抗の叫びであるよりも、宗教的指導層の教理問答であった。

この問いに対したイエスの位置を、もう少し厳密に知っておく必要がある。右の人口調査、ローマによる直接人頭税の徴収は、ユダヤ、サマリア地方の出来事であった。だからガリラヤの住民であるイエスにとっては、これは直接の出来事ではなかった。ガリラヤ人イエスはまだローマ帝国に対して直接に税金を払う必要はなかった。従ってこの問いは、イエス個人の生活からしてみれば疎遠な問題であった。——ガリラヤのユダもガリラヤ人であったが、わざわざ「ガリラヤの」と呼ばれていたからには、エルサレムに住み活動していたガリラヤ人であっただろう。ガリラヤで生きて活動していた人間をまわりの同じガリラヤ人が「ガリラヤの」とあだ名をつけて呼ぶことはありえない。そして、中央の問題に人よりもむきになって首をつっこむのは、むしろ地方出身者によくある姿である。従ってガリラヤのユダの意識をガリラヤに住んでいたガリラヤ人一般の意識を代表するものとみなすわけにはいくまい。

ではガリラヤの住民は誰から支配されていたか。長期間エルサレムの中央権力によってであり、その後最近は、エルサレムから来たヘロデ家の領主アンティパスによってである。しかしガリラヤを支配していたのはヘロデ家だけではない。社会的には常にエルサレムからの支配が続いていた。私的経済的な支配としては、エルサレム貴族によるガリラヤにおける大土地所有が重要であるが、それについては後述する。公的には、エルサレム神殿とユダヤ教律法体系が支配の力をつくる。ガリラヤ人はエルサレム神殿とそこに巣くう貴族たちによって経済的に搾り上げられていた。人頭税とは呼ばれなかったが、事実上人頭税と同じ趣旨のものとして存在していたのが神殿税である。すべての成年に達したユダヤ人は、ユダヤ地方だけでなく、ガリラヤでも、いやパレスチナ以外の世界中に散らばって住んでいるユダヤ人が、毎年定まった額の神殿税を支払わさせられた。これだけ大量の金銭がローマ帝国内をエルサレムにむかって移動しえたのは、ローマ帝国がこれを容認していたから、ある種の庇護さえ与えていたからである。ある意味では滑稽なことに、民族主義的な反ローマ運動の拠点である神殿は、ローマ帝国の庇護のもとに集められる神殿税によって維持されたのである。エルサレム宗教貴族は、それでもって私腹と権力をふくらます。この神殿税に実質的かつ象徴的に現れているように、宗教的権力の社会支配は民衆に対する巨大な圧力であった。さらには神殿税よりもよほど大量に神殿に吸い上げられていたのは、神殿に対する献納物である。全収穫物の十分の一は献納されたし、その他さまざまな機会にさまざまな名目でユダヤ人はさまざまなものを神殿に献納せねばならなかった。これらの献納物はもしも字義通りに行なわれたとすれば、神殿税など比較にならないほど大量の収入を神殿にもたらしたはずである。もっとも神殿税と違って、十分の一の献納その他の諸種の献納物は旧約聖書の法律に書いてあるとおりに厳密に徴収されはしなかっただろうし、空文化している部分も多かっただろうけれども、それでも巨大な量の収益を神殿にもたらした。そしてこの場合は主としてパレスチナ在住のユダヤ人から徴収されたのである。

このように民衆に対する巨大な経済的搾取機構として神殿が存在しているのに、それをあげつらわないでおいて、どうしてローマ帝国の税金だけを問題にしうるのか。イエスはローマ帝国に直接税金を払わぬ位置にいたが、エルサレム神殿にはさまざまな仕方で搾取されていた。

そういうところで、伝統主義的なパリサイ派の一人から、ローマ帝国に税金を払うべきか否か、なんぞとたずねられて、イエスは、こいつ何を言っているか、と思っただろう。そこで一つの強烈な皮肉をあびせる。

「あんた達が税金を支払うのに使う貨幣を持って来てみろ」

そこで、誰かがローマのデナリ貨幣を取り出す。第二代皇帝ティベリウスの像が彫ってある代物だ。そして、当時の人間ならば周知の如く、これは異邦人の「偶像」が彫ってあるから、神殿への「献金」には用いられない。そのためには、神殿境内で両替して、古い貨幣に替えなければならない。

「あれ、これはローマ皇帝のものじゃないか。皇帝のものなら皇帝にお返し申し上げればいいだろう。——神様のものは神様にお返し申し上げさせられているんだから」(マルコ一二・一三—一七参照)

この痛快なせりふを、キリスト教徒は、二千年にわたって、政治と宗教の分離の意味に解釈してきた。政治のことは政治家にまかせ、良き信徒は信仰にはげみなさい、と。冗談じゃない。およそそういうことではないのだ。「神のもの」という語は、決して、ここでは敬虔な神信仰を意味するわけではない。これは税金問答なのだ。具体的な事物を指す。「カイサルのもの」が帝国の税金ならば、「神のもの」は神殿税をはじめとして神殿に吸収される一切のものを意味する。イエスは、ローマ支配を批判しつつ、自分たちの宗教的社会支配の勢力を温存させているエルサレムの宗教貴族や、民族主義者の律法学者に我慢がならなかったのだ。彼は、決して、反ローマ抵抗家の運動が「此の世的」な運動だからというので、それを批判して、人々の眼を永遠の彼岸へと向けさせようとした、というのではない。そうではなく、民族主義者の語る「神の支配」が、王の権力や宗教貴族の圧力となって民衆を支配するものであることに、批判の刃を向けたのだ。

宗教的社会支配に圧しつぶされてきた人間の呪詛がここでは語られている。そしてイエスのこれらの皮肉、逆説は、皮肉でとどまるわけにはいかなかった。切られた口火は消えることがない。彼はユダヤ人社会の支配体制全体を敵にまわすことになる。

# 第三章　イエスの批判――ローマ帝国と政治支配者

## 一　イエスの相手

イエスは誰を、また何を批判したのか。

直接に世界的な帝国支配者ローマを相手どったのでもなければ、また逆に、ローマ支配に対して抵抗運動を展開した熱心党と直接的に対立したわけでもない。前章の結論をくり返せば、政治主義的な、もしくは宗教的熱狂をそのまま政治につなげていくような運動は、一世紀においては、みずから権力者として君臨することを目ざすことにしかならない。異国人の帝国支配者も、ユダヤ人の民族主義的権力志向者も、どちらも、生活している民衆にとっては、自分たちの外側から自分たちを抑圧してくる力であった。むしろ問題は、世界史的に名だたる「平和」の時代、いわゆる「ローマの平和」の時代にあって――世界史の過去において「平和」とは、権力支配の構造が強い抵抗にあわずに無事に保たれている時代、ということなのだが——政治的軍事的にはローマ帝国の傘の下にありつつ、社会的には、もっと民衆の生活に近いところで、民衆の生活の一こま一こまを、多くは息のつまるような仕方で、社会的に支配していた力にある。つまり、ユダヤ教である。

ユダヤ教は宗教ではない。もう少し厳密に言えば、単に宗教であるだけではない。むしろ、宗教的要素は、そのイデオロギー的外皮にすぎない。古代のユダヤ教とは、社会支配の体制であった。それは、一つには、宗教的権威の外皮を伴って、民衆の全生活の内容を一々規定してくるイデオロギー的な力であったが、同時に、そのイデオロギー的力を支える社会的内実が存在した。ユダヤ教の主たる担い手である宗教的上層階級は、同時に、経済的社会的にも明瞭に支配階級だったのである。

だから一世紀パレスチナにおいてユダヤ教に対して抗い、それを批判することは——もしもその批判が根底的なものであれば——決して単に、「真の」宗教信仰を確立することにもならなければ、宗教的倫理の革新を目ざすことにもならない。ましてや、人間の生の「根源」なんぞについての宗教的形而上学を目ざすことなどであるはずもない。宗教的外皮の批判は、根底的になされれば、外皮をつき破って社会支配の構造にふれてくる。むろんイエスがそこまで、今日の我々が見ているように、社会支配の構造とイデオロギー的外皮の関係をとらえていた、などと想像するわけにはいかない。しかし人は、自分が理論的に分析しえないことも、実践的にはなしうる。イエスのユダヤ教批判は根底的に行なわれたが故に、社会支配の構造の痛いところにまでつきささったのだ。だから彼は殺された。

## 二　災害としてのローマ支配

中心問題にはいる前に、もう少し、イエスがローマ支配に対してとった態度を見ておこう。右に指摘したように、イエスが中心的課題としてとりくんでいったのはユダヤ教批判であるから、ローマ帝国支配については、ごく僅かしか発言していない。それも、他のことと関連して言及する、といった程度である。

それは、古代、中世の、いや近代においても圧倒的に多く見られるところの、民衆が権力者を見る見方と共通する。権力は、古代の民衆にとって、あたかも自然の災害の如くに避け難く時々おそいかかってくるものである。

ローマの代官ピラトが祭の折か何かにエルサレムに巡礼に来たガリラヤ人を数人殺したことがあった。何がきっかけでそういうことになったのかは、記されていない。いや、だいたい、民衆にとっては、何故自分たちが殺されなければならないのかわからない時に、まったく理屈も何もなしに、殺されることがある、ということだろう。そしてピラトは、エルサレム神殿の祭壇で犠牲として殺される獣の血が流されるところに、これらのガリラヤ人の血をまぜた、という。ユダヤ人が神にささげる獣の血に、ピラトがユダヤ人を殺した血をまぜる。外国人支配者が単なる嗜虐的な趣味から、土地の人に対してこういういやがらせをする。

この話は、たまたまそれに関連してイエスがものを言ったところから、福音書に伝えられているのであるが（ルカ一三・一以下）、ピラトの「悪業」を好んで語るユダヤ人歴史家ヨセフスはこの話に全然ふれていない。ガリラヤの民衆が何人か殺されたとて、「ユダヤ」の歴史には残らない。現代でもパレスチナ人がいくら殺され、抑圧されたとて新聞種にはならないが、「イスラエル」人がオリンピックで人質になれば、世界中が大騒ぎするのと同じようなものだ（第二版の註。この文を書いた頃は、事実、パレスチナ人がどれだけイスラエル当局によって殺されても、報道されることが少なかった。今では多少ましだが、それでもまだずい分大きな報道格差が存在する）。

この話をイエスに伝えた人々は、単純な因果応報説の信奉者であったらしい。また実際、自然の災害を因果応報的に見る道徳的説教好みの連中は、いつでもどこにでもいるものだが、当時のユダヤでもそういう発想は常識的なものの一つとしてひろまっていた。権力者の横暴や戦争による被害が自然の災害と同じように思えた当時の民衆の中には、したり顔をして、悪い罪を犯した奴らがその報いとして殺されたのさ、などと言い出す説教家がいたのだ。そして、こういう説教家に限って、権力のしっぽにぶらさがって、まともに生きている者たちを搾り取る作業に手を貸しているものだ。

「ピラトがガリラヤから巡礼に行った者を何人か殺したって話を御存じですか。あの連中、きっと何か悪いことをしていたから、その報いで殺されたんでしょうな、あはは」

イエスは怒る、

「お前らはそのガリラヤ人たちがほかのガリラヤ人よりも罪深かったからだ、なんぞと思っているのか。罪深いなんぞと言うならば、お前らだって同じことではないか。この件だけではない。シロアムの池（エルサレムの郊外にある）のところにあった櫓が倒れた時に、下敷きになって死んだ十八人の時もそうだった。お前らは、あの十八人がエルサレムに住むほかの誰よりも罪深い者だ、などと言いはやしていた。そうではないのだ」

残念ながらこの話もルカにしか伝えられていない。そしてルカという著者は、何でもかでも「罪人の悔改め」をすすめる説教に仕立て上げる。この話も彼は、「悔改め」の説教の例として書き記し、その意図に従って、「もしも悔い改めなければ誰でも同じように滅ぼされることになる」と結論を書きそえている。従って右に引用したイエスの言葉も、語句の一つ一つにわたってイエスの発言通りだとはいえないし、ルカが説教調に利用しうるところだけを伝えたのだから、おそらく、イエスのこの時の発言をかなり中途半端にしか伝えていないのだろうけれども、それでもおよそのことはわかる。

一つは、イエス自身、自然の災害と権力者の暴行とを同列に並べている、ということである。櫓が倒れて下敷きになる、という事故と、代官の嗜虐趣味で殺された、という事件を同列に並べているのである。もっとも、この櫓が倒れた事件にせよ、本当は自然の災害などというものではないだろうけれども。この事件もここに言及されているだけで、他に記録はないから、どういう事件かわからないが、原則として、こういう事故で死ぬのは、上流の支配階級の人間ではなく、現場労働者である。古代の大きな土木工事は、常に多くの「人柱」の上に建築されている。――イエスは、こういうところで死なねばならない人々に近いところで生きていた。だから、何故この人々が死なねばならなかったかをよく解明できなかったにせよ、あの連中は悪人だから死んだのさ、などと言われれば断乎憤慨したのである。

## 三　右の頬をなぐられたら

ローマの支配がもたらす「災害」に対する憤りは、他の言葉ではさらに辛辣であり、かつ、やり場のない、ためられた憤りとなっている。

右の頬をなぐられたら、左の頬もむけてなぐらせるがよい、という有名なせりふがある（マタイ五・三九）。もともとは、一方の頬をなぐられたら他方もむけろ（ルカ六・二九）、というせりふだったのを、ラビ的な言葉づかいの細かさを好むマタイが「右」「左」と厳密に規定し直したのだ、というのだが、こういう小さい言葉づかいは別としても、この言葉もまた、キリスト教的愛の精神の表現としてのみ解釈されてきた。これについては、詳しい註解はいずれ書くとして、ここでは結論だけ述べるけれども、これは実はそのようなとりすました愛の倫理などというものではない。吉本隆明がこの言葉を評して、「もしここに、寛容を読みとろうとするならば、原始キリスト教について何も理解していないのとおなじだ。これは寛容ではなく、底意地の悪い忍従の表情である」と言っているが、まったくその通りだ、と言わざるをえない。問題は、どうしてキリスト教徒がこれをただの寛容の精神としてしか読まないのに（もっとも彼ら自身はただの寛容の精神とは言わないので、神の国に根ざす新しい人間存在の可能性とか、その他似たような説明をしてくれるけれども、実質的な内容として主張されていることは、要するにただの寛容の精神にすぎない）、キリスト教には門外漢の吉本のような人物がかえってこういうことを読みとることができたのか、ということだが、理由はおそらく簡単である。すなわち、キリスト教徒はこの言葉を理解するに際して、これがいかにすぐれたキリスト教精神の発露であるか、ということを論じたてることにのみ一所懸命なので、話が抽象的になり、「なぐられる」ということをせいぜいのところ人間関係における何ほどかの譲歩といった比喩的な意味にしか受けとらないのに、吉本はおそらく、実際に人間がなぐられている場面を頭に描きつつこの言葉を理解しようとしたのだろう。その当り前の読み方がこの言葉にあらわれた心のかげりを、陰湿さを、読みとる。（第二版の註。後の吉本隆明がどれほど愚劣になったとしても、「マチウ書試論」を書いた頃の吉本にはこの種の正直にものを見る姿勢が保たれていたことは認めるべきだろう）

もっともこれは、現代のキリスト教徒だけが寛容の精神として理解しているのではない。すでに古代のキリスト教徒がこの言葉を「敵を愛せ」という言葉と結びつけて解釈していた。それも、マタイやルカの著者たちよりも数十年前（いわゆるQ資料）にすでに結びつけられていた。それぞれの言葉は違う問題状況で、違う方向で語られたものだが、それがこのように結びつけられ、両者に共通する要素だけが抽象されると、ごく一般的な愛の倫理の説教になってしまう。そうなるとどちらの言葉もその生きた意味あいを失うことになる。もっとも、原始キリスト教徒はまだこの言葉に自分たちの抽象的な解釈を付加してはいない。ただ二つの言葉を並べて相互に解釈しようとしただけである。だからこれらの言葉はまだその本来の執拗にからみつく感じを保っている。それでも、原始キリスト教徒の多数の者たちが、一つの頰をなぐられたら他の頰をむけよ、という言葉を寛容の精神の意味に受けとっていたのは確かであると思われる。その点で吉本隆明が、これを寛容の意味に受けとるとすれば、原始キリスト教について何も理解していないことになる、などと言うのは、原始キリスト教についてまったく無知である証拠である。イエスと原始キリスト教の間にある大きな距離にさえ気がついていない。ただし吉本が福音書のこの言葉の核心をついている理由は、もしも人間がこういうことを自分では寛容の発露だと思って実践したとしても、実際には底意地の悪い忍従の表情になってしまう、という点にある。

人がしていることを、その人が自分でどういうつもりでしているか、という意識によって判断することはできないので、それが実際にどういう行為になっているかを見きわめなければならない。しかし、現代の大部分のキリスト教徒がこれを抽象的な寛容の精神に、従って自分では決して文字通りに実践するつもりもない道徳の美言に仕立てあげているのに対して——現代でも多少の例外のキリスト教徒はいるにせよ——古代ではこれを本気になって実践しようとしたキリスト教徒はいたことだろう。もっとも古代でも、それほどの人物は少なかっただろうけれども。

しかし一つの頰をなぐられたら他の頰をむけるという同じ行為であっても、その者の立っている位置によって意味は違ってくる。原則としてなぐられる位置にいない者が、つまり支配階級に属する者が、たまに何かの拍子になぐられたとて、それを笑って耐えることは、たかだか自分の道徳的優位さを表現しようとする行為にすぎない。俺の方が負けているようでも、本当は道徳的に低いお前の行為を我慢してやっているのだぞ、という見下した態度にこそ底意地の悪さがにじみ出る。それに対して、所詮なぐられてばかりいる者がこういう態度をとるとすれば、そこにはもっと複雑なものがある。古代社会において、肉体的に実際にしばしばなぐられていた者は奴隷であり、下層階級の者である。彼らにとっては、黙ってなぐられることはすぐれた道徳でも何でもない。その方が安全だというにすぎない。おとなしくもう一つ余計になぐられておいた方が、反抗してもっとひどい目にあったり、殺されたりするよりはましなのである。

一つの頬をなぐられたら他の頬をむけなさい、などということを説教として言える者には、非日常的な、まれに見る高貴な倫理を語りえた、なんぞといった誇らしさがある。しかし、嫌でもこういうことを言わざるをえない者には、屈従せしめられた日常生活の憤りとうめきがある。屈従せしめられた民衆のうめきを、とげのある皮肉にくるんで表白していったイエスのせりふは、いつのまにか高貴な倫理性の象徴にされてしまった。そしてその時に、キリスト教は支配階級のイデオロギーとなった。語られるのは同じ言葉である。しかしその言葉の発せられる位置と方向によって意味は逆になる。

イエスは言った、「権力者どもがやって来て、なぐりやがったら、もう一つのほっぺたも向けてやれ。しょうがねえんだよな。借金とりがやって来て、着ている上着まではぎとりやがったら、ついでに下着までくれてやれ。欲しけりゃ持ってきやがれってんだ」

説教者は言った、「君たち奴隷はですな、人になぐられても、怒らずに、敵をも愛して働かなければいけませんよ。上着を欲しいという人がいれば、下着も分けてあげるようになさい」

イエスのこの言葉が、搾取され、抑圧される者の憤りを表現していることは、しかも、その憤りを爆発させることができず、屈折した屈従の心理に身をしずめる者のうめきとして表現していることは、この言葉と並んでもう一つ伝えられている言葉からも理解することができる。「強制されて、荷物を無理矢理に一里かつがせられたら、もう一里余計に行ってやれ」、という句である。この句と並べられる時、「なぐる者」「上着をとる者」が決して抽象的な相手ではなく、民衆を抑圧する権力者の手先を意味しているということがわかろう。通常「一里行け」と訳されている単語は特殊な術語なので(ペルシャ語に由来して古代オリエント、地中海世界全体の諸言語にひろまった軍隊用語)、支配者の兵隊(もしくは官憲)が住民をその場で一時的に強制徴用する、という場合に用いられる。畑などで働いている農夫を、通りがかった軍隊がその場でつかまえて荷物をかつがせる。主として荷物の運搬が目的であったが、他の用事にも使われた。いかにこの種の強制徴用が多くなされたかは、ユダヤ教律法学者が律法の例外規定をつくらざるをえなかったことからもわかる。隣人から農作業などをするために驢馬を借りた場合、もとのままの状態で返さなければならない。つまり傷ついたり死んだりしたら、新しい驢馬で弁償しなければならない、という法律がある。けれども、もしも驢馬を人から借りて農作業をしている最中にローマ兵がやって来て、驢馬を強制徴用したら、驢馬はまず無事にもどることはない。ローマ支配下のユダヤ人律法学者はその程度のことは知っていた。だから例外規定をつくり、この場合は持ち主に弁償しなくてもいい、としている(ババ・メツィア六・三)。

ここでもイエスは、支配者の軍隊を通り魔か自然の災害のように見て、ひたすら受身に難を避けることしか知らなかった古代の民衆の水準にある。たまたま一人で道を歩いている時に、数人の屈強なローマ兵にとりかこまれ、強制徴用されることはよくある。おい、これをかついで行け、なんぞとけとばされたら、黙ってかつがざるをえない。それで、一里行けと言われたら、またひどくけっとばされたんじゃやりきれないから、次の一里は命令される前におとなしく歩いておいた方が無事だろう。俺たちはそういうところでしか生きちゃいねえんだ。——もっとも話はローマ兵とは限らない。民族主義的反抗を革命と同一視したがる現代の疑似左翼的解釈者は、あるいはまた逆に、イエスは民族主義を退けるために帝国支配に対しては従順だったのだ、などと説教したがる体制内宗教家も、ことをすぐにローマ対ユダヤ民族の問題に帰したがるが、強制徴用するのは、ローマ兵だけでなく、ヘロデの軍隊も、またかつての「ユダヤ人の王朝」であったマカバイ王朝の軍隊も同じことなのである。いや、強制徴用という軍事的政治的術語は用いられなかったが、ユダヤ人の宗教的支配階級についても同じことはあてはまる。イエスはある時ユダヤ人の宗教家に言った（マタイ二三・四）、「お前らは重い荷物を他人に背負わせやがって、そのくせ、自分では指一本ふれようとしない」このせりふは普通比喩的な意味に解されている。実際、これはユダヤ教宗教支配者のあり方全体を皮肉ったものであって、具体的に荷物をかつぐという行為だけを論じたものではあるまい。けれどもまた、しもじもの者を強制徴用して荷物をかつがせるのは、ローマ兵とは限らないので、エルサレム宗教貴族だって同じことなのだ。

イエスのこういった発言にはローマ帝国支配に対する強い抵抗の姿勢など見られない。だからといって、イエスは革命的な勇者ではなかった、などとなじっても仕方がない。一世紀のパレスチナの片田舎の生活状況からいきなり世界革命の可能性が生れてくるなどと想像する方がおよそ妄想というものだろう。他方また逆に、イエスはこのように国家権力に従順だったのだから、私たちもまた従順になりましょう、などという説教をたれるのも、間違っている。しいたげられた者のうめき声を説教に仕立てるのは、とんちんかんを通りこして、ひどくけしからぬ事である。ましてや、イエスの「神の国」にとっては、ローマ帝国の支配だのそこからの解放だのというのはどうでもいいことであって、そういうことをむきになって主張する者に冷や水をあびせるためにイエスはこういうせりふを吐いたのだ、イエスの「神の国」はそんな水準のこととは違うもっと「根源的」なことだ、などという哲学者気取りの宗教理論を主張するのは（八木誠一）、白を黒と言いくるめるよりももっとひどい。イエスはここで「神の国」だの、ましてや「根源」だのということは、まったく口にしてもいない。

このせりふについて何か論評したければ、地主が暴力集団をひきつれて、小作人から着ている上着まではいでいく場面を、武器を持った支配者の傭兵どもが、搾取されつくしているが故に病気がちな小男をなぐりつけている場面を想像してから論評するがいい。いや、多くの者はわざわざそういうことを想像する必要もあるまい。自分の体験からおのずとわかるはずだ。今の世の中だって、ちょっと抵抗したが故に、会社をくびになった者の数は知れない。わざわざそういうことを想像しなければこの言葉の意味あいがわからないのは、なぐる側の後にかくれて、無事平安を保っている説教者だけだろう。必要なことは、こういうせりふを言わざるをえなかった者の憤りを知ることであり、こういうせりふを真理として固定することではない。

## 四　諸国民の支配者

ローマ帝国に関連するイエスの言葉は、もう一つ伝えられている。ここではイエスは、右の二つの言葉に比べて、何ほどか積極的である。

諸民族の支配者とみなされている者たちが諸民族に君臨し、権力者が諸民族の上に権力をふるっている、ということはよく知っているだろう。しかし、あなた方の間ではそうであってはならない。あなた方の中で偉大な者たらんとする者は、仕える者となり、第一人者たらんとする者は、万人の奴隷となれ。

（マルコ一〇・四二以下）

これにはさらに、教義的な発言が二つつけ加えられている。すなわち、「人の子が来たのも仕えられるためではなく、仕えるためなのだ」という句と、「それは多くの者のために自分の生命を身代金として与えるためだ」という句である。後者はごく初期のキリスト教会の贖罪論的教義を示した句である。つまり、すべて人間は罪人である故に本当は滅びなければならないのだが、その人間たちを救うためにキリストは、自分自身に罪はないのに、自分の生命を「身代金」として提供することによって、「多くの者」を贖ったのだ、という例の教義である。これは、イエスの死を歴史的出来事としてとらえることをせず、メシア（キリスト）の死として宗教的「意味」の問題にしてしまったところに成立した教義である。この教義はマルコ福音書よりずっと前に、おそらくは最初期の教会がすでに確立していた教義であろう。マルコがここでやっている仕事はそれを再解釈することである。すなわち、宗教的救済の教義を述べる「身代金」についての句を「人の子は仕えるために来た」という句と結びつけることによって、倫理的姿勢の方に力点を移し直す。救済者イエスがそこまで身を低くしたのならば、我々も人に仕えてもらう身分になろうなどと思わず、自分が人に仕えて生きようではないか、というのである。このように我々自身の生き様に力点を移し直すことによって、マルコは暗に当時の教会の方向を批判している。救済の宗教的教義万能のキリスト教会に対して、自分たち自身が此の世で生きる姿勢を問題にしていったのである。しかしここでは初期キリスト教史の問題について多くの頁を割くわけにはいかないので、それについての論証はぬきにしておく。

「人の子は仕えるために来た」という句の方は判断が難しい。「人の子（もしくは私）は……するために来たのだ」というイエスの発言は福音書の中にいくつか見られるものだが、それは、イエス自身の実際の発言ではなく、神の子キリストが此の世に到来した目的と意味を教会の宗教理論家が説明しようとした教義上の作文である可能性が強いからである。しかしまた、イエス自身が、たとえば、自分自身の活動と存在意義を何ほどかそのような言い方で表現したのを、後の教会が教義的な定型句として整えなおした、とも考えられる。そこのところは、どちらかわからない（更に三八九頁以下で再論）。けれども、イエスが、自分自身の生き様として、また、他の人々にうったえかけることとして、「仕える」姿勢を呼びかけていったことは確かであろう。「万人の奴隷となれ」というのも同じ趣旨である。「仕える」と訳したギリシャ語の動詞は、「奴隷」という名詞の動詞形であって、「奴隷」とは、単語の語義からすれば、「仕える者」であり、「仕える」とは奴隷の主人に対する行為のことである。

はじめの句にもどって、「諸民族の支配者とみなされている者たち」という表現がローマ帝国支配者を頭に置いている表現であることは明白であろう。イエスの知っていた世界の中で、その当時「諸民族を支配する」者はローマ帝国支配者以外に存在しなかった。「支配者とみなされている者たち」ともってまわった言い方をしたのは、世の中では、そしてまた彼らの自己主張においても、彼らが支配者ということになっていますけれどもね、という、「支配者」という概念をそのまま承認したくはない気分の表現であろう。今様ならば、括弧つきにするところだろうか。イエスの言いまわしなのか、福音書記者マルコの表現上の屈折なのかはわからない。ともかくここのところは、「諸民族を支配する支配者」をあげつらった意味である。これを口語訳聖書のように「異邦人の支配者」と訳したのでは意味が違ってしまう。何せ宗教の言葉しか知ろうとしない教会人は、聖なる民＝イスラエル↓キリスト教徒と、異邦人↓異教徒という範疇しか知らないから、キリスト教徒は人に仕える謙虚なあり方を知っているけれども、信仰のない異邦人＝異教徒どもは人を支配したがる、という手前みその説教しか考えつかない。それでこういう間違った訳をほどこしてしまうのだが、これは語学的に無理である。「異邦人であるところの支配者」ではなく、「諸民族を支配している支配者」である。そして、右の教会的翻訳が無意識のうちに前提している抽象的な人格的人間関係なぞがここで考えられているのでないことは、一目瞭然であろう。もっとも後述するように、このような教会的抽象論に結びつきかねない萌芽は、イエス自身の中にもあった。ただ、イエスはそれを自分で気づかず、萌芽のうちに批判的につみとっておこうとはしなかった、ということなので、自分でそちらの方向に進んで行こうとしたわけではない。

言わんとするところは明らかである。権力者にはなるな。政治社会において人民に君臨し、人民をしぼりとる者には決してなるな。どちらかでなければならないとすれば、むしろ奴隷となれ。——これは、常に支配被支配の構造として存在してきた人類の歴史社会の中に生きていく者にとって、強烈な倫理である。しかしそれは、抽象的に同等な人格の間の倫理としての倫理ではなく、実際の社会関係の中で食いつ食われつする場を見すえた倫理である。そしてこれが社会的倫理として働く時にはすさまじい。人間の主体的意志が主体的意志として力を持つのは、こういう場合であろう。断乎なぐられる側に身を置いていく。それを善といたしましょう、というのではない。日常的になぐられる方側に身を置いていようではないか、という主張である。それが、歯ぎしりせざるをえない屈辱の場所ではあっても、断乎そこに身を置こう、というのである。それは善ではない。善でありえようはずがない。善だからやろう、と思う者は余裕がある。場合によってはやらずにすむ。それに対して、日常的になぐられる場に生きている者には、逃げ場がない。万が一逃げることができて、みずからなぐる方側にまわるくらいならば、ここにとどまっていよう。

ここには、だから、歴史社会の変革のプログラムはない。あるのは、いつまでも続く怨嗟と反抗である。そこにイエスの長所と短所がある。

長所とは、これは確かにローマ帝国支配を相手どった言葉ではあるが、強調点は「ローマ」にはない。強調点をローマにおけば、ローマに代ってみずからが権力をふるう者となることを目ざすことになる。ローマ帝国支配者と同じ本性によってローマ帝国支配をくつがえせば、代りに出てくるのはたかだかユダヤ民族が他の諸民族を支配する、ということにすぎぬ。役者が交代しただけで根本構造は変らない。あるいは、帝国支配に対して民族独立を目ざすなら、ユダヤ民族をユダヤ人特権階級が支配するということになる。ここでも支配する者とされる者の区別は変らない。少数の者が権力者として民族全体に君臨する。それならばすでにかつてマカバイ王朝やヘロデ王朝がやったことではないか。それは時として他民族支配よりも苛酷だったではないか。それに対してイエスは、いかなる形態であろうとも、支配する立場の者にはなるな、と主張しているのである。

しかしまた、このように言う時に、それはいつでも抽象的な倫理に化する危険性がある。その欠点は二つ現れる。一つには、これが「あなた方の間」での倫理とされる点に萌芽がある。もっともイエスが、支配者、権力者とはちがって「あなた方の間ではそうであってはならぬ」と言った時、この「あなた方」は特定の集団を指していたものではないだろう。だいたいこの言葉をイエスが誰にむかって語ったのかも定かでないが、「そうであってはならぬ」ということの主張を、たまたまそこに居合わせた聞き手に二人称で呼びかける、という文体で述べたにすぎないのだろう。とすれば、この「あなた方」は特にその時の聞き手の人たちだけに限定する意味ではない。しかしそれでも「あなた方の間では」と言うと、彼ら悪い奴らは権力をふりまわし、人民の上に君臨して好き勝手なことをしているけれども、あなた方だけはお互いに仕えあう人間関係を保ちなさい、ということになり、互いに仕えあう人間関係が妥当する範囲が限られてくる。自分たち良い子の間ではみんな仲良く根源的な人間関係を保っていますよ、というようなことになる。しかしこういう主張が鋭いものでありうるのは、全社会的な規模でものを見て、人民の上に君臨する者が存在することに対する怨嗟をこめて言われる時のみである。そこから目をそらして、自分たちの間でだけは美しく生きていきましょう、と言う時には、それは抽象的な倫理となる。ましてこれが特定の宗教集団の内部倫理になる時、眼は此の世の現実からはるか離れた虚空を眺めて、現実の支配被支配の構造にふれることがない。イエスがそれほどの狭い意味でこの言葉を口にしているわけではないことは、他の発言や行動からして明白だが、それでも、「あなた達の間では」と言った時には、その方向に向う萌芽をはらんでしまっている。

マルコ福音書の著者はこの言葉を、イエスが弟子たちの権力志向をいましめた、という意味の前後関係においている。つまり弟子たちが、（神の国が到来した時に、もしくは終末の裁判の時に）全世界の人民に対して君臨する地位につかせてほしい、と口にしたのに対して、それに答えてイエスがこの言葉を述べた、ということになっている。マルコがこのような文章構成をつくったのは、彼の当時のキリスト教団のお偉方の権力意識にあふれたあり様を、イエスの言葉を借りて批判したかったからであろう。そのことは、この記事より一章ほど前にも非常によく似た場面をマルコが構成していることからもわかる。弟子たちが、自分たちの中で誰が一番偉いか、と議論しあっていたのをイエスが聞きとがめ、「みなの中で第一者になろうと思うならば、むしろ、最後の者、みなに仕える者とならねばならぬ」と言った、というのである（マルコ九・三五）。伝えられた伝承素材を用いながらこの二つの場面を構成したのはマルコであるが、しかしまた弟子たちはイエスの生前からすでにこの種の権力志向を持っていたであろうし、従ってイエスのこの言葉は、これとまったく同じではないにせよ、似たような場面で発言されたものと考えてさしつかえなかろう。そうだとすれば、これが一定の閉鎖された集団の内部でのみ通用する倫理を目ざしたものでないことは明らかである。けれども、この種の発言が陥っていく観念論的なおとし穴を知っている必要はあろう。

この発言は現実の支配被支配の関係を、いばりくさったローマ人やヘロデの手先どもの姿を、憤りをもって頭に浮かべながら口にされている。そんなことがあってはならぬ。この「そんなことがあってはならぬ」が実践的な目標になる。我々はそのようには生きない、ということである。けれども我々がそのような生き方を目ざしたとて、それで直ちに世の中から支配者がいなくなるわけではない。

支配する者のいない世界、すべての者が互いに仕えあう世界は、ここでは理想としてとどまる。事実、キリスト教がイエスを教祖として成立して以後の歴史において、これは常に実現されない理想であった。実現されない理想はだんだんと此の世の現実から遠ざかり、宗教的理念に吸収されていく。来たるべき神の国の人間関係ではそうなるでしょう、と話は宗教的彼岸に移される。その次には、いつまでも浮世離れしたあの世の話では魅力がなくなるから、あの世が此の世に引き寄せられる。あの世と此の世の二元論的分裂が、此の世の中での二元論的分裂に変えられる。現実は醜くても、信仰者相互の人間関係では……、救われた者の生き方は……。こうして教会の秩序と国家の秩序が共存しながら支配するようになる。最後に、これではいけないと、この二元論的分裂を再統一しようと主張されるようになる。けれどもその再統一は観念の中でしか行なわれない。現実がつくりかえられるわけではない。ただ、世の中のすべての人々は平等であるというたてまえが観念のうちに成立し、観念のうちに成立すればそれで事実になったと思い込む。自由な民主主義国家にあってはみんなが互いに僕として仕えあうのであります。

古代から中世を経て近代にいたるキリスト教的イデオロギーの変遷を短くたどればそういうことになる。宗教的イデオロギーとは、その時その時の表層の社会情勢をあぶくのように五年か十年の尺度で反映して生れたり消えたりするものではない。確かにそういう部分も多いが、このように二千年にわたる尺度で社会の基礎的構造の上を動くものもある。「あなた達の間では」という限定的な一句を口にした時に、イエスにはこのキリスト教イデオロギー二千年の歴史に対する責任が生じた。恐ろしいことである。しかし、そこまでイエスを責めるのも酷というものだろう。たった一人のイエスを二千年かかって克服しきれなかった人類の歴史の方がよほど罪は重い。

## 五　奴隷について

もう一つの欠点は、イエスがここで「奴隷」という概念を使用していることである。それには多少の註釈を必要とする。ギリシャ語で奴隷と言えば、いわゆる「自由人」に対する対語である。いや、自由人が奴隷の対語だと言った方がよいかもしれぬ。古代ギリシャ人がオリエントの人間に対して自分たちの最高の誇りとして口にした「自由」は、奴隷をおとしめることのはねかえりとして得られる概念なのだから、くそくらえと思うけれども、ここではヘブライ人の概念の方を注目しておく。つまりヘブライ語、旧約聖書の伝統の世界では「下僕」という単語は狭義の奴隷を意味することは非常に少なく、たいていは君主に対する臣下一般を、もしくは家の主人に対する使用人、下僕の意味に用いられている。新約聖書のギリシャ語ではこれに「奴隷」の語をあてているけれども、その背景を考えれば必ずしも「奴隷」と訳すべきではなく、「下僕」と訳す方がいい場合が多い。少なくともイエスの場合、私の観察が間違っていなければ、「奴隷」という単語を狭義の「奴隷」の意味に用いている例はない。だから先に引用した文も、「万人の下僕となれ」と訳しておいた方がいいのかもしれぬ。当時これは決して、イエスが奴隷制に対して本気になってとりくまなかった、ということではない。当時のパレスチナでは全体として、大都市以外のところでは特に、古代世界にはめずらしくあまり奴隷がいなかった、ということから来ている。

これはもちろん、奴隷が全然いなかった、ということではない。後世のユダヤ教ラビ文献にはかなりな分量の奴隷についての法律的規定が出てくる。従ってユダヤ人もまた奴隷を持ったことは確かである。そしてその場合、古代世界一般と同じことで、奴隷は独立した人格とはみなされず、売買の対象になる所有物とみなされた。その売買の価格が一デナリから四デナリだった、というのだから驚くに価する。日雇労働者の日給が一デナリだった、というのに比べれば、いかに奴隷が低い価値とみなされたかがわかろう。その両者の記録の間に時間的ずれと貨幣価値の変動があったとしても、さらに、これはよほど誇張された数字であって、実際にはもっとはるかに高額な金額で売買されただろうけれども、それでもなお、一デナリから四デナリで人間が売買された、という数字はぞっとする。その他奴隷の社会的地位はユダヤ人社会でも古代社会一般の例と変らない。もっとも、ユダヤ人がユダヤ人の奴隷を持つ場合は多少ゆるやかであった。奴隷といえどもユダヤ人であればユダヤ教徒だから、ユダヤ教の律法があてはまらない除外例にするわけにはいかなかったのである。その意味では、古代ユダヤの法律（旧約の律法からラビ的規定まで）は、民族の成員の間では平等な法的人格関係を前提し、しかもその法律規定は宗教的権威を伴っていたからかなり厳格に実践されもしたので、古代における他の社会と比べて、社会的差別のへだたりを比較的小さく保つことに役立っていた、ということは言える。七年に一回まわってくるヨベルの年には、ユダヤの奴隷は解放されて自由になることができた。このヨベルの年の規定が、ユダヤにおいて奴隷制が大きく発達しなかったことの主な理由の一つであろう。借金がかさんで、みずからを奴隷として身売りしなければならなくなったとしても、最大限七年目には解放されたし、ヨベルの年の一、二年前であれば、奴隷を買う方も、わざわざ買ったとてすぐ一、二年後には自由にしてやらねばならないので、買うのを手控えたであろう。少なくともたてまえとしてはそうだった。ただしこれはユダヤ人がユダヤ人のもとで奴隷になっている場合の話で、異邦人がユダヤ人のもとで奴隷になれば、そういう例は少なかったとはいえ、それだけにますますひどい扱いを受けることになる。宗教的差別（異邦人）に社会階級からくる基本的な差別（奴隷）が増幅してひどいことになる。牛と同じようなものだ、とか、犬よりもっと汚れている、などという言い方が出てくる。右に「なぐる」関係について論じたので、一つだけ例をあげておこう。

主人が奴隷に、道で待っているように、と言った。しかし、どこで待つべきかは言わなかった。それで奴隷は、王宮のところで待っていろ、ということなのか、それとも浴場のところか、それとも石垣のところかと迷いはじめた。そして出て行くと、主人に出くわした。主人は奴隷をぶんなぐっておいて、言った、代官屋敷の門のところにお前を行かせたのだ。

（出エジプト記ラッバー一五78b——旧約の諸文書について書かれたラビたちの註解書。ミドラシュと呼ばれる。ミドラシュにはいろいろあるが、その中でも最も重要なのがラッバーと呼ばれるもので、創世記ラッバー、出エジプト記ラッバー、等々、各文書について存在している）

古代社会において「なぐられる」というのは、たとえばこんなことだった、と思えばいい。

もっとも、これらのラビ文献に見られる奴隷についての規定は、かなり後世のものだし、パレスチナ以外で、ギリシャ人その他の中に散在していたユダヤ人の生活状態も反映しているから、これをそのままイエス時代のパレスチナにあてはめるわけにはいくまい。イエス時代のパレスチナでは、これらのラビ文献に見られるよりも、そして、古代世界一般と比べても、奴隷は非常に少なかった。イエスの物語の中で下層階級として登場してくるのは、むしろ、貧乏人、小作人、日雇労働者、下男、売春婦などである。これらの者は、それぞれの度合いに応じて、汚れた者とみなされた。こういう中でイエスが「奴隷」と言う時には、狭義の奴隷ではなく、使用人、従僕一般の意味である。旧約聖書においても、たとえばサウルの王宮においては、王に仕える者はみなこの語で呼ばれている。後にサウルのあとを襲って王になったダビデもまたサウルの下僕だった。従って「奴隷」と訳すよりは、「下僕」と訳す方がいいだろう。

イエスのこういう言葉と、はっきり奴隷制社会であったヘレニズム大都市の中の支配階級の一員として生きていたパウロが文字通りの意味で「奴隷」について語っている言葉とを混同して、ひとしなみに扱うわけにはいかない。イエスは、「支配者になるな。むしろ万人の下僕となれ」、と言った。それに対してパウロは、「信仰を持てば救われたのだから、此の世の秩序の中では奴隷であっても、奴隷のままでいるがよい」（第一コリントス七・二一―二四参照。この個所の口語訳の翻訳は間違って正反対に訳している）、と言った。どちらも結論だけ抽象すれば、「奴隷であれ」となる。だからどちらも本質的に同じだ、などととんちんかんな解釈をするとすれば――キリスト教の二千年はこのとんちんかんの連続だった――支配され、なぐられる階級がいかなる憤りをもって権力者を見ているかも、支配する階級の宗教がいかに勝手な救済を説くかも、わからないでいることになる。そういう宗教家の説教にかかると、どちらの言葉も、精神の持ち様としての謙虚さ、といった程度の意味にとげぬきにされる。しかし、どちらも具体的な意味である。パウロは、一デナリから四デナリで売買されていた奴隷のことを、自分は奴隷ではない立場から、奴隷はおとなしく奴隷としてとどまっていろ、と述べたので、イエスは他人にこき使われ、搾取される者の位置から、権力者なんぞになるな、と言ったのである。

## 六　社会関係と神観念

もっとも、だからと言って、イエスが「仕える者」「下僕」という言葉で述べていることをそのまま肯定するわけにはいかぬ。先に欠点が二つあると指摘したが、その第二点はまさに、イエスが「仕える者」の理念を神との関係に適用しているところに現れる。こういう譬え話をイエスが語ったことがある。

耕作したり家畜を飼ったりするための奴隷を持っているとして、その奴隷が畑から帰って来た時に、さあ、どうぞすぐここにおいでになって、食卓におつき下さい、なんぞと言う人がいるだろうか。そうではなく、夕食の準備をしろ、そして帯をしめてきて（帯をしめるというのは、今様に言えば、ネクタイをつけてきて）、私が食事をしている間はちゃんと給仕をしろ、その後に自分で食事をするがよい、と言うだろう。それで、命じられたことをしたからとて、主人が奴隷にわざわざ感謝するだろうか。このようにあなた達もまた（神の奴隷なのだから、神によって）命じられたことを一切なしたとしても、私たちは役に立たない僕です、なすべきことをなしたにすぎません、と言うがよい。

（ルカ一七・七―一〇）

この場合も、「奴隷」という語はむしろ「下男」「下僕」の意味に用いられている、と言えよう。これもまたルカ福音書だけにしか伝えられていないから、厳密なところ、どこまでがイエスの発言で、どこまでが後世のキリスト教的説教なのか判じかねるが、この場合はきわだってルカ的な、もしくは教会的な言葉づかいが見られないから、おおむねこのようなことをイエスが言ったとみなしてさしつかえあるまい。そして、このように神を下僕が絶対に服従すべき主人として比喩するのは、旧約聖書の宗教以来伝統のことで、何もことさらイエスに独自のものではない。たとえば、異教の神を礼拝したイスラエル人を批判して、「彼らはペリシテ人の神々に仕えた。主（イスラエルの神）を捨ててこれに仕えなかった」（士師記一〇・六）という表現が用いられる。詩篇には同様の表現がよく用いられる。「恐れをもって主に仕えよ」（二・一一）、ほか。

このルカ一七章の譬え話には絶対神の理念が非常に徹底して表現されております、などと言ってほめあげるわけにはいかない。これはむしろ、宗教的な表象（神）がその時代の社会関係を投影したイデオロギーである、ということの典型的な実例である。常にこのように単純に説明がつくとは限らないが、この場合は、主人と従僕という古代パレスチナにおける一つの基本的な社会関係をそのまま神と人間の関係に投影したものである。もっとも、イエスが彼個人の思想的いとなみとしてその時代の社会関係を神理念に投影した、というのではなく、数百年さらには千年にもわたる長いイデオロギー的伝統なのである。神を「主」と呼ぶ、ということがそもそも、そしてその変形としてキリスト教ではキリストを「主」と呼ぶけれども、主人と従僕、君主と家臣という社会関係の投影である。日本語キリスト教用語では「主」と訳すことになっているからあまり実感はないが——現在の日本語では、「主」という単漢字の語を独立の単語として用いることはまずないので、普通は他の単語と組み合せて用いる。従って、逆に、聖書用語として「主」という単語が頻繁に出て来ると、何か独得の宗教的雰囲気を持ってしまうのだが、これをふつうの日本語にして「御主人様」とか「君主」「主人」と訳しておけば、古代の文献の意味の実際を現代語としてよく伝えることになるのだが、そう訳したのでは有難みがなくなってしまうのだろう。今時、そういう言い方で神を呼ぶことなど馬鹿らしくてできまい。

ヨーロッパ語ではこういう使い分けができないから（それが訳語としても正しいのだが）、Herr とか seigneur とか Lord とか言っているが、それだと人間の主人と、神を「主」と呼ぶ場合が単語としては区別できないので、日本語キリスト教用語より原意が露骨に感じられる。それでヨーロッパの一部のキリスト教左翼などは、神は封建的な関係としての「御主人様」ではないので、真正の未来である、などと今様に言い換える努力をしている。

しかし神の概念を今様に塗りかえてみてもはじまらない。危険なのは、存在する社会関係がそのまま、もしくは幾重かの屈折を経て、神理念に投入されることではない。それだけのことなら、暇人にやらせておけばよい。危険なのは、そのように投入されてつくられた神理念が長いイデオロギー的伝統の中で固着し、逆に、その神理念の方から人間関係が規定されてくることである。イデオロギーの生命力は長い。現実の社会関係においてはすでに君主と家臣、主人と下僕という関係はほとんどなくなっており、従ってまた主人とか下僕とかいう単語そのものがほとんど用いられなくなっている現代においてもなお、「主人なる神」という表現は相変わらず余命を保っている。

イエスの場合は一方では、「主なる神」の絶対的権威の前にはすべての人間は下僕にすぎないのであって、「なすべきことをなしたにすぎません」としか言えない存在だ、という神観念がある。ここからは絶対的服従の倫理が主張される。そしてこのように現実社会の君主と下僕という支配秩序の関係が神観念に投影されることによって、結果としては現実社会の支配秩序が温存されることにもなるので、こういった神観念は保守主義の倫理を裏打ちする危険がある。けれども他方では、絶対的な君主である神の前ではすべての人間が平等である、という主張も生れる。人間はお互い同じ下僕にすぎないのだから、お互いどうしの間では支配したりされたりする関係をつくってはならない、ということである。君主の理念が神にまで格上げされて絶対的に固定される時、人間の方は全員平等の位置につく。人間はみな平等なのだから、支配したりされたりする関係をつくってはならない、というのはすぐれた感覚である。こうしてキリスト教は常に、人々に絶対服従の倫理を説きつつ支配の秩序にはめこもうとする保守性と、万人平等の理想に燃える進歩性とを、同じ絶対神の理念によって手に入れた。以後キリスト教はその二つを上手に出し入れしつつ、長い歴史を生きぬくこととなる。それはともあれ、イエス自身にもどると、彼はこの人間平等の理念を形式的な理念にとどめず、そこに生活感覚の鋭さを注ぎこんでいった。だから一方では神観念に君主下僕の関係を投影するという伝統的なイデオロギーの枠の中にとどまりつつも、他方ではその枠の中にありつつ鋭く現実をえぐることができている。

次の譬え話はもう少しはっきりしている。

神の国はある王様が下僕たちと決算をしようとした話に似ている。決算をはじめたところ、一万タラント（国家収入の総額をはるかに超える天文学的数字）もの借金をしている者が連れて来られたとしよう。この下僕はそれを返済することができなかった。それで御主君は、妻子財産一切を、また自分自身をも（奴隷として）売り払って、返済するように、と命じたそうだ。かの男ひれふして、御主君に懇願して言った、

「お願いします。どうかもうしばらくお見過ごしのほどを。そのうちに必ず一切お返し申し上げますから」

御主君は憐れみをもよおしたので、男を釈放してやり、その債務をゆるしてやったという。

下僕はおかげで出て行くことができたのだが、ちょうど門を出たところで仲間の下僕の一人に出会った。彼はその男にたまたま百デナリ（数ヶ月分の家計総額とみてよい）ほど貸していたので、つかまえ、首をしめあげて言ったものだ、

「お前に貸した金を返してもらおう」

それでこの仲間の下僕はひれふし、懇願して言った、

「もうしばらく見過ごして下さいよ。そうすればきっとお返ししますから」だが彼は肯んじず、行って、この仲間の下僕を牢屋にぶちこんで、借金を返すまで許そうとしなかったという話だ。ほかの仲間たちがこのことを見て非常に胸をいため、行って、御主君に起ったこと一切を詳しく報告した。そこで御主君はかの下僕をよび寄せて言った、

「悪党め。お前があれだけ懇願したからこそ、多額な借金をゆるしてやったのだろう。そうとすれば、私がお前を憐れんでやったのと同じに、お前もお前の朋輩を憐れむべきではなかったのか」

御主君はこう言って怒り、くだんの下僕を刑罰執行吏に引き渡し、借金を全部返すまでゆるさなかった、ということだ。（マタイ一八・二三―三四）

この譬え話はマタイ福音書にしか伝えられていない。従って、その言葉づかいには相当程度マタイ神学的な処理が加えられているはずだが、それを厳密に識別することはできない。たとえば、おそらくは、この譬え話を「神の国」に結びつけた最初の句はマタイのつけ加えだろう。また明らかなことは、マタイがこれを最後の審判と関連づけて理解していることだ。彼はこのあとに次のような一句をつけ加えている、「天にましますわれらの父も、汝らそれぞれが自分の兄弟を心からゆるすことをしないと、これと同じようになし給うであろう」。この関連づけはイエスのものではない。そしてマタイがここから、「赦し」についての一般的な教訓を引き出そうとしていることは、この物語の前に、ペテロとイエスとの間にかわされた次のような問答をつけ加えていることからもわかる。

ペテロが進み出てイエスに言った、

「主よ、私の兄弟が私に対して罪を犯しましたら、何度赦すべきでしょうか。七度までですか」

「七度までなどとは言うまい。七度を七十倍するまでも赦すがよい」（マタイ一八・二一―二二）

この問答はこの問答で、実際にかわされた会話が独立に伝承されていたものを、マタイが右の譬え話の導入部分として利用したのであろうか。七度を七十倍するまでも、つまりいくらでも底ぬけに限りなく、相手が自分に対して犯す過ちをゆるすべきだ、という主張は、イエスの倫理全体を貫いているあの独得なすさまじさと共通する。もっともこの場合にしても、どういう具体的な状況を頭においてこれを口にしているかが重要なのだが、残念ながらそれはわからない。

ともかくマタイはこの長い譬え話を、「赦し」という一般的な倫理の主題に還元した。そしてそれは、現代の観念論的神学者もなしていることである。八木誠一は「兄弟とのかかわりへの根源的な規定」を認めることが「赦し」ということだ、というわけのわからぬ哲学的説教をここから引き出し（一一〇頁）、ブルトマンは、神の恵みによって赦された者は、神に服従する者となる、という神学的説教を引き出す（二二一頁）。この譬え話の主題を「人をゆるすこと」に見るのは、むろん、間違いではない。けれども、同じ主題を語ったとしても、抽象的一般論に解消するのと、具体的な素材を頭におきながら発言するのとでは、およそ趣旨が異なってくる。ここではだいたい、人間すべてを「兄弟」とみなして、「兄弟関係」である人間の関わりの「根源的規定」なんぞを語ろうとしているのではない。すでに詳しく述べてきたように、人間をみな、王であり君主である神に対する下僕としてとらえているのである。イエスがこういう譬え話で主観的に何を言いたかったにせよ、その発想の「根源」には、歴史的社会の関係を神へと投影し、そこからもう一度もどって来て、投影された宗教からひるがえって投影して人間を見る、というイデオロギー的発想がぬけきっていない、ということをここに読みとれないで、説教に仕立ててあげても意味をなさぬ。

しかしまたイエスの面白みは、こういう古代人的な制約からものを言っている中でも、「みんな同じ兄弟」などという美辞麗句に流して話を終らせないことである。国家収入をはるかに上まわる大きな金額を動かしうる「下僕」を悪役にしたてあげ、そういう「下僕」が、それと比べればごく僅かの、二、三ヶ月分の家計費も捻出できないで、すったもんだしている他の「下僕」をいじめる、というところにこの話の眼目がある。当時、ユダヤ、イドマヤ両地方の領主であったアルケラオスがその領土から徴収する全収入が年額六百タラントだった、というのだから、一万タラントという数字がどんなにべらぼうな数字かわかるだろう。この話をイエスから聞いた者たちは、この数字からして、「兄弟の根源的関係」なんぞではなく、そんな大金を自由に動かしうるとは、庶民から見れば雲の上のような世界帝国の権力者の姿が頭にちらついたはずである。そういう巨大な金を世界的な規模にわたって動かしている奴だって、「御主君」なる神様の前では下僕にすぎないじゃないか。いや、その金だってやつら自身のものではない。言うなれば、神様からお借りしているようなものだろう。そのくせ我々庶民が苦労してかせいだ微細な収入までも、奴らは取り上げていってしまう。払えなけりゃあ、首っ玉をしめあげられて、ぶちこまれるのがおちだ、畜生め。

だから、イエスの話の聞き手の民衆は、この話の中で、自分たちの日常の経験とは逆に、一万タラントもの金を左右している者がぶちこまれる結果になったのを聞いて、やんやと手を打ったにちがいない。こういうところにイエスが民衆的な人気をかちえていた秘密がある。当時の世界では実際には万に一つも起こる可能性のない話である。一万タラントも動かしうる超弩級のお偉いさんが、神様の前に出ると俺たちと同じようにおたおたしてしまって、後生ですからお助けを、なんぞとやっている。あいつ、俺たちの首をしめあげたせいで、とうとう神様につかまってぶちこまれちゃったそうだぜ。ざまあみやがれ……。現実にはありえないことを、たとえ作り話の中ででも神様が実現してくれる。胸のすく思いをしてこんな話を聞いた人は多かったことだろう。むろんこの程度の作り話に耳を傾けて、現実にはいやされることのない腹の虫をいやしていた、などというのでは、せいぜいのところ、ひと昔前にはやった「のんき節」とどっちこっちである。それでも、イエスの作り話や「のんき節」に手をたたく民衆の姿には、健康な憤りと笑いがあふれている。そしてイエスはここで少なくとも一つのことを明らかに意識している。いかに一万タラントもの金を動かす帝国の支配者にしたところで、その金は彼ら自身の所有物ではない。借りたものにすぎない、ということである。むろん共産主義も何も知らないイエスは、それは万国の労働者と農民の汗の結晶だ、とは言わなかった。神からの借金だ、という風にしか考えられなかった。しかし少なくとも、彼ら帝国の支配者に属して当然、などという金ではない、ということだけは鋭く意識していた。

これに関連して、もう一つだけ譬え話を引用しておこう。

主人が出かける時に一人の下僕を使用人全体の上に定めて、みなに、時間時間にきまった食事を与えるようにさせたとして、その場合、どういう下僕が忠実かつ賢明な者と言えるだろうか。主人が帰って来た時に、言われたようにしているところを見てもらえる下僕は幸いである。アーメン、あなた達に言う。このような者にこそ主人は全財産を管理させるであろう。逆にもしもその下僕が心の中で、主人の帰りは遅くなるだろうと考えて、下男下女どもをなぐったり、自分は食ったり飲んだりして酔っぱらっていると、主人が思いもかけぬ時に帰ってきて、その下僕を八つ裂きにするだろう。（マタイ二四・四五以下＝ルカ一二・四二以下、Q資料）

ルカはこの話を教会内の管理者、「指導者」に対するいましめとして解釈してしまった。この譬え話の前にもう一つの譬え話を記しているが、その二つの話の間でペテロに質問させ、「主よ、この譬え話は私たちのためにお話しになられたのでしょうか、それともすべての人々のためでしょうか」と言わせている（四一節）。これはむろん編集上の加筆である。ルカはイエスの言葉をかなり機械的に整理して、敵対者に対するもの、一般の人々つまり敵でも味方でもない人々、もしくは教会用語で言えば、「未信者」に対するもの、それから弟子たちもしくは信者に対するものの三つにふり分ける傾向がある。この場合は、ペテロのこの質問に応じてイエスが信者たち、特にその指導者たちに次のような話をした、という体裁を作っている。教会の管理者はキリストによって教会の管理をまかされた下僕のようなものなのだから、キリスト再臨の時まで言われたようにきちんと管理の仕事をしなさい、という説教である。だから話のおちのところで、「主人は帰って来て、その下僕を八つ裂きにするだろう」という句に、「そして不信者と同等の目にあわせるだろう」とつけ加えている（四六節）。日本聖書協会の口語訳聖書では、この句を「不忠実なものたちと同じ目にあわせるだろう」と不正確に訳しているが、それでは意味を失している。一般的に何となく「不忠実」な者というのではなく、キリスト信者でない者と同じ運命が待ち受けているよ、というのである。ルカのこのせりふの背後にある思想は単純で、キリスト信者は最後の審判の時に救われるのだが、信者でない者は八つ裂きにされ、地獄に落とされる、ということである。どの既成宗教にも見られる宗教的独善、党派意識が表白されているにすぎない。そして、せっかく主なるキリストによって教会の管理をまかされた者が身勝手な不品行に走り、「食ったり飲んだりして酔っぱらっている」と、不信者と同じように地獄に落とされますよ、と説教しているのである。ルカは一世紀末のキリスト教会内で、つまりすでにかなり大きな勢力として成長した教会内で書いているから、すべてを教会内の問題としてしか考えない。

もっとも、この傾向はすでにルカ以前から存在している。マタイはそこのところを「そして偽善者と同等の目にあわせるだろう」としている。「偽善者」というのはマタイ好みの言い方である。おそらく資料の古い段階ですでに「そして……と同等の目にあわせるだろう」という言い方がなされていたに違いない。さらに「思いもかけぬ時」という句を強調して、「予測してもいなかった日、思いもかけぬ時」とするのも、資料の古い段階ですでにはいりこんでいた言い方と思われる。これはいわゆる終末の遅延の意識の反映であろうか。初期のキリスト教徒のうちにはすぐにもキリストが再臨し、終末が来ると思っていた者もかなりいたらしい。ところがいくら待ってもちっとも終末は来ない。それではじめの頃の緊張感が薄れていった。そういった時期に、主キリストの再臨が遅れているからといって、気をゆるめてはいけませんよ、という趣旨の説教がくり返されていったと思われる。たとえ遅れているようでも、「予測してもいなかった日、思いもかけぬ時」にキリストは再臨するから、気をつけていなさい、というのである。

このようにイエスの譬え話はそのつど教会の中で説教に利用されつつ伝えられてきた、と考えられる。福音書に譬え話の伝承が非常に多く伝えられているのは、一つにはそのせいであろう。むろん、イエス自身が質的にも量的にもすぐれた譬え話作者であった、という事情はある。即興的に次から次へと譬え話を語っていったのであろう。けれども比喩というものは抽象的なものであって、さまざまな異なった状況にあてはめることにより、そのつど違ったことを意味することができる。イエスがこれらの譬え話で厳密に何を言おうとしたのかは、残念ながら、どういう相手にむかってどういう状況でその話をしたか、ということがわからないとつかむことができない。ところが初期のキリスト教徒はイエスの譬え話を自分たちの教会的説教にどうあてはめるか、ということにのみ腐心していたから、イエスがどういう相手に何を言おうとしていたのかという状況には関心を示さなかった。つまり譬え話をイエスの状況から引き離して抽象的に伝承したのである。実際また譬え話という様式は一応それ自体で話として完結しているから、状況ぬきに抽象して伝承することが非常にやり易い様式である。その結果、福音書に伝えられている伝承の中でも譬え話は量的にも多く、かつほぼ確かにイエスにさかのぼりうる素材でありながら、イエスが一つ一つの譬え話で何を言わんとしていたかが、なかなかつかみ難いのである。我々としては、イエスのおかれていた状況全体と、ほかの言葉や行動に見られるイエスの思想の方向とを見ながら、一つ一つの譬え話の意味のあやを想定していく以外にない。

しかしこの譬え話の場合には、イエスの意図は比較的はっきりしている。すでにほかでも確認してきたことと基本的に同じ趣旨のことが言われているからである。この譬え話が本来教会の管理者にむけられたものでないことは、一目にして瞭然であろう。そもそもイエスに宗教団体を形成していく意図がなかったことは明白であるし、従ってまたもちろん、まだ存在してもいない教会のための教会内倫理を主たる関心事とする可能性は全然ない、という根本的な点を別にしても、朋輩をなぐったり、食ったり飲んだりして酔っぱらい、というのは教会管理者の実情の描写として大袈裟すぎる。この下僕は「主人」つまり神に対しての下僕であるが、他の者たちと同格ではない。神の財産、つまり一国もしくは世界全体を管理、支配する。他の者たちはこの者に対して「下男下女」である。とするとこでも今まで見てきたのと同じ古代人特有のものの見方が表現されている。此の世の支配秩序は神がそのように定めたのであり、支配者は神によって定められた管理者なのである。こうして支配秩序は神の名によって肯定される。これまた単純に社会体制の秩序を宗教思想に投影しているにすぎぬ。宗教思想は体制の鏡であるということの典型的に簡明な実例である。

古代人イエスはこの枠の外に出ることはない。けれどもその枠の内側ではせいいっぱい痛烈にものを言う。本当は俺たちだって神様の前では同じ下僕だろう。あんただけが特別に神様と関係があるわけじゃないいんだ。いばりなさんな。それなのに俺たちしもじもの下僕どもが苦労して働いている間に、てめえは好きなように食ったり飲んだりして、酔っぱらってやがる。あまつさえ、神様に与えられた権力にものを言わせやがって、俺たちしもじもの下男下女どもをなぐったり蹴ったりする。見てなよ、あんたが思ってもいない時に神様がやって来て、あんたの仕事ぶりが調べ上げられるから。そうなったら神様はこわいぞ。八つ裂きにされるよ、あんた、きっと。

当時のパレスチナの庶民は実際何度もなぐられたり蹴られたり、痛い目にあっていたはずである。彼らにとって世の中の政治的社会的権力者は、何だかよくわからないけれどもいい着物を着てたらふく食って、自分たちのことを痛めつける存在、としか思えなかっただろう。そういう社会の全体をうまく分析してとらえることはできなくても、気に入らねえなあ、神がこのままほっておくはずはないぜ、という意識は持ちえていただろう。ただ、そういうことは普通大声では言わぬものだ。それなのにイエスはいつも、巧みな譬え話を語っては、人々の心の片隅にある隠れた意識を公けにしていく。

結論を要約する。イエスの政治社会に対する姿勢を、ローマ帝国支配に対して直接に賛成したか反対したか、という観点から批評しようとするのは間違っている。むしろ、無力な庶民イエスが支配者一般に対してどのような怨嗟の声をあげていたかを聞きとるべきだろう。他方イエスはまた、古代ユダヤ人の常として、主人と奴隷の社会関係を神の理念に投影したばかりか、それを人よりも強く強調してさえいる。絶対的権威である主なる神に対する絶対的服従を説く。その限りではこれは危険なイデオロギーであって、人間の社会関係を神に投影したものが、今度は神的権威をともなって人間にもどって来る時、宗教的理念としての服従が社会関係における服従の秩序を絶対化し、固定化する力となって働く。イエスはこの危険の芽をつみとっておくことはしなかった。しかし彼は、神の前にすべての人間は下僕である、という理念を一般的に主張したのではなく、同じ下僕であるくせに、他の人間に対して支配者となって権力をほしいままにする者に対する憤りを常に同時に口にしていた。

# 第四章　イエスの批判——ユダヤ教支配体制にむけて

## 一　預言者の墓を建てる者

前章のはじめにふれておいたことにもどる。つまり前章では狭い意味での政治権力に関するイエスの姿勢にふれたのであるが、それは決してイエスの活動の中心点ではない。また当時のパレスチナの社会の支配構造においてもローマ権力は直接には顔を出さないことが多い。ユダヤ教による支配体制こそが当時のパレスチナの社会支配の基礎的枠組をつくっていた。イエスの活動はやはりユダヤ教批判を本質としていたのである。

禍いあれ、律法学者どもよ、お前らは昔の預言者の墓を建立しているけれども、それはお前らの先祖が殺した預言者ではないか。先祖たちが殺した預言者の墓をお前らが建てる、というそのことによってまさに、お前らは先祖の預言者殺しに同意しているのだ。
（ルカ一一・四七―四八＝マタイ二三・二九―三一、Q資料）

吉本隆明が例の「関係の絶対性」という概念を導き出す手がかりとした有名な個所である。それについては別のところで詳しく論じたから、ここではふれぬ。一言だけ説明しておくと、吉本が批判しているのは、この言葉をめぐるマタイの著者の思想である。つまり、マタイの著者はこれに続けて、

蛇よ、蝮の裔よ。どうして汝らが地獄の審きをまぬがれよう。汝らのもとに我が預言者、知者、律法学者を派遣するが、汝らはこれを殺したり十字架にかけたり、汝らの会堂でむち打ったり、町から町へと迫害していくのだ。その結果、義人アベルの血から、汝らが神殿の聖所と祭壇の間で殺したバラキヤの子ザカリヤの血にいたるまで、地上に流された一切の義なる血が汝らの上にふりかかることになる。アメーン、汝らに言う、これら一切の義なる血の報いが今の世代にふりかかる。
（マタイ二三・三三―三六）

とつけ加えている。現在のパリサイ派系のユダヤ教指導者どもは、自分たちがあたかも旧約時代の預言者の正義を継承するような顔をして、預言者の墓を建て、安息日ごとに預言者の書物を読みあげ、その精神を説教しているけれども、そのくせ、我々キリスト教徒の「預言者、知者、律法学者」をば迫害したり、殺したりしているではないか。偽善者なる現在のユダヤ教主流には、必ずや、最後の審

判において、これら一切の血の報いがふりかかるに違いない、というのがマタイの主張である。「汝らは彼らを殺したり、十字架にかけたり」というのは大袈裟にすぎる言い方で、ユダヤ教徒によるキリスト教徒の迫害は、実際にはそれほどのものではなかった。十字架にかけられた者は、イエスをその中に数えれば話は別だが、一人もいないし（ローマ帝国が手を下した場合はまた別問題である）、殺された例も、使徒行伝六—七章に出てくるステパノ、十二章はじめに出てくるゼベダイの子ヤコブ（ヘロデの孫ヘロデ・アグリッパ一世によって殺された。アグリッパ一世はきわめつきの親パリサイ派だった）のほかには、はっきりした例は知られていない。マタイよりもやや後になると、イグナティオス、ポリュカルポスほか、ユダヤ教徒が騒ぎ立てたせいでローマの官憲がつかまえて死刑にした例は増えていくけれども。

また、神が預言者をつかわすけれども、イスラエルの民はちっとも悔い改めず、むしろ預言者を殺したりする、という図式は、実はイスラエル知識人が常に口にしていた常套文句である。これは旧約聖書の中に大きな位置をしめる申命記的歴史観の発想の一つであって、以後数百年間、常套文句的にイスラエル知識人が言い続けてきたものである（たとえばネヘミヤ記九・二六）。その発想を、Q資料をつくりあげた初期のキリスト教徒がもらい受け、キリスト教化して利用しているにすぎない。自分たちキリスト教の預言者こそ真の預言者なのだが、あなた方ユダヤ人はそれを受け入れようともしなかった、ということを、申命記的歴史観の常套文句を借りて表現しているのである。現実にどこまで殺されたり迫害されたりしているかは、この言葉を口にしたキリスト教徒にとって考慮の外である。自分たちこそが神よりつかわされた正しい預言者なのだから、従って、迫害されたり殺されたりした昔からの預言者の仲間だ、ということを言っているにすぎない。「バラキヤの子ザカリヤ」は後六七年（または六八年）に殺されたユダヤ教体制派の人物である。従ってこの言葉は、少なくともマタイに出て来るこの形では、イエスの死後四十年以上たった頃の教会の意識を示している。マタイはその意識を継承しているのである。ここでは吉本隆明がいみじくも見ぬいたように、党派性に基づく真理の主張が問題となる。その党派性の意識が初期のキリスト教徒から一世紀末のマタイへとどのように継承され、発展していったかを追究するのは、原始キリスト教史の一つの重要な課題であるが、ここではそこまで立ち入るわけにはいかない。話をイエスにもどす。

三三節以下を別にして最初に引用した部分だけを見れば、現在の律法学者が実は預言者殺しに加担しているという主張は右の党派性の論理とはずい分とちがう論理で語られていることがわかる。すなわち、党派性の論理によれば、彼らは旧約時代の預言者の墓を建てるけれども、現在のキリスト教徒を迫害しているのだから、預言者殺しの仲間だ、ということになる。それに対しイエスの論理によれば、彼らは預言者の墓を建てる、まさにそのことによって預言者殺しに加担している、というのだ。ここには、すでに指摘したイエスの逆説的もの言いが躍如としている。どうして、預言者の墓を建てる、まさにそのことによって預言者殺しに加担したことになるのか。これは、イエス自身がその死後にこうむった運命をたどってみれば明らかだろう。キリスト教は、十字架を美しげな装飾として飾り、れいれいしく祭壇の上に「聖書」を金箔をつけて並べておくことによって、まさにイエスを殺した勢力に加担しているのである。そのことは本書の最初のところに記した。いや、イエスについてのこういう認識をそもそも私はイエス自身のこの言葉から得たのである。イエスのようにぶっそうな男の影響力が持続するとすれば、そしてそういうぶっそうな男がどんどん増えていくとすれば、大変なことになる。支配権力がつくりだし、支えているところの社会秩序を維持していくためには、イエスのような男の思い出は、暴力的に抹殺するよりも——イエスの肉体的生命を暴力的に抹殺することは権力者には容易にできたけれども、その思い出を抹殺しようとすれば、それに数十倍、数百倍する、あるいは比較することも不可能なほどの巨大な暴力を必要とする。そのくらいならば、むしろその思い出を骨ぬきにして、神棚にまつりあげる方が容易である。イエスのような男の思い出ではなく、神の子イエス・キリストの事柄に仕立てて、きらを飾ってしまえば、骨ぬきにできる。その限りでは、イエスの思い出は、保存されるよりも抹殺された方がよかった、と言える。キリスト教二千年の歴史を、いろいろ問題点はあっても、イエスの思い出をともかく伝えてくれた、ということで評価しようとする者がいる。評価というより、免罪と言った方がよいだろうけれども。あなたのようにイエスの原像を描き出して、それと比較しつつキリスト教の批判をすることができるのも、キリスト教がイエスの思い出を伝えてくれていたおかげではありませんか、と言って私に説教する人がよくいる。そうではないのだ。キリスト教がイエスの思い出を長大な歴史的規模にわたってかつぎまわってしまったから、我々のような者が、いやイエスの歴史的実態はそういうことではなかったのだ、と苦労して明らかにする必要が生じているのである。抑圧する権力がある限り、イエスのような男はいつの世にも必ず生れて来る。当り前だ。イエスの思い出など消え去ってもいいのだ。もしもイエスのような男がもはや生れ出る必要もない、よい世の中になってくれればそれでいいのだ。そうすればイエスについて語る必要もなくなる。

「死人を葬ることは死人にまかせろ」（マタイ八・二二）とイエスが言った。旧約の預言者のことが気になるのなら、あんたら自分も預言者と同じように生きればいいんだよ。何も預言者の墓を飾りたてることはない。そうやって過去の預言者を絶対的権威に仕立て上げ、実はあんたらは自分自身にその絶対的権威の後光をかぶせたいんだろ。よしなよ。かつて預言者を迫害したのはあんたらみたいな連中だったんだぜ。

## 二　イエスと旧約律法

イエスはここで預言者をひきあいに出している。しかし別にとりたてて預言者の精神を意識的に継承しようとしているわけではない。つまり、まず預言者の精神なるものを伝えられた伝承の中から抽象し、次いでその「精神」を基準にしてユダヤ教の現状を判定、批判する、ということをしているわけではない。まず目立って顕著な事実は、イエスは当時のユダヤ人知識人としては実に僅かしか旧約聖書を引用していない、ということである。ていねいに調べてみるとわかるが、福音書中の旧約聖書の引用の大半は福音書記者もしくはそれ以前の教会的伝承の段階での付加である。もっとも、イエスが旧約聖書を知らなかったというのではない。イエスがラビという尊称で呼ばれることは（マルコ一〇・五一、一一・二一、一四・四五。またギリシャ語で「先生」と記されているのはヘブライ語の「ラビ」の訳語である）——この尊称は後にははっきりと狭義の律法学者にのみ限定して用いられるようになったが――彼がかなり律法に通じていたことを示すし、また、イエスに民事裁判の裁判人になってくれるよう人が頼んだことがある、ということからしても（ルカ一二・一三）、イエスは旧約律法全体によく通じていたと言える。町ごとに一応は裁判所の組織があり、その裁判官には、律法に通じている人ならば原則として誰でもなれたのだが、実際上は貴族的な支配階級が裁判機構をにぎっていたと考えられる。この場合、イエスをそういう公式の裁判人の一人に推薦する人がいた、ということではなく、イエスが律法をよく知っていたから、財産分配の調停人になってもらおうとした、ということであろうが、イエスはそれをあっさりと拒絶している、

「いったい誰が私のことをあなた達の裁判官や遺産分配人として定めたのか」

律法学者の主たる仕事が、律法の修得、細則の決定、それをもとにした公式、非公式の裁判、そして、後輩、一般民衆に対する律法の教育にあったことからして、イエスのこの返答は、旧約聖書についての相当程度の知識にもかかわらず、律法学者として立ち振舞う意志が全然なかったことを示している。後述するように、まさにこれらの作業を通じて、律法学者こそが民衆に対するユダヤ教支配の社会的圧力を完遂する機能を果していたのだ。

その一般民衆に対する律法の教育、普及という目的のために存在していたのがユダヤ教会堂（シナゴグ）である。ここでは安息日ごとに集って神に祈ることもなされたが、しかし、その集会の主たる目的は、律法の教育、普及にあった。会堂の発達とともに、ユダヤ教は神殿祭儀の宗教から、律法学者による民衆の法律的、宗教イデオロギー的管理支配の宗教へと移っていった。後七十年にエルサレム神殿がローマ軍によって完全に崩壊せしめられたことは、その点ではむしろ、以後のユダヤ教にと

ってあまり大きな打撃であったとは言えない。その頃までにユダヤ教はすでに、律法学者による会堂を中心とする宗教的社会支配の体系として十分にととのえられていた。イエスのユダヤ教批判が他の誰よりも律法学者に対して最も鋭く、強烈なのもそのせいである。民衆一般を支配管理する手段としては、裁判権をともなう法律と、教育とが最大の武器である。それは実生活を規定しつつ、同時に観念の世界でも人々をしめつける。人々はむしろ自分からすすんでそういう生活に順応していくようにしつけられる。ユダヤ教律法学者は法と教育の両方を手にしていたのだから、ユダヤ人全体に対する社会的な支配秩序を維持していく最大の勢力でありえた。律法学者をただの宗教家とみなし、イエスのユダヤ教批判を宗教の事柄としてのみ見たのでは意味をなさない、ということは自明のことであろう。

さて、安息日における会堂の集会であるが、その集会では、律法と預言者からそれぞれその日のテクストが選ばれ読み上げられる。そして、当時の民衆はすでにヘブライ語を理解しなくなっていたから、それが翻訳（パレスチナなどではアラム語に、ヘレニズム諸都市ではギリシャ語に）された。そして、そのテクストを解説する説教がなされた。つまり、キリスト教会の礼拝の主要部分は、実は、ユダヤ教会堂の集会のやり方を継承している。ユダヤ教では、その説教によって律法教育がなされた。説教は、原則的には誰でもなすことができた。実際上は、そして時がたてばたつほど、律法学者の独占物となっていったが、イエス当時の、ユダヤ地方はともかく、ガリラヤの田舎町では、その点まだ比較的自由であったようである。イエスも安息日に会堂で「教え」をなした（マルコ一・二一）と伝えられている。しかしまたこの事実から、イエスは相当程度、旧約の律法、預言者についての教養の持ち主だったと推論できる。そして、ここから先は想像にすぎないが、イエスは最初のうちは、律法をよく知っている「優秀な」青年として安息日に会堂で時々語り、それがだんだん内容のおもしろさ故に、さらに人からおされてしばしば語るようになって、その結果人々に知られるようになっていったのだが、だんだんと自らの言葉を自らの主張をもって語るようになると、会堂の管理者の側もそれを好もしく思わないようになり、イエスの方でも会堂での説教という枠から積極的に外に出て行ったのではないだろうか。イエス登場の前史として、ほぼこの程度のことは想像できる。もっとも想像といっても、マルコ福音書の著者がすでにそういう筋書きで福音書を書いている（一・二一―二八はその意味ではマルコ福音書の中では序曲に属する）。そして、イエスは実際、その主たる活動の期間においては、発言の場所はもはや会堂ではなく、そこここの家の中であり、屋外であり、行きあわせた場所での論争であった。しかしそういう場所でのイエスの話に人気があり、人がおのずと集ったのは、イエスが会堂の中ですでに律法解釈の枠を一歩踏み出る話をして、かなり人々に知られるようになっていたからであろう。いずれにせよ、イエスは会堂を自分の活動の場としては捨てていった。そしてそのことからも、イエスが律法学者になる気になればなりうる可能性をはらみながら、むしろ批判的にその道を放棄したことがわかる。

だから、イエスの発言の中で、旧約聖書に言及されるのは、主として、単に言葉づかいとして利用している場合（「木が大きくなった」と言うための表現に「大きな枝を出し、そのかげには空の鳥がやどれるほどだった」マルコ四・三二、という類。これは旧約のどの句の引用というよりも、旧約聖書のあちこちに出て来る言いまわし――ダニエル四・一二、エゼキエル一七・二三、三一・六、詩篇一〇四・一二――を利用した、いわば文学的な言い方)、旧約の言葉を旧約の他の言葉によって批判する場合(マルコ一〇・一以下、一二・三五以下など)、さらには旧約そのものを逆説的に批判する場合(第一章参照)に限られる。

以上の考察からわかるように、イエスは決して旧約聖書の、もしくは預言者の精神を基準として、そこから現在を批判したのではない。彼が目ざしたのは、宗教復興でも原点への回帰でもない。イエスが、律法学者が預言者の墓を建てている、と言って批判する時、それは彼らが預言者の精神をまげている、と言って批判しているのではなく——現にまげていたであろうけれども——彼らが実際には虚妄に満ちておりながら、自分たちの行為を預言者に帰せられた絶対的権威の後光を借りて権威づけようとしていることを批判しているのである。そういう形式的権威にかつぎだされたのでは預言者たちの活動の意味は死んでしまう。だからこそ彼らは預言者殺しに加担している、と言われる。

## 三　律法学者批判

「律法学者どもは、重い荷物をいろいろたばね、他人の肩にのせて背負わせるが、自分では指一本動かしてそれにふれることもせぬ」(マタイ二三・四=ルカ一一・四六、Q資料)。

これはとりあえず比喩的表現である。「重い荷物」という語によって、彼らの屋上屋を重ねる律法解釈と、それを厳格に人々に適用していこうとする権威主義的な圧力を比喩しているのであろう。そしてマタイはここに彼らの「偽善」を見ようとする。これら一連のイエスの律法学者批判を「偽善」

という角度からまとめたのはマタイである（並行するルカの記述から、Q資料の段階ではまだこれらの律法学者批判の伝承を「偽善」という概念でくくることはなされていなかったことがわかる）。

「彼らは口では言うが実践しない者たちなのだ」という句はマタイのつけ加えである。党派的真理の主張からする他党派への批判としては、「偽善」というレッテル貼りが一番容易である。あいつらは口ではいいことを言うけれども、決して実践しやしない。そういう時には、我々はあまりマタイの言葉を信用するわけにはいかぬ。むしろ、古代ユダヤの律法学者たちは、特にその大部分をしめ、後には律法学者の全体を掌握するようになったパリサイ派の律法学者たちは、自分たちの主張と行動との間に距離がない、という意味では、おそらく、歴史上代表的な例の一つであろう。その点では、キリスト教はパリサイ派の名誉回復をして、「偽善者」などというレッテルを貼ったことをお詫びする義務ぐらいはあるだろう。

パリサイ派とは、元来は在家（祭司に対する）の敬虔主義者の運動である。そして、宗教的敬虔心の復興、倫理的厳格主義などを目ざしている点では、たとえばピューリタニズムと比較できる。少なくとも、平均的なピューリタンを一世紀の聖書の世界に連れて来たら、一番近いのはパリサイ派だろう。ユダヤにおける商業の発展とパリサイ派の成立には、ピューリタニズムと近代資本主義の関係に似たものがあると考えられるが、まだ私はていねいにあとづける時間がない。それはともあれパリサイ派は当然のことながら、旧約律法の遵守を主張したから、律法の学習においても熱心であり、独自の社会的身分として成立しつつあった律法学者層の急速な成長、発展を支えることになった。彼らの自己主張からすれば、そしてその自己主張の範囲内でやっていることからすれば、彼らは、口で言う限りのことは実践する者たちであった。

こういうそれ自体としては正しい歴史認識から、そして一九六〇年代の「富める西欧」のイデオロギーとなった「和解」の精神に、ナチスのユダヤ人虐殺に対する罪悪感がともなって、現在の西欧神学者はユダヤ教の批判をするのをなるべく避けるようになってきている。むろん、現代のユダヤ教徒をキリスト教徒が差別するのは正しくない。もっとも今ではその反動として、現在の欧米人（特にアメリカ人）はしきりとイスラエル帝国主義の肩を持ち、アラブ差別を増幅している。これでは、ユダヤ人をかつて差別していた自分たちの姿勢を根本的に改めたわけではなく、差別をユダヤ人からアラブ人に引越しただけだ。考えてみればユダヤ教はキリスト教の姉妹ではないか。本当は同じ神を礼拝し、同じ宗教的文化的伝統に生きているではないか。それに対してアラブ人は根っからの異教徒で、野蛮人だ……。ユダヤ人差別は克服されずに転移した。それはともあれ、現今の欧米キリスト教神学者は、マタイ二三章のユダヤ教律法学者批判は一世紀のユダヤ教に対する批判としては正しくない、と考えるようになってきた。欧米の神学者の聖書解釈がいかに時のイデオロギーを反映するかの好例である。そして彼らは、これは正しくないからイエスの言葉ではない、と結論する。今後マタイ二三章はイエスの言葉ではなく、マタイ神学の偏見にすぎぬ、とみなすキリスト教神学者の数は、アメリカやドイツを中心としてどんどんふえていくだろうと思われる。

確かに、もしもこれを「ユダヤ人」に対する批判ととるなら、むろん正しくない。しかしこれがユダヤ人を民族全体としてまるごと批判している言葉でないことは、一目瞭然であろう。これはあくまでもパリサイ派律法学者の批判である。マタイ二三章をもとにユダヤ人はみな偽善者だと思いこんだ伝統的なキリスト教徒も、あるいはそれを批判して、ユダヤ人は私たちと同じ人間なので偽善者ではありませんから、マタイのこの言葉は間違っています、と反省した現代の欧米の和解の神学者も、共通する点で間違っている。つまりどちらも、マタイ二三章はパリサイ派律法学者の批判であるのに、これをユダヤ人全体の批判と勘違いしているのである。そしてこの勘違いの姿勢にこそ問題の根源がある。彼らは、ユダヤ人全体として良いのか悪いのか、という風にしか問うことができない。これでは悪いとすればユダヤ人をみんなやっつけろ、ということになるし、良いとなれば、ユダヤ教ユダヤ人国家の現状に対する批判すら許されなくなる。だから今やユダヤ人がアラブ人の頭の上に雨あられと爆弾を降らせても何とも思わない連中が、アラブ人がユダヤ人を一人でも殺すとぎゃあぎゃあと大騒ぎする。内部批判は許さないという姿勢がここには見られる。日本国家を徹底して批判することは、決して、日本人のすることはぴんからきりまで何でも悪い、と言うことではない。ところがそれを混同する連中は、「日本」を肯定するためには日本国家の批判なぞ許されない、と思ってしまうのである。とまれ、イエスはユダヤ教の宗教的社会的支配の体制とその代弁者であるパリサイ派律法学者を、自らはその体制の中であえぎつつ生きている者として、徹底して批判しようとしたのである。

確かにマタイ二三章には、イエス自身のパリサイ派律法学者批判と、それをかなり図式的に整理したマタイのパリサイ派律法学者批判とが混在している。そしてマタイの律法学者批判は、自分自身が律法学者的精神の伝統に棹さしながらそれをキリスト教化するという立場に立っているだけに、本家争いという色彩をおび、従って、ためにする批判という傾向も強い。そして我々は必ずしも明確にこの部分はイエスの言葉でこちらはマタイの加筆と分離できるわけではない。それでも最小限Q資料にまでさかのぼる部分と、それに対するマタイの加筆はある程度まで区別することができる。「預言者の墓を建てる」うんぬんの言葉をめぐるイエスとマタイの相違は、また、客観主義の歴史研究の方法的限界をも教えてくれる。この手の歴史研究の一つの欠陥は、過去の人々の自己理解（自分が何であると思っているか、という理念）を客観的に確認するところまではよくやっても、それをそのままその人々の歴史的実態とみなしてしまう点にある。

パリサイ派律法学者の自己理解からすれば、自分たちはむろん偽善者ではなく、むしろ敬虔な実践派であって、自分たちがなすべきではないと宣言したことについては、厳格になさないように努力していた。そうだとすると、マタイのように、彼らは言うことは言うが実行しない偽善者だ（二三・二以下）という批判をあびせても、当時のまともなユダヤ教徒の眼からみれば、これはためにする悪罵と聞こえても、それ以上の意味は持たなかっただろう。

それに対して、預言者の墓を建てる行為そのものによって、彼らは預言者殺しに加担しているではないか、というイエスの批判は、少なくとも律法学者たちの自己理解をつきぬける。彼らの自己理解からすれば、彼らは預言者の伝統を受け継ぐ者である。実際そうしようと彼らは実によく努力していた。だからいかん、とイエスは言う。過去の預言者を絶対の権威としてかつぎ、その墓を飾りたてる。そのことによって今生きている人々にかえって無用の重い荷物を多く背負わせることになるではないか。

「重い荷物を他人に背負わせる」というのは、とりあえず比喩的表現だ、と述べておいた。しかし比喩は比喩にしかすぎないというわけにはいかない。比喩はそれによってあちら側の世界の「真実」

を指示するものであるから、その有難い宗教的「真実」さえつかめれば、比喩の言葉そのものはもはやどうでもいい、などというわけにはいかない。比喩を語る時に、人は自分の知っている世界の現実から例を探し出す。どういう比喩の言葉を考えつくか、ということはとりも直さず、その人が日常どういうことを考え、どういう現実を生きているか、ということの表現である。日常生活において実際に、他人に重い荷物を背負わせて自分では指一本ふれないでいる者の姿に憤りを覚える者だけが、こういう比喩を語りうる。

　律法学者というのは、事実、日常生活において重い労働をすることのない、いやほとんど食うために働く必要のない連中だった。彼らには、裁判官の役割を果すことによって報酬をもらうことは禁じられていた。報酬をもらうことによって裁判の公平が妨げられることになる、というのだ。裁判制度としては、この方が確かにいいかもしれない。国民の生活を守るはずの法律と裁判制度が、今の世界の資本主義諸国では、金のある奴の生活しか守らないのは、弁護士代金と法廷維持費にべらぼうな金がかかるからだ。けれどもまた、ユダヤ教律法学者の場合、その主たる仕事の一つである裁判業務から収入をえられないとすれば、律法学者になりうるのは、食うためにあくせく働かなくてもすむ者だけだ。財産のある有閑階級だけが法律の専門家になれる。現代社会のように法律家になれば食うことができ、しこたま収入がころがりこみ、法律家になるための修業の期間もいろいろ国家的に保護されている場合ですら、法律家になれるのは、比較的裕福な層の出身者が多い。まして、古代パレスチナにおいて、無収入をたてまえとしたものであったとすれば（むろん、現実はたてまえ通りとは限らず、裏でいろいろ賄賂を取り、それで肥えふとった奴もかなりいただろうけれども、それはもう一つ別の問題である）、相当程度財産のある者しか法律家にはなれなかった、と言えよう。だから、個々の裁判においては、たてまえ的に公平であっても、彼らによって維持される法律の全体が階級的なものとならざるをえなかったのは当然である。

古代ユダヤ史における律法学者層の成立を、商業の発展がもたらした経済的余剰がつくり出したものとして見る見方は、ここでも妥当する。荒井献『イエスとその時代』（三五頁）は、やや安直にドイツ語の教科書をひき写しつつ、律法学者は都市の小市民階級を背景に成立したものであって、「彼ら自身多くの場合その日常生活においては、革鞣工、天幕作り、大工等の手工（ママ）に携わっていた」としている。荒井が「小市民階級」と言う場合、ひどく曖昧な概念であって、だいたい「小市民」なるものが一つの経済的階級として当時のパレスチナに存在しえていたのかどうかを考えることさえしていないのだが、もしも右のようなことであれば、「小市民階級」などと何となくわかったようなことは言わず、手工業者もしくは職人層と言っておけばよかったのである（同一〇〇頁では荒井はやや厳密に考えている）。しかし律法学者の大多数が手工業者であったというのはひどく疑わしい。何人かそういう律法学者が存在していた、ということから、いきなり、大多数がそうだったと結論することはできない。これはパウロが天幕づくりをやっていたから、初期のギリシャ語のキリスト教は「遍歴手工業者」によって担われていた、などと結論づけるのがひどい論理的飛躍であるのと同等に、無理な結論である。だいたいM・ウェーバーの「社会学」はこの手の論理的飛躍が多すぎるのだが（「資本主義の精神」の割り出し方もそうである）、パウロ一人を全キリスト教徒に拡大するのが無茶である上に、パウロ自身遍歴手工業者などと呼ぶわけにはいかない。たまに食うに困ったり、旅先の地でちょっと金をかせぐ時に天幕づくりをやる能があったということと、社会的身分として手工業者であったということは、別のことである。後者であるならば、食うために日常的に天幕づくりをやっているはずだが、パウロの場合は青年時におそらくは親の金でエルサレムに律法学者修業に留学できるほど裕福であったし、キリスト教の世界伝道者になってからも、天幕づくりで金をかせいだりしたのはむしろ例外的なことである。

欧米の神学者の一部が律法学者を好んで小市民階級と規定したがる思想的背景にはおそらく荒井は気がついていない。彼らはイエスに階級的視点を持ちこむことを極めて嫌う。だからイエスが富裕な階級を批判し、貧民の立場に立っていたということを何とかして否定しようとする。そのために絶好な事実は、律法学者が小市民さらには時に貧民の出身である、ということである。とすればイエスは小市民や貧民のあり方をも厳しく批判したということになり、つまり、どの階級に対してもイエスは等しく批判していたのだから、決して階級的視点に立っていたわけではない、という結論になる。イエスはすべての人間を罪人とみなし、従ってまたすべての人々に救いをもたらした、というわけだ。

むろん階級意識を機械的にイエスに持ちこんで、イエスを階級闘争の立役者か理論家に仕立てよう、などというのははなはだしい時代錯誤である。階級意識が近代にいたってどのように成立してきたかをたどれば、それをいきなり古代のパレスチナの片田舎の大工に持ちこむような無茶はやるまい。けれどもまた、はっきりした階級意識を持たなくとも、そしてまた古代社会においては階級分化が必ずしも歴然と存在していたわけではなかったとしても、他方、階級的利害関係の現実が人々の意識にまったく反映していなかったと思い込むのも同等に無茶であろう。とまれ、欧米の聖書学者が律法学者を小市民層の出身にしたがり、貧民の出身者も多くいたと言いたがるのは、右のような思惑のせいである。欧米（に限らないが）の学者の一見「客観的」な研究の背後には常にこの種の思惑がうずまいている。

確かに律法学者は手に職を持たねばならぬ、という主張もラビの言葉の中には見うけられる。つまり、他に収入を得る道を確保しておかないと、律法そのものを飯の種にしようとして、律法に対する公正が失われる、というのだ。イエスよりも一世紀ほど後のラビだが、通常ガマリエル三世と呼ばれる人物が、「律法を学ぶことと職を持つことの両方が人を罪から離れさせる。職を持たずに律法を学べば、ついにはだめになり、むさぼりを引き寄せる」（アボト二・二）と言っている。しかしまた、こういう訓戒をわざわざ与えるラビがいた、ということが、職を持たぬラビがぐんぐんとふえていたことの証拠であろう。そしてまた、そもそも食うためにどのみち労働せねばならぬ者と、「罪から離れる」ためにやらずともすむ職業労働に手を出す者との間には、距離がある。そして他方では、律法学者であるからには、「なるべく職業にかかわることを少なくし、なるべく多く律法にいそしめ」という主張もなされている（ラビ・メイルの言葉、アボト四・一〇）。こちらの方がラビたちの平均的見解である。特に初期の律法学者においてはそうだった。イエスよりもやや前のラビ・ヒレルの言葉には、ある種の実感がこめられている。「あまりに商売に精を出す者は、賢くはなれぬ」（同二・六）。実感があるというのは、このヒレルという男は若い頃金がなくて、律法学者の学校にはいるための授業料をはらえず、仕方がないから、労働者として働いて、その金をためてやっと学校にはいることができた、という、苦労して偉くなった立身出世の見本のような男だからだ（バビロニア・タルムッド、ヨマ三五

b)。このヒレルの例が、しばしば、律法学者は決して富裕な支配階級ではなかった、ということの証拠としてひかれる。しかし、一人苦労して出世した奴がいたからとて、それで律法学者全体の社会的位置を定めるわけにはいかぬ。苦労出世型は、例外であるからこそ、ほめそやされる。そしてまさに、この話に見られるように、律法学者は他人に律法を教えることによって、多くの収入を得ていたのである。何ほどか支配的な力を持ちうるようになった律法学者は、律法学者養成のための一種の学校から得られるあがりによって、楽に食うことができた、とみなしうる。こういうところには、息子を立派な律法学者に仕立てようとする、もしくはせめて律法的教養を身につけさせて社会で尊敬される者にしようとする貴族や金持たちがしこたまみつぐものである。彼らの社会では律法を知っているということは、ましてやラビと呼ばれる身分になることは、大きな社会的影響力と権力を持つことを可能にした。そうして得た暇をかけて、彼らは食うために働かざるを得ない者たちにはとても覚えきれない律法の細則をつつきまわし、それをもとにして、自分たちの町で生きている人々の生活をうるさく監視する。人々はこうして彼らに日常生活のすみずみまで支配されてしまう。

確かに、律法学者の一部が「小市民層」の出身であるということは、ある程度までは言えることである。しかし、古代特にパレスチナなどにおいては、「小市民」という概念を厳密に規定することなどできはしない。さらに、どういう階級の出であるかということと、現在彼らがどういう視点を代表しているかということとは同じではない。田中角栄が一介の庶民の出身であるからとて、自民党員となり大臣となった田中が日本の庶民の利害をよく代表していたとは言えないのと同等である。「小市民」という曖昧な語を避けて、もう少し厳密に言うとすれば、一般にパリサイ派律法学者は都市ブルジョワ、特にイエスの当時ではエルサレムの都市ブルジョワの意識を表現していた。ここで都市ブルジョワというのは、地方に（たとえばガリラヤ）大農地を所有しつつ自分は都市に住む貴族から、比較的小規模な商業をいとなむ者まで含む都市の有産階級という程度の意味である。L・フィンケルスティンのパリサイ派についての面白い研究が提供している例を一つ紹介しよう。フィンケルスティンの研究はあまりにも図式的すぎて、パリサイ派の中でもシャンマイ派は地方で大土地所有に基礎をおく大金持の貴族に基盤を持っていたのに対して、ヒレル派は職人を中心とした都市の下層住民に基盤を持っていたと割り切って、ほぼ常にこの観点から説明しようとしている。これはしかし、フィンケルスティンほど図式的に割り切らなければ、ほぼ的を射た見方であろう。少なくとも、土井正興のようにヒレル派をパリサイ右派、シャンマイ派をパリサイ左派などと呼ぶのよりは、歴史的によほど厳密である。土井は狭義の政治、それもローマ支配か民族独立か、という要素しか考えていないから、何でもかでもローマ支配に反対する者を「左派」と呼ぶ。しかし大土地所有者の貴族はローマ帝国によって自分たちの権益が犯されることに反発するから、政治的には反ローマとなる。だからシャンマイ派はエルサレムの保守的な貴族層に基盤を置きつつも、同時に反ローマの姿勢を示したのである。フィンケルスティンの方は土井と違ってパリサイ派の経済基盤をよく見ている。ただしヒレル派が都市の下層民の意識を代表する、と見るのは正しくない。先にふれた十八のハラコートをめぐる争い（一二二頁）では、ヒレル派は明瞭に国際的規模で商業をいとなむ者の立場を弁護している。むしろシャンマイ派はどちらかと言うと大土地所有の農業ブルジョワの、ヒレル派は商業ブルジョワの利害を代表していた、と言う方が正確だろうか。

さて、フィンケルステインのひく例だが（タルムッド、シャバト一七ａ）、ガリラヤ産のオリーヴについて「汚れ」の規定をシャンマイ派はゆるやかに解している、という。「汚れ」の規定は極めて複雑なので、ここではかなり乱暴に要約して紹介することしかできないが、一般に果物は水分がつくと汚れることになっている。だからガリラヤの農民はエルサレムに送り出すオリーヴに水分がつかないように気をつけなければならない。しかし他の水分はともかく、オリーヴの実そのものがつぶれて出てくる水分を避けるのは難しい。ガリラヤでの農場経営に基礎を置くエルサレム貴族はそこまで厳密にやられたのではあがったりである。そこで彼らの利害を代表するシャンマイ派は、オリーヴについてはオリーヴがつぶれた汁がついても汚れないことにしてしまう。ところがユダヤ地方はオリーヴはあまりできないが、葡萄はよくとれる。葡萄酒を扱う商人にとってこれは同じ問題である。シャンマイ派はそこにあまり利害関係がないから容赦しない。しかし、シャンマイ派がオリーヴを特例にするのに対して文句を言ったヒレル派は、葡萄について特例をもうける。葡萄をつむ時につぶれた葡萄の汁がついてもそれは汚れとはならない、というのである。

さて、一般に律法学者というものが以上のような者であったとするならば、イエスが、あいつら重い荷物を他人に負わせやがって、と言うのは、彼らの日常生活の実際も指摘しているのだろうが、同時に、彼らの律法理解と律法的実践の基本的質をも突いている。彼らは「汚れ」にふれるようなところで労働する必要がなかった。だから、宗教的汚れについて厳格な律法を主張し、誰よりもよくその実践者になりえた。彼らは、安息日に人に隠れてこそこそ内職なんぞする必要がなかったのだ。だから誰よりもよく安息日の規定を遵守しえた。一日働いて疲れている人間に、祈りの時間なんぞ厳格に守れるか。彼らは、ほかの時には何もすることがないから、祈りの時間だけは生き生きとするのだ。いやまさに、彼らは言うだけのことは確かに実践している。だから困るのだ。彼らはその思想と実践とによって、ますます重荷を人々の肩に押しつけていく。

こうしてイエスのユダヤ教批判は、社会支配のイデオロギー的機構としてのユダヤ教を十分にその実質に食い入って批判している。彼は決してユダヤ教という「宗教」を批判し、それに代るにより「本質的」な宗教を目ざそうとした、などというわけではない。第一章ユダヤ教の神理解、第二章その終末論とメシア論、第三章その宗教共同体論と倫理、なんぞと項目を分けて整理してユダヤ教の宗教理念を批判したわけではない。イエスを教義的に処理したがった福音書記者マタイやルカでさえ、こういう宗教科の教科書みたいな目次をつくることはしなかった。

## 四　「汚れ」と「清め」——パリサイ派の生活支配

イエスの弟子たちには農村や漁村出身の者が多かったと思われる。あるいは小さな町の手工業者や小商人もいただろう。どこまでをイエスの「弟子」とみなすかは問題であるが、「弟子」を特定の小集団に限ろうとするのは後の教会の傾向であって、イエスの生きていた当時は、イエスについて歩きまわったり、イエスの発言を喜んで聞き、それを他に吹聴してまわったりする連中はみなイエスの弟子とみなされただろう。いや、「弟子」という概念、つまりラビ的な師弟の関係を思わせる概念がどこまで用いられていたかもわからない。「弟子」という概念について確かなことは、イエスの死後に教会をつくっていった者たちがイエスの「弟子」であると自称していた、ということであろう。けれどもイエスの生前にも、イエスを批判する側からは、イエスの周囲にこのようにむらがっている者たちの中でも比較的熱心な連中は「弟子」とみなされたことであろう。

定義の問題はともかく、イエスの弟子たちには農村や漁村の者が多かったと思われる。従って彼らには小ぎれいな都市ブルジョワの宗教倫理はなじまない。

外から帰って来てそのまま手を洗わずに食事をする、などというのは彼らには平気なことであった。ところがこれがパリサイ派には気にいらぬ。外から帰って来れば汚れているのだから、手を洗わずに食事をするなど、とんでもないことだ。たまたまエルサレムから律法学者が来たことがあった。──この頃はまだガリラヤ地方に定住している律法学者は非常に少なかった。一世紀末頃には何人かの律法学者がガリラヤ地方にも定住していたことが確認されているから（A・ビュヒラー）、一世紀前半にもある程度はいたのだろうけれども、いずれにせよ非常に少なかったのは確かである。むしろエルサレムを根拠地とする律法学者が「教化」のためにガリラヤ地方を訪れることが多かったであろう。──パリサイ派は在家の宗教運動であるから、原則的には誰でもなれるわけで、この当時すでにガリラヤ地方にもパリサイ派は多数いたと思われる。それに対して、律法学者は専門的修練を多く必要とするものであるから、ガリラヤ地方にはあまりいなかったということであろうか。律法学者がしばしばガリラヤ地方に巡回してくることによって、パリサイ派の者たちは理論的指導を受け、また、ガリラヤ地方のユダヤ教を全体としてパリサイ派の方向で強化していったのであろう。そもそもパリサイ派の運動そのものがエルサレムの都市有産階級を中心に成立、発展してきたものであるとすれば、ガリラヤ地方でのパリサイ主義の普及は、都市有産階級の宗教社会倫理を全国的にひろめていく運動であった、と言える。まして、エルサレムから「下って」来る律法学者がその運動の中核をなしていたとすれば、そういう都市志向の傾向は強かったと思われる。

エルサレムから律法学者が来ていた時に、地元のパリサイ派も力をえて、この時とばかりにイエスに文句を言った、あなたはいっぱしやかましいことをいろいろ言われるようだが、あなたの弟子たちはなってないじゃありませんか。外から帰って来て手も洗わずに食事をしている……。

この際、この問答は実際に現場に律法学者や地元のパリサイ派が居あわせて、それで議論がはじまったのか、それとも、ふだんからパリサイ派の者たちはイエスの周囲に集る者たちの言動をにがにがしく思っていたので、律法学者が下降した機会にイエスに文句をつけに来たのか、それとも、彼らの間でイエスの仲間に対してこのような批判がなされていたのを誰かが聞きつけてきて、イエスに御注進に及んだのか、などということを穿鑿してもはじまらない。そしてこの種のことが確認できなければこれを史実として認めがたい、などと思う欧米の学者の詭弁につきあうこともない。事実は、律法学者を中心とするパリサイ派はイエスの仲間のこういった日常生活のあり方を非難していたし、その非難は、直接にか間接にか、イエスの耳にはいっていたであろうし、イエスの活動に対する大きな圧迫ともなっていたであろう、ということである。いや、特にイエスとその仲間に対してだけでなく、ガリラヤの住民全体に対して、律法学者を中心とするパリサイ派は常にこの種の宗教社会倫理をうるさく押しつけていた、ということであろう。

マルコ福音書の著者はこれを説明して言う、

パリサイ派をはじめとして、ユダヤの連中はみな、洗い鉢で手を洗わなければ食べることをしない……。また市場から帰って来た時には、身体を洗わないと食べることはしない。そのほか多くのことを伝承として受けついで固執している。杯や鉢や銅鉢を洗うこと等々である。

（マルコ七・三―四）

ここで「ユダヤの連中」というのは狭義のユダヤである。つまり、ガリラヤ、サマリアはいらない、南部パレスチナの、エルサレムを中心とする地方を指す。ガリラヤ人から見れば、自分たちを経済的社会的宗教的に支配する勢力の連中、ということになる。

これは今日の欧米の研究者の間で悪名の高い文である。つまり実際に当時のユダヤ人はそのようなことはしていなかったので、こういう間違った説明の文を書くところを見ると、マルコは当時のパレスチナの社会事情を何も知ってはいなかったのだろう、というのである。食前に必ず手を洗うというのは、すべてのユダヤ人に課せられた規則ではなく、祭司にのみ課せられた規則である。この場合問題になっているのはむろん衛生上の配慮ではないので、祭儀的な意味での「清め」である。祭司が祭司のために献納されたものを食べる時には、これは聖なるものであるから、手を洗って汚れを去らねばならない。それをマルコはすべてのユダヤ人の習慣と解してしまった、というのである。

この点は当時のユダヤ教の実態を知るための研究方法の基本にかかわるから（それに、マルコさんの名誉にもかかわるから）、やや議論しておこう。近代の研究者たちは、事実がどうなっていたかを知るために、ユダヤ教の宗教的法律を克明に調べる。しかしそんな奇妙な研究方法はあるまい。ほかに手がかりがない時には仕方がないが、一般的に言って、人々の生活の実態が法律に書いてあることそのままだった、などということは、世界の歴史のどこに行ってもありはしない（霞ヶ関の官僚の実態について本を書くのに、これは法律違反ですから事実ではありません、なんぞと間抜けなことを言う人はいないだろう）。ところが古代史の研究者は往々にしてこういうとんちんかんをやらかす。ふだんから観念がそのまま実在だと思いなしている思想的な安直さがこういう時に馬脚をあらわすのである。たいていの場合、良きにつけ悪しきにつけ、人々は法律の規定など無視して生活している。けれどもまた時々、しめつけが厳しい時には特に、人々は法律の規定が要求するよりよほどおっかなびっくり慎重にふるまう。七面倒くさい法律のやりくりなどとてもわからないので、どうやってもひっかからないように大幅に自己規制してしまうのである。

パリサイ派の運動は在家の運動だと述べた。しかしこれは祭司とは異なる俗人にふさわしい宗教運動をつくり出そうということではなかったので、むしろ、祭司たちでさえすでに「汚れ」と「清め」の区別を厳密に守らなくなってきていた当時の社会で、祭司にはもっと厳密に聖職としての規定を守るように要求し、かつ自分たちは祭司でなくても、昔の法律では祭司にしかあてはまらなかった規定を、「聖く」生きるために自分たちにも適用したのである。それは在家の運動であっても、俗人らしい生き方を追求する運動ではなく、むしろ聖職者の生き方を俗人にまで拡張しようとする運動であった。

たとえば二世紀はじめのラビ・アキバは第二次ユダヤ独立戦争に加担して、結局最後は獄中で殉教死するのだが、その獄中で飲用に供せられた僅かの水を手を洗うのに使ってしまったという（エルブ二一b）。飲み水を失っても、食前には手を洗うべきだという同僚たちの意見を無にしない方がいい、というのである。獄中にいるというような極限状況においてすら、パリサイ派律法学者は食前に手を洗うことを遵守したのである。律法学者は祭司ではない。神殿祭儀に関する秩序から言えば、聖職者ではなく俗人である。しかもここまで徹底して、食前に手を洗うことにつとめた。パリサイ派律法学者が祭司的なあり方を自分たちの日常の生活においてどのように実現しようとしたかをよく示す例がここにある。

と言っても、律法学者は伝統の宗教的法律規定の研究の専門家だからここまで厳密にやれたのだろう。あるいは一般のパリサイ派の中でも熱心な者はこうした律法学者のやり方をできる限り真似しようとし、人々にもそのように説いただろう。けれども、法律研究の専門家でない者たちにとって、どういう時にどうすれば「汚れ」、どうすれば「清め」られるか、複雑すぎてとてもわからなかったことだろう。ましてや、当のパリサイ派の者たちはそれでも自分の主義主張だから一所懸命学習したかもしれないが、そのパリサイ派に尻をたたかれる一般の民衆にとっては、とてもいちいち覚え切れるものではなかっただろうから、逆に、文句を言われないためには何でもやっておこう、ということにもなっただろう。あるいはむしろ、自分たちは汚れた「地の民」だなんぞと言われて馬鹿にされようと、とてもそこまではつきあいきれないから、もうどうでもいいと居直った者も多かっただろう。あのパリサイ派の連中は、これがエルサレムを中心としたユダヤ地方の進歩的で正しくかつ真に敬虔なやり方だと言って、やたらと七面倒くさく何でも洗い清める、と思いたくもなっただろう。

地方に住んでいて、中央におこった運動を実践しようとする人の中には、しばしば中央の者たちよりもっと厳格に実践しようとするある種の理想主義が見られるものである。あるいは、中央から布教に派遣されて来る者たちは、実際に中央で行なわれていることよりもずっと理想化して厳格な教えをひろめようとするものである（「理想」というよりは、小うるさい教条という方が通じやすいか）。中央の活動家の中でも特に熱心で口うるさい者が地方の布教活動に出かけて行く、という事情もあろう。「遅れた」地方を「開化」するために、必要以上にやかましくやいのやいのと言う者は、その地方在住者の中にも、中央から布教に来た者の中にも、よくいるのである（かくして、たとえばファシズムは地方にえげつなく根を下ろす）。

ミシュナの中にこういう話が記されている。ハラフタというラビが後二世紀はじめ頃ガリラヤにいたのだが、彼の指導のもとに雨ごいの祈願として、断食の礼拝がなされた。ところがその時、定められた祈禱のあと参会者が「アメーン」をとなえることをせず、代りに祭司にラッパを吹かせた。さらに続く祈りがなされ、またそのあとも祭司がラッパを吹いた。しかしこういうやり方は実はエルサレム神殿の聖所の東門でのみなされる特殊な断食礼拝のやり方であったという（タアニト二・五）。つまりガリラヤの律法学者はエルサレムの神殿でしかなされない特殊な宗教儀礼を普通のやり方だと勘違いして、その真似をしてしまったのである。あるいは善意に解釈すれば、そうと知ってはいても、そういう中央の特別な祭儀をむしろすべての場所に普遍化していこうとしていたのかもしれぬ。

あるいは同じラビ・ハラフタについての話だが、ガマリエル二世がガリラヤ地方に巡回して来た時に会いに行った。ガマリエル二世というのは当時の律法学者の中でもっとも指導的な位置にいた人物の一人である。ところがハラフタが会いに来た時、たまたま彼は聖書の一部であるヨブ記をアラム語の翻訳で読んでいた。それを見たハラフタは古例を引いてガマリエルを批判し、聖書は聖なる伝統の言語へブライ語で読まねばならぬと主張して、そのアラム語訳のヨブ記を土に埋めさせた、という（シャバト一一五a）。ヘブライ語がいかにイスラエルの伝統の言語とはいえ、当時のユダヤ人はもう日常的にはヘブライ語を用いず、アラム語を話していた。従って、会堂の礼拝などで聖書を朗読する時にもアラム語で読むことが事実上は容認されていた時代のことである。この場合はハラフタは勘違いしたのではなく、保守的に非常に極端な宗教実践を主張したのである。

「汚れ」の問題にもどろう。これはもう絶望的に複雑である。たとえば「地の民」（アム・ハーアーレツ）について。「地の民」とは、パリサイ派によって自分たちの「仲間」とはみなされない者、すなわち、律法を厳格に守ろうとしないので、「汚れ」ている可能性があるとみなされる者を呼ぶ言い方である。従ってこれは純粋に宗教的な用語であるので、あまり事情を知らない評論家（たとえば土井正興や荒井献）がよくやるように、これを社会階層を表わす用語であるかの如くに用いるのは正確ではない。むろん実際には、厳密にユダヤ教律法を守って生活できるのはたいていは中流以上の者たちであっただろうから、貧民階級のほとんどが「地の民」呼ばわりされていたことは想像にかたくないが、金持であろうとも、一定程度パリサイ派の基準にあわない仕方で暮していれば「地の民」よばわりされた。そしてこの用語はパリサイ派が他を差別して呼ぶ用語なので、パレスチナの一般民衆がおのれのことを「地の民」と呼んだなどということはない。

パリサイ派からしてみれば、「地の民」は必ずしも常に「汚れて」いなくても、「汚れて」いる可能性は常にあった。だから、たまたま自分が外出する時に、「地の民」の者が来ていて、その者を部屋に残していかねばならない場合、「もしも自分が部屋を去る時にその地の民の者が目をさましていて、帰って来た時も目をさましているか、あるいはずっと眠っているか、あるいは出て行く時には起きていたのだが、帰って来て見たら眠っていた、という場合は部屋は汚れないが、自分が出て行く時には眠っており、帰って来て見たら起きていたという場合は、部屋は汚れている」（トホロト七・二）。起きていれば、これとこれは触れてはならぬ、と注意できるが、眠っていると注意できず、しかも留守中に目を覚まして、勝手にあちこちさわられては部屋中が汚れる可能性がある、というのである。ただしこのように「汚れ」についての規定をうるさく拡張するのはラビ・メイルである。メイルという律法学者は第二次ユダヤ独立戦争（一三五年）後ガリラヤ地方に拠点をすえて、ガリラヤ地方の教化にあたった者で、やたらとうるさく拡張解釈することで知られている。他のラビたちは、この場合、部屋全体ではなく、その者が手をのばしてふれられる範囲のみ汚れるのだと考えた。もっともこの場合の「汚れ」というのはあくまでも祭司的な規定であって、つまり、収穫物一切の十分の一は清め分かって祭司に献納せねばならないのだが、その献納物を汚れさせてはならぬ、ということなので、それ以外の点では「汚れ」と「清さ」の区別が固執されることはあまりなかった。それでも「地の民」と呼ばれる者たちにとってみれば、その部屋に献納物がたまたま置いてあるのかどうかわかりはしないし、今置いてなくても、自分が帰った後で置くつもりなのかもしれず、要するに何だかよくわからないが、居眠りしたあと目をさましたら、お前は目を覚ましたのだから「汚し」ただろう、なんぞと叱られて、追い出されたのではたまったものではない。あの人達はどうもよくわからないけれども、何でもかでも「汚れ」たのどうのと言ってすぐ清めたがる、としか考えられまい。

まだほかにもいろいろある。職人を部屋に残していくと、その部屋、もしくは職人の手のとどく範囲が汚れる。――この規定については、イエスも大工職人だったという事実を思い出すべきであろう。もっともこれも二世紀のラビ・メイルの意見についてなされた議論なので、イエス当時にここまで「職人」を単純に「地の民」と同一視する見解が強かったかどうかはわからないが。――取税人についても同様である。取税人が部屋にはいれば、その部屋は汚れたとみなされる。しかしもしも彼らが部屋にはいることははいったが、何もさわっていない、と言えば、それは信じてよい、という。傑作なのは泥棒についてで、その泥棒が足で踏んだところは汚れる、というのがある。さらに、泥棒がはいったところにある食物、液体、ふたのあいていた土器も汚れるが、寝台や椅子、しっかりとふたのしまっていた土器などは汚れない。けれども泥棒の中に異邦人か女がいたら、一切は汚れたとみなされる（以上、トホロト七・六）。――逃げてしまった泥棒の中に女がいたかどうか、どうやって確かめるのだろうか。確かめようがなければ、全部汚れたと考えるより仕方がないではないか。法の規定というものは、可能性まで排除しようと思えば、どこまでも無制約に拡大される危険を持っている。

こういう宗教的な規定に出てくる女に対する蔑視はあきれるほどすさまじい。前述のラビ・アキバの意見だが、もしも一人の女が貧乏人にパンを恵んでやろうと思って出て来たとして、その時その貧乏人がたまたま祭司に献納するパンのそばにいたとすると、女が近寄ったが故に、その献納のパンはすでに汚れたとみなされる。また、献納のパンを焼く鍋の下のかまどの炭を一人の女がかき寄せているところに、他の女がやって来たとすると、そのパンはもう汚れたとみなされる。女はいじきたなく、好奇心に富んでいるから、鍋のふたをあけてのぞいたかもしれない、というのが理由である（同七・九）。それならもともと、献納のパンを焼く仕事を女にやらせなければいいのに、それは認めておいて、そこに他の女が近づけば、女だから汚れをまきちらしたに違いない、というのはひどく勝手な理屈だが、僅かの汚れの可能性まで排除しようと思えば、いくらでも法は拡張解釈されるということを示す典型的な例である。そして、この種の法の無制約の拡張の対象になるのは、いつの世でも、その社会の中の比較的弱者である。

これらは決して人間生活一般について「汚れ」ているときめつけるものではなく、祭司に献納するものについてだけ問題になる規定なのだから、決して人々を抑圧するものではない、などと言ってみても、もしも法律通りにやるとすれば年柄年中大量の献納物を供出しなければならない人々の生活においては、常日頃なるべく「汚れ」を避けておかないと、献納物を用意することもできなくなるので、実際上はこれは生活に対する大変な抑圧だったに違いない。

以上のようであってみれば、パリサイ派には属さないガリラヤ人から見れば、あの人達は何とまあ食事の前には必ず手を洗い、他人に対してもそれを要求し、言うことをきかぬ者には呪いをあびせ、それどころか、いろいろな食器を洗ったりなんだりすることに複雑な規則を作って、やいのやいのと言い立て、どうも大変な人達だ、と言いたくなるのも無理はない。当時の法の立場からは、食前に手を洗うのが義務づけられているのは祭司だけだから、マルコ福音書のこの叙述はパレスチナの慣習を知らないよそ者の想像だろう、などときめつけるわけにはいかないのである。むしろマルコは、そういったガリラヤ人の心をうまく表現していると言える。

そしてこのように食前に手を洗うかどうか論争していたのは、当時のパレスチナとしてはかなり裕福な社会層であったと思われる。食前に手を洗うことについての律法学者の議論のうち最も古い資料の一つは、ミシュナのベラコート八・二以下であるが、ここでシャンマイ派とヒレル派の間の論点として、杯に葡萄酒を注ぐのは手を洗ったあとか、洗う前か、また、洗った手をふいた布はテーブルの上に置くべきか、座ぶとんの上に置くべきか、更に食後にも手を洗うのだが、それは部屋を掃いた後か、手を洗ってから部屋を掃くのか、という議論をしている。この議論からうかがい知ることのできる情景は、少なくとも食事には葡萄酒が供され、今様の言葉を用いればナプキンも用意され、座ぶとん、というよりも食卓の椅子にクッションも備えられている。これは当時のパレスチナとしてはかなり裕福な生活を前提としている。ということは、律法学者の法解釈は、中流でもかなり裕福な、おそらく都市の家庭の生活を標準にして考えられているのであって、それをガリラヤの田舎の農民や漁民にまで押しつけようというのだから、やはり相当な抵抗があったと言わねばならないだろう。

さて、パリサイ派律法学者にこのように文句をつけられたイエスは、いつもと違ってここではあまり歯切れのよい答を提出しない。「あなたたちは神の戒めを捨てて、人間の伝承にしがみついている」（マルコ七・八）というのである。ここのところはあまり厳密にイエスの発言の言葉づかいを確定することはできないが、ほぼこういう趣旨のことを言ったのは事実だろうと思われる。こう言うことによってイエスはていよく相手の論点をかわしている。何が「汚れ」で、何が「汚れ」でないか、などという仕方で議論をはじめたのでは、パリサイ派の議論の方にはめこまれてしまう。「汚れ」の規定を人よりもゆるやかに解釈しようと、厳しく解釈しようと、とどのつまりは、どこまでが「汚れ」になるのかと議論することになり、結局、あまり生産的でなく人々の生活をしばりつける論議にまきこまれる。このように相手の問いの水準につきあおうとせず、およそ違う水準に跳び出て、相手の問いをはぐらかしてしまうというイエスの問答の仕方は、すでに「逆説」について説明した時に詳しくふれておいた。ここでもイエスは、「汚れ」がどうのと言って議論するあなた方のやり方は、「人間の伝承」にしがみつく「偽善者」の行為なのであって、本当の問題はそんなところにはない、と言ってははぐらかす。けれどもこれではははぐらかしたにすぎない。そして、ユダヤ教の伝統の中では、「神の戒め」とは要するに旧約律法のことなので、そうだとすると、「神の戒め」を重んじるためには、それをどうやって生活の中に生かしていくか、というパリサイ派の問題意識に立ちもどらざるをえない。つまり、イエスのこの返答は、それだけをとりあげてみると抽象的であってたいしたことは言っていないのである。これはしかし、律法をこねくりまわして押しつける者たちに対する直感的な反発である。あなた達は本質的にはどうでもいいようなことで大騒ぎしている。もうやめてくれ。

イエスの律法批判が時として律法そのものを根本からくつがえす視点にまで到達しているのは事実である。だからといってイエスが常に一貫して非常に徹底した律法批判をなし続けていた、と想像するのは無理があろう。イエスも時代の子なのである。常に徹底した律法批判をなそうと思えば、法が社会の支配構造の中でどのように機能するかということを十分に押さえた上でなければ、できない相談である。古代人のイエスに、法と社会の関係についてのそこまで徹底した分析を期待するのは無理というものだろう。だからイエスの反発は、直感的反発である。けれども直感的反発はものごとの基礎にある大きな力である。これはおかしい、そういうのはもうやめてくれ、という感覚を正直に表現するところからすべてがはじまる。

これと同じ問答の時に述べたのかどうかわからないが、もう一つ面白いイエスの言葉が伝えられている。「人間の外から人間の中にはいって来て人間を汚すものはない。人間の中から出て来るものが人間を汚す」（マルコ七・一五。なお間にはさまれた七・九―一三のコルバンについての言葉は、これはこれでイエスの問題意識を表現しているものであろうが、おそらくは、この「汚れ」についての論争とは違う場面で語られたものを、マルコがここにつなげてしまったのだと思われる）。これは古代の人間としては思い切った発言である。ここで言う「汚れ」という概念はとりあえず宗教的な概念であって、衛生上の概念ではない。従って、人間の外からはいって来る物質が宗教的な意味で人間を「汚れ」させたりはしない、という主張は、一見当然なことのように思われる。特に近代の合理主義的精神を身につけた宗教家にとっては、こういう言葉は心地よい。宗教とは外面的な物質の事柄ではなく、精神の事柄である。いや、「近代の」と言わなくても、マルコ自身がイエスのこの言葉をおよそ精神主義的に解釈している。「人間の中から出て来るもの」を「心の中から出て来るもの」と言い直し、それを更に、何ほどかヘレニズム的な通俗倫理の徳目によっておきかえている。けれども、古代の「汚れ」についての規定はこの程度の精神主義的合理主義によってはゆるぎもしなかっただろう。古代においては宗教と衛生は切り離しがたく結びついている。伝染病その他さまざまな病気の原因がわからなかっただけに、それらを媒介する可能性があると思われるもの、何となく感覚的に汚れているように思えるものは、宗教的禁忌として扱われた。旧約律法の「汚れ」に関する規定において、癩病に関係する規定が非常に多いのもうなづけることである（レビ記一三―一四章）。その意味で、いくら精神主義的に、外面的物質は宗教の事柄には関係ありません、と説教してみたところで、自分の身にわざわいをもたらすかもしれない「汚れ」の禁忌を古代人が捨て切れると思うのは間違いだろう。そしてこれは特に、病気にかかり易く、何だかわけのわからない禍いにおそわれ易かった下層の民衆にとって特にそうだったと言える。その意味で、イエスのこの発言は、もし「汚れ」の規定に関連して言われたものであったとするなら、ずい分思い切ったものであったにせよ、民衆はそこまではつきあい切れぬと思ったことであろう。

けれどもまた古代ではまさに宗教と衛生の境い目がなかった故に、「汚れ」の問題は衛生上必要な水準にとどまらず、宗教的に無制約にひろがり、実生活上まったく意味をなさない領域にまで広く「汚れ」を忌避するさまざまな体系が出来上る。そうなると宗教は必ず社会支配の体制に重なっていく。「汚れ」を忌避するということを言い立てれば、社会の中の支配される位置にいる者たち、何らかの意味で立場が弱い者たちは生活の中で「汚れ」にふれざるをえないから、「汚れ」た者として排除されてしまう。イエスの言葉がそういう事態に対して特にむけられたものであったのだとすれば、聞く者はやはり胸のすく思いがしたことであろう。イエスはマルコと違って、「人間の中から出て来るもの」という句で必ずしも狭く精神主義的に「心の中から出て来るもの」を考えていたとは限らない。もしもこれが、人の世の悪は人間がつくり出すものであって、外から来るわけではない、というほどの意味で言われたのだとすれば、非常に徹底した思想であって、近代の唯物論まであと一歩のところに来ていると言わねばならない。「唯物論」などという名前をつけたから誤解されてしまったが、近代の唯物論の出発点は、人間の根本は人間である、という点にあった。

## 五 「安息日」批判

徹底すれば、人間こそが人間の根源であるというところまで行きつきかねないこの姿勢は、事実、他の場面ではここよりもよほど徹底して表現されている。安息日問題がそうである。

ある安息日にイエスが会堂に行った（マルコ三・一―五）。――この場合も、実際にこの件が会堂の中で起こったことなのか、話の効果を倍加するために、伝承の語り手が舞台を会堂に設定したのか、どちらとも言えぬ。しかし、イエスも一人のユダヤ人として安息日には会堂の礼拝に参加していただろう、というだけでなく、彼独自の活動を展開しはじめた後でも、会堂を舞台としていろいろなことをなしていると思われるから（前出一七四頁以下）、この話が実際に会堂の中でのことだったとしても不思議はない。

ともかく、そこに手のなえた人がいた。小児麻痺のような病気の結果なのか、何かの怪我の後遺症か、神経痛か、ともかく手がきかなくなっている人がいた。マルコの書きぶりから想像すると、パリサイ派の者たちがわざとこの男を会堂に連れて来ていたのかもしれぬ。すでに安息日の掟を無視しているという噂のたっていたイエスがどのように振舞うかを験すために。あるいはむしろ、イエスは病人治癒の奇跡能力を持つという噂がかなりひろまりはじめた頃、きかなくなった手がどうしても直らずに困っていた男が安息日に会堂に行けばイエスに会えるだろうと自分で出て来たのかもしれない。いずれにせよこれは慢性病であるから、一日を争って治療せねばならない、というものではない。もしも安息日の律法を遵守するためならば、治癒行為という「労働」を無理に今日なさなくても、明日にのばせばよかったはずである。

パリサイ派とてごりごりのわからず屋ではない。何が何でも律法の文字面の解釈を優先させるというような愚物はあまりいなかっただろう。彼らが律法解釈をひねりにひねって苦労していたのは、むしろ、実生活上の必要にどのようにして律法の規定を合致させるか、という点にあった。従って、必要な場合には、原則として安息日における治癒行為は当然認められていた。安息日といえども、お産をする女をほっておくことはできない。腹の子にむかって、今日は安息日だから出て来ないで、明日まで待っていなさい、などと説教するまぬけなパリサイ派はいなかっただろう。お産する女を助けるのは当然だし、産婆さんが近くに見つからない場合、安息日に歩いてよい距離をこえて遠くまで産婆さんを呼びに行くことも許されていた（シャバト一八・三）。普通の病気にしたところで、のどの痛みを訴えれば、薬を口に入れてやるのは安息日でも当然認められていた（ヨマ八・六）。人間の生命は安息日の掟をこえる、ということは多くのラビが口にしている根本原則である。

とすると、同じ安息日の治癒に関する伝承で（Q資料）、イエスがパリサイ派にむかって、「安息日に自分の羊が穴に落ちれば、あなた達は救い出してやるではないか。とすれば、まして人間を救うのは当然ではないか」と主張したのは、決して独得な見解ではなく、パリサイ派の論理の延長線上にある（ルカ一四・一―六。なおマタイ一二・九―一四は、Q資料のこの伝承と、マルコ三・一―五とを重ねあわせて一つの物語に仕立て直したものである。もっとも、イエスの発言の言葉づかいは、マタイの方がこういったラビ的問答の細部を正確に記述する能力を持っているから、ルカの言葉づかいより実際の発言に近いと思われる。さらにルカ一三・一〇以下の類似の伝承参照）。この程度の発言であるとすれば、むしろ、パリサイ派はイエスの律法解釈の才知に感心しこそすれ、憤慨することはなかっただろう。こういった話の結びの部分は、伝承されているうちに、キリスト教徒のユダヤ教徒に対する反感からさまざまにつくりかえられるから、あまり事実とは考えられないけれども、ルカはこの話を、「彼ら（パリサイ人と律法学者）はこれに対して返す言葉もなかった」と結んでいる。

実際、マルコの伝える「手なえ」の物語にしても、パリサイ派の者たちは必ずしもイエスと喧嘩をするつもりではなく、イエスがこの「手なえ」の男を安息日に癒すこと自体は結構だとしても、果してイエスがその行為を正当化するうまい律法解釈の論拠を提出できるかどうかを問うていただけかもしれぬ。そしてまたイエスにしても、その活動のはじめのうちは、かなりな程度彼らの論理につきあっていたのかもしれぬ。その限りではイエスはやや風変わりだが巧みな律法学者としてパリサイ派に歓迎されていたのかもしれぬ。けれども、この論理でやっていると、正確に事を処理するにはそのつど限りなく煩瑣な律法解釈につきあわねばならないことになってくる。イエスの性情からして、これは耐え難いことだっただろう。だからこの「手なえ」の件については、一歩踏み出し、安息日の掟そのものをばっさりと叩き切ってしまう、「安息日には善をなすのがいいのか、悪をなすのがいいのか。生命を救うのがいいのか、殺すのがいいのか」。つべこべごたくを並べていないで、どっちかはっきり言ってみな。

こう議論されたのでは律法解釈の微細で正確な積み重ねなどけしとんでしまう。だいたい、慢性の「手なえ」を今すぐに治癒してやらなくても、「生命を殺す」ことになんぞなりはしないから、このイエスの発言は大袈裟すぎる。今日の治療を明日に延期したとて、それで「お前は悪をなした」なんぞときめつけられたのではやりきれない。イエスのこのものの言い方はあきらかに興奮している。もうお前らにはつきあい切れない、という感じなのだ。安息日だからとて、病人を癒してなぜ悪い。つべこべ言いなさんな、という気持が、このように大袈裟なせりふに噴出したものだろう。もっとも、奇跡的治癒行為者の常として、自分も相手の病人も周囲の者たちもある程度興奮状態にあるのでないと、仕事はしにくかったのだろう。この場合イエスが実際に病人を癒したのか、所詮伝説的なつくり話か、などと議論しても仕方がない。イエス自身自分にそういう能力があると思い込んでいたことだけは確かだろう。こういう宗教的な治癒の行為など一種の気合みたいなもので、病人の方もイエスにうまく出会って、さあ治してくれるかと必死で願い、まわりの者の期待も高まる。その瞬間をとらえて……。うまく治ったか、治ったと本人も周囲もその時は錯覚したか。そういうものだ。だから悠長に、明日ゆっくり、といったような仕事ではなかったのも確かである。ただしイエス自身にとっては、そういう反省を自覚的にしたわけではあるまい。パリサイ派の挑発にのって、こちらもつい今まで以上に挑戦的に出てしまったのか。いや、つい本音が出たと言うべきか。何言ってやがんでえ、安息日だからって、良いことをやるのにいちいちけちな文句をつけるんじゃねえ。そして、手のきかない男の方に向きを変えて言い切る、

「手をのばしなさい」

ここまで言い切ってしまうと、安息日の掟はけしとんでしまう。安息日に休むのは結構だ。しかし問題は我々が何をなして生きていくかということだ。良いことをするのに掟もへったくれもない。

ところが同じく安息日問題について伝えられているもう一つの話になると、だいたいがこのようにみえを切れるような場面ではない（マルコ二・二三—二八）。安息日に麦畑の中を歩いていた。農村で生活しなれている人間にとって、歩きながら麦の穂をつまんで手でもみほぐし、口にほうりこむ、などというのは日常茶飯事である。こういうところにも、都市の宗教倫理として出発しているパリサイ派が地方の町や村に持ちこんだ軋轢が知られる。イエスの弟子たちが麦の穂をつんで食べているのを知ったパリサイ派の者がイエスに文句を言う、「あなたのお弟子さんたちは安息日なのに刈入れをなさいましたね」。刈入れは労働の最たるものである。労働が禁じられている安息日に、どうしてそういうことをするのか。

これにはイエスならずともあいた口がふさがらなかっただろう。ちょっと麦の穂をつまんで口にほうりこむのが刈入れの「労働」になるなどというところまで律法解釈も行きつけば、これはもう、うっとうしい詭弁の限りである。けれどもまた、この程度のことでむきになって喧嘩をするのも大人気ない。いやあどうも、ついうっかりしてましてね、と言っておけばすむ。あるいは、やや真面目に、鎌を手に持ったわけではないし、刈入れたものを自分の納屋にまで運んだのではないから、この程度なら「労働」にはならない、と律法解釈の議論をしておけば、それで話はすんだことだろう。こんな程度のどうでもいいことで議論をして、いちいち無駄なエネルギーを使うのは何としてもあほらしい。——ところが、イエスという男はおとなしくひっこまない。いやむしろ、庶民の日常のほとんど意識してもいない、何となく明るい気持での些細な身のこなしにまで、律法解釈の監視の目がこうるさく忍びこむのがやりきれなかったのか、

「安息日は人間のためにあるのであって、人間が安息日のためにあるのではない」

と宣言してしまう。

もっともこれもせりふとしてだけなら、パリサイ派の律法学者でも容易に口に出るせりふである。現に、やや後のラビだが、一八〇年頃の人物でシメオン・ベン・メナシヤという者の言葉として「汝らのために安息日が与えられたということで、安息日のために汝らが与えられたのではない」という言葉が伝えられている（メキルタ一〇九b）。しかしラビ達がこういうことを言うのはそれなりに重要な事柄についてなので、ここでは、すでに述べたように、人間の生命が危険にさらされるような場合には、ということである。あるいは「汝ら」が人間一般を意味するのではなく、イスラエル民族をさすのであれば、安息日の制度は異邦人に対して与えられたものではなく、選民たるイスラエル民族のために与えられたのだ、と言っていることにもなろう。ところがイエスは、歩きながらちょっと麦の穂をつんで食べてしまったというような日常茶飯の事柄を弁明するのに、「安息日は人間のためにあるのだ」と宣言してしまう。イエスが人間というものを考える時にどういう水準で考えていたかがよくわかって面白い。何かやたらと高尚な、時空を超えてすべての人間の根底に断乎圧倒的に存在しているはずの「真の」人間的な本質、なんぞといった、言葉だけはやたらと大袈裟なようなものに思いをはせることはない。日常茶飯の卑近な現実に生活している姿しか「人間」という言葉で思いうかべなかった。カディシュの祈りを思いきり縮めてしまって、そのあとに「毎日食べるパンがほしい」と

つけ加えた、それと同じ呼吸がここには息づいている。

このあとに続けて、「従ってまた人の子も安息日の主なのである」（マルコ二・二八）とつけ加えたのがイエス自身かどうかはわからない。もしもイエスが言ったのだとすれば、安息日が人間のためにあるのならば、人の子である私だって安息日の主としてふるまったとていいではないか、という意味だろうか。あるいは「人の子」という概念は普通に人の子を意味するだけでなく、初期キリスト教の内部では、此の世に終末をもたらし、全世界の審判を行なう神話的な立役者を呼ぶ概念であったから、「人の子」たるイエスはすでにその生前にあってもそれだけの権威を持っていたのだ、と主張するために、初期の教団がこの話の結論としてつけ加えたのかもしれない。

いずれにせよ、この話を伝えるのに初期キリスト教の人々はある種の困惑を覚えたに違いない。「安息日は人間のためにあるので、人間が安息日のためにあるわけではない」という思い切ったせりふで弁護するにしては、この時の弟子たちの行為はあまりにみみっちすぎる。すでにマルコ福音書にこの話が定着する前から、教団は何とかこれを弁護しようと考え、旧約聖書のダビデの例（サムエル記上二一・一—六）をここに挿入している。ダビデもサウル王に追われて逃げた時に、祭司に頼んで、祭司以外には食べることを許されない神に供えたパンを食べさせてもらっている。緊急の場合で飢えている時なら、それも許されるではないか、というのだ。けれどもこのように弁護することによって、かえって話は混乱してしまう。この時のイエスの弟子たちは緊急の場合だったわけでもなく、特に飢えていたわけでもない。ちょっと安息日にそこまで出た折に、気軽に麦の穂をつまんで口にほうりこんでしまったというだけのことなのだ。この挿入部分は話の前後関係からまるで浮いている。

マタイやルカになると、すでに「安息日は人間のためにある」という思い切ったせりふにたじろぎを覚えたのであろう。だから二人ともこのせりふを削ってしまい、「人の子は安息日の主である」というつけ加えられたせりふのみ残す（マタイ一二・八、ルカ六・五）。これは人間の話ではない。主なるキリストは神の子なんだから例外だ、というわけだ。

## 六　神殿貴族の権力

ユダヤ教の掟の中でも安息日の掟は最も重要なものの一つであった。従ってイエスの批判的な言動がここまで及ぶと、すでに十分要注意人物であったことだろう。けれどもここまででやめておけば、もしかすると殺されずにすんだかもしれない。エルサレムの神殿そのものにまで批判の刃が及んだ時、この男が殺されるのが決定的になったと言える。理論上のユダヤ教の批判であれば、まだ適当にいなすことができる。しかしユダヤ教の現実の拠点にまで手がとどくと、これはもう座視できなくなる。神殿は決してただの礼拝の場所ではない。ここには宗教権力の中枢があった。神殿に座をしめるサンヘドリン（市議会）は祭儀としての宗教の最高権威であったばかりでなく、ユダヤ・サマリア地方の政治的社会的な支配の頂点でもあった。ローマ帝国は内政問題は地元の権力者にゆだねて支配させたから、ユダヤ・サマリア地方ではサンヘドリンが地元の唯一の権力者として力をふるった。ガリラヤ地方は政治的にはヘロデ・アンティパスが領主であったから、サンヘドリンの権力はあまり及ばなかったとも考えられるが、宗教的な問題については領主は口を出せなかったし、宗教が社会支配の形式であってみれば、サンヘドリンの支配力はガリラヤにもかなり及んでいたはずである。そして彼らの権力は、決して単に精神的な権威やら伝統の力によっていただけではない。圧倒的な経済力が神殿貴族をまさに貴族として成り立たせていたのである。年々集められてくる神殿税だけでも巨大な額だったはずである。神殿税はパレスチナにいるユダヤ人からだけでなく、全世界に散在している敬虔なユダヤ人から集められ、送られてきた。そして、神殿税よりももっと巨大な収入だったと思われるのが、収穫物の十分の一の献納である。これは実際にはどこまで実行されていたかわからないが、かなり割引いて考えても、すさまじい収入が神殿貴族に保証されていたのは確かだろう。それに加えて、さまざまな機会にさまざまな仕方で神殿に特別の献納物がある。神殿で犠牲に供せられた獣の肉は、裏で食肉として売りさばかれる。そういった一切が、神殿をつかさどる最高権力である大祭司家を中心とした比較的少数の神殿貴族のふところに直接間接にはいって行く。さらに彼らは、パレスチナのあちこちに大土地を所有し、農業経営を行なっていた。神殿から得られる収入が資本として蓄積されて地方の大土地農業に投下され、それが輸出用農産物の大量生産を生み出して、またまた彼らのふところに還流していく。もちろん彼らは不在地主である。

エルサレムの市議会を形成していたのは大祭司家系に属する何人かの者たちと（ふつう「祭司長」と訳されている語がそれにあたる）、長老と呼ばれる貴族たちと、一定数の律法学者である。このうちの第一、第二者が貴族階級を形成する。律法学者はどちらかというと中産階級や新興金持の代表であっただろうけれども、貴族出身の律法学者もいただろうし、議会の議員に成り上がることで産をなしていった律法学者も多かっただろう。

これだけの経済力の所有者であれば、神殿貴族がパレスチナ全体に対してどれほどの社会的経済的支配力を持っていたか想像にかたくない。比較的庶民に近い位置で生活していた多くのパリサイ派の者たちにとっては、ユダヤ人の生活と思想を覆う一切が自分たちの宗教活動にとって重要であったから、そこに穴をあけようとするイエスの行動には実に多くの面で衝突した。それに対して巨大な経済的力を有する貴族は多くの場合鷹揚である。おのれの経済力を支える社会基盤そのものに手がふれられない限りは、ちょっとやそっとの社会的反抗は太っ腹に見すごしていられる。またエルサレムの頂点に位置していた彼らが、ガリラヤの片田舎でやや偏屈に過激なことを口走っている男のことなど、一々かまってもいられなかっただろう。

イエスが彼らの忌避にふれて、ついには直接彼らの手にかかって殺されてしまったのは、彼らの存在基盤たる神殿そのものに攻撃をかけたのが一つのきっかけであったと思われる。

弟子たちとともにエルサレムに行った折のことである。マルコが描くように、これはエルサレムで逮捕され殺される直前の、いわば緊張にみちた中で腹の底を吐き出すようにもらしてしまったのか、あるいは、もっと以前にたまたまエルサレムにいた折に、例によって皮肉にかまえてぼそっと言ったのか。おそらくは人がよくて、世の月並な常識ばかりを感心して口にするような一人の弟子が、神殿のすさまじい豪壮さを前にして、

「先生、何と見事な石、何と見事な建築でしょう」

なんぞと言ってしまった（マルコ一三・一）。イエスはすかさずやり返す。

「この建物が巨大だからとて感激しているのか。この神殿は破壊しつくされて、最後の一個の石までもほかの石の上に積み残ることはない」

ヘロデが建てさせたこの神殿についてはすでに言及したが、以前の神殿の倍の大きさで、これを建設するには石を運ぶのに千台の車が用意され、腕のたつ職人だけでも一万人は集められたというのだから（ヨセフス『古代史』一五・二九〇）、当時としては大変な建築だったに違いないし、素朴な人々はただこれに感嘆するだけであっただろう。特にイエスの世代の人々は、生れた頃にはすでに一応神殿は完成していたから、工事のすさまじさも知らないだろうし、ただ単純に驚異の建物と思って眺めていたことだろう。しかも、単にすばらしい巨大建築だったというだけではない。イスラエル宗教の聖なる絶大な伝統を担う神殿なのである。

ところがイエスはこれに対していとも素気ない。

まさかいくらなんでも当時のユダヤ人の一人であるイエスが神殿が崩れて何もなくなってしまうことを期待していたなどということはとても考えられない、と決めてかかる欧米の神学者のほとんどは、この言葉をイエスが実際に言ったものとはみなさない。イエスの死後四十年たって、後七十年にユダヤ戦争の結果実際にエルサレムの町全体とともに神殿も、最後の一個の石までもほかの石の上に積み残ることがないほどに破壊しつくされた、という事実を知っている後のキリスト教徒がこれをイエスの予言の言葉として書きこんだ、というのである。けれども、マルコ福音書は七十年以前に書かれているのだから、これは当らない。それに、神殿に対して否定的な気持をいだいていれば、このぐらいのせりふは誰でも容易に口にすることができる。しかしまた欧米の学者は、敬虔な神信仰を持っていたイエスがこのように不敬なことを言うはずがない、という思いを持っている。けれどもたとえイエスに敬虔な神信仰があったとしても、そのことと、神殿を讃美することは別である。まして神殿を基礎とする宗教支配の体制を容認するかどうかとなれば、ますます別問題である。それに、イエスが神信仰を持っていたのは確かとしても、今日のキリスト教徒が考えるような「敬虔な」神信仰であったかどうかもおよそ問題である。すでに述べたように、「ソロモンの栄華」にことよせて暗にヘロデ神殿に対する感情を吐露していたイエスである。こんな神殿、やがて跡かたもなくなるさ、とうそぶいたとて、何ら不思議はない。

すでに初期のキリスト教徒もイエスのこの言葉には困ったらしい。それで、「自分は手で作られたこの神殿を破壊し、その代りに手で作ったのではない別の神殿を三日の後に建てるであろう」(マルコ一四・五八)という風に変えてしまった。ヨハネ福音書の著者はこれを、実際の神殿のことを言ったのではなく、自分の肉体のことを言ったのであって、イエスは死んでも三日後に復活するということをこの言葉で予言したのだ、と解釈している(ヨハネ二・一九以下)。あるいは、「手で作ったのではない別の神殿」とはキリスト教の教会のことであって、ユダヤ教に対して新しくキリスト教の教会が成立する、という意味に解していた者も初期のキリスト教徒の中にはあったかもしれない。しかしマルコ受難物語の作者は、この言葉をこのように換骨奪胎するわけにはいかない、ということは知っていたようである。イエスが神殿の建物は崩壊すると言った、という話は当時おそらくあまりに広くひろまってしまっていて、これは神殿崩壊を語ったものではない、などとぬけぬけと言いつくろうことはできなかったのだろう。それでマルコ受難物語の作者は別の言い訳を考えついた。これはイエスをおとしめるために、敵対者たちがイエスはこういうことを言ったなどと言いひろめたのだ、というのである。偽証にしかすぎない、というのだ。

けれども他方では、イエスのこういうもの言いを自分なりに真似て、自分の主張としてくり返していった者も初期キリスト教徒の中には存在していた。たとえば使徒行伝の伝えるステパノ（ステファノス）という男がそうである。この男はイエスと違って、ギリシャ語を話すユダヤ人で、従ってどこかのヘレニズム大都市の出身者で、相当なユダヤ教知識人であったと思われるが、神殿批判のこの一点についてはイエスと一致していた。生前のイエスに会ったこともないこの男が、エルサレムで初期のキリスト教団に加わったのは、そのあたりに意気を感じたからかもしれない。「あのナザレのイエスは神殿を破壊し、モーセが我々に伝えた慣習を変えるだろう」などと喜んで言って歩いていたらしい（使徒行伝六・一四）。もっともこれも使徒行伝の著者によれば、ステパノが逮捕されリンチにあって殺される前に、ステパノの罪を言いたてたユダヤ人たちが「偽証」して言ったものだ、ということであるから、どこまで表現が正確であるかはわからないが、イエスの死後もかなりな期間、イエスを信奉する者たちはエルサレム神殿の崩壊を期待している、という噂が流れていたことは事実だろうし、中でもあからさまにそれに類する主張をなす者に弾圧がかけられたのは事実である。イエスはそういうことを言わなかった、と主張し、神殿崇拝を支持した初期のエルサレムのキリスト教徒の大部分は無事生きのびたが、何らかの意味でイエスの極度な神殿批判を受けついだステパノはイエスと同様殺され、その一党はエルサレムから追放された。

神殿の中でも、特にその経済活動に対してイエスは不愉快な感情を持っていたようである。「宮潔め」と呼ばれる事件がある。ある時イエスは、神殿の境内にはいると、そこで売り買いしている者を追い出しはじめ、両替人の机や鳩を売る者の座席をひっくり返したりした（マルコ一一・一五以下）。

神殿が以上のようなものであってみれば、そこでの商活動はかなり活発なものだっただろう。「異邦人の庭」と呼ばれる境内、つまりそこまでは異邦人もはいることができるのだが、そこはいわばギリシャ風のアゴラのように、店屋が並んでいた。何しろ、神殿に献納するあらゆる類のものを参詣者がいちいちかついで来るわけにはいかない。境内では牛や羊にはじまって、葡萄酒や油や塩にいたるまで売っていた。参詣者はそれを買って神殿に献納すればよい。これら大きな商いをなす者は店をかまえていたが、比較的小さな商いをなす者は、それぞれ台を出して売るものを並べていたのであろうか。鳩は、比較的金のない者が律法に定められたとおりの大きな献納物を供えることができない場合、鳩で代用することが許されていたから、神殿での鳩の商いは多かっただろう。特に諸種の汚れを去った時に清めのしるしとしてささげる供え物には、鳩を代用物とすることが許されていた。癩病がなおった時、産後の女が「血の汚れ」が終ったとみなされる日数を経た後、等々である（レビ記一四・二二、一二・八ほか）。伝説によればイエスの母親もイエスを生んだ後、「汚れ」の期間がすんだ後に「清め」のために神殿に行き、鳩を供えている（ルカ二・二四）。両替人も神殿には不可欠であった。特に神殿に神殿税その他としてささげる現金は、シケルと呼ばれる古いフェニキア地方の貨幣でもって献げねばならず、ギリシャやローマの貨幣は皇帝などの肖像がついているから、「偶像」を忌み嫌う神殿には受けつけられない。だから人々は神殿まで来てからシケル貨幣に両替してもらっていたのだろう。

神殿そのものに大量の献納物が流れこむ経済機構を維持するためにも、これらの商いは必要だっただろうし、もっと直接的には、神殿貴族は場所代その他の名目で、彼らのもうけの上前をはねてもいただろうから、境内の商活動はある意味で神殿の本質をもっともよく象徴していた。そしてこの程度のことは、何も特に経済的な観点から社会を分析する眼にある程度慣れてきている現代人でなくとも、当時のパレスチナの人間でも何ほどか神殿の実情を知っている者ならば、容易にわかるはずのことである。イエスが一度はこの神殿の商いに打撃を加えてやろうと思っていたとしても、何ら不思議ではない。

もっとも、実際の事件がどのようにして生じたのかは、話が伝説化して伝えられている以上、正確にとらえることはできない。もしも本当にマルコが描いているように、何の用意もなく、神殿にはいって行ったかと思うと、いきなり商人たちを追い出し、鳩売りや両替人の机をひっくりかえしはじめたのであったとすれば、こういう場所には特有のある種の用心棒はかなりいただろうし、神殿警察も存在していたのであるから、これだけの狼藉を働いたあとで、「お前らは神の家を強盗の巣にしてしまった」などとのうのうとうそぶいて、無傷でひきあげて来ることはできなかったはずである。直ちにつかまってリンチにあうか、神殿当局からローマ支配当局にひきわたされたか、どちらかになっただろう。第一、いかに筋骨たくましいガリラヤ男イエスだったとしても、一人でこれだけの商人を相手に喧嘩ができたはずがない。「売り買いする者を追い出す」どころか、自分の方が簡単につまみ出されただろう。弟子たちと事前にかなり策をねって、相当程度の人数で押しかけて実行したのなら、当然軍隊の出動も見て、これまた当然無傷でひきあげることはできない。また実際、弟子たちが事件に加担した形跡は全然ない。

とすると、近頃の左翼の諸君が時たまやるように、はたから見ている者には何がおこったのかわからない程度のごく僅かな象徴的行動をとっておいて、あとから、我々は神殿商業に根本的な打撃を与えた、と宣伝したのか、それともむしろ、たまたまイエスが両替人か鳩売りに、ふだんから面白からず思っていた気持をちょっと一言皮肉にぶつけたのがきっかけで喧嘩になり、台をひっくり返すようなことになったのだが、その時はすたこら逃げて来て、あとで弟子たちに話したものが、だんだん伝説化したのか、あるいは単に、あの神殿商業はけしからん、あんなものはひっくり返してしまえ、と平素言っていたのが、イエスの死後、実際にやってしまった話に仕立て上げられたのか。

この時のイエスの気持にしたところで、神殿に対する基本的な拒否の気持を表現したものなのか、それともむしろ、神殿礼拝に対する熱心な敬虔さから、聖なる場所を俗な商いで汚れさせてはならぬ、というつもりだったのか、よくわからない。後者の場合だとすれば、イエスの活動の比較的はじめの時期に行なわれた、ということになろうか。マルコはこの事件をイエスの活動の最後の時期においているけれども、マルコはエルサレムでのイエスの活動を全部まとめて最後におく編集をしているので、そのことは必ずしもこの事件がイエスが逮捕される数日前におこったことを意味しない。ヨハネ福音書は逆にこの事件をイエスの活動のごく初期においている（二・一三―一七）。時々奇妙に微細な点では歴史の事実についての正確な知識を披瀝するヨハネのことだから、この場合ももしかするとヨハネの方が事件の時期については正しい知識を提供しているのかもしれない。ともあれ、マルコの伝える伝承はこの物語の結論として、イエスは「（神殿は）民族全員の祈りの家と呼ばれるべきだ」という旧約イザヤ書の言葉を引用した、としている。そうだとすれば、イエスは宗教的に非常に敬虔な気持から、神殿を静謐の気にみちた祈りの場所とするために、喧騒で卑俗な商人を境内から追い出そうとした、ということになるのであろう。この種の敬虔主義はイエスに限ったことはないので、当時のユダヤ教内部の敬虔主義的な運動は多かれ少なかれこういう傾向を示している。パリサイ派にしたところでもとをただせばこの種の敬虔主義から生れてきた運動である。マルコの伝える伝承には、イエスは両替人の机や鳩を売る者の椅子をひっくり返した、というだけでなく、「境内を通って器物を運ぶことも許さなかった」とつけ加えられている。どういう理由か、他の福音書はこの句を削除しているけれども、この句もまた同じ敬虔主義の姿勢を示している。ヨセフスも神殿について、「何か器物を神殿に持ちこむことは許されていない」(『アピオン駁論』二・一〇六)と述べている。器物どころか、パリサイ派のラビの見解としては、神殿の境内を近道するために通りぬけることさえ許されぬ、としている(ベラコート九・五)。こういったパリサイ派の意見に対してイエスの態度に何ほどか特色があるとすれば、それを単に意見として主張するのみならず、何ほどか実行に移した、という点だけだろう。

けれどもこういった敬虔主義はあまりイエスの平素の行動になじまない。安息日や汚れの問題についてイエスがどういう態度をとってきたかを考えれば、同じイエスが神殿についてはこのように平凡に真面目くさった態度をとったとは考えにくい。さらには、洗礼者ヨハネと違って、「大食いで酔っぱらい」と評されたイエスのことである(マタイ一一・一九)。好んで人の家に招かれて客となっている。お祭騒ぎも嫌いではなかっただろう。そして特に、神殿の一切が破壊されてしまうことを期待していたこの男が、神殿祭儀の敬虔主義的な復興を願うとすれば、矛盾である。従って、これはイエスの活動のごく初期の、まだうぶで、伝統の敬虔主義に熱心にのめりこんでいこうとする青年の心情の吐露であったのだろうか。けれどもその熱心さからさらに一歩踏み出せば、神殿祭儀を支える体制そのものに対して非常に醒めた、従って十分皮肉に、かつ根本につきさささる批判、拒否を示すところまで進んで行ったとしてもおかしくはない。

あるいはむしろ、この物語の結論にイザヤ書の引用を加えたのは、物語を伝承した初期のキリスト教徒であったのかもしれない。イエスのかなり破壊的な言動をもう一度伝統的な敬虔主義の方向にひきもどして修正する傾向が強かった初期のキリスト教徒のことである。そうだとすると、イエス自身はイザヤ書の引用に見られるような敬虔主義の立場ではなく、むしろもっと根本的に神殿そのものに対する拒否の気持を表現していたのであろうか。事実、神殿商人は決して単に門前市をなす類の商売ではなく、神殿祭儀に必要なものを提供する役割を果していたのだし、特に両替人や鳩売りなどは不可欠な存在だったのだから、それに対して攻撃をしかけるということは、神殿祭儀そのものをすでに根本的に拒否する姿勢があったとみなさねばなるまい。イザヤ書の引用に続けてマルコ福音書に記されている言葉はそのことを裏づける。

「お前らはそれを強盗の巣にしてしまった」

これはもしも神殿商人に対してのみ言ったのだとすれば、いささか大袈裟で、どぎつすぎる。確かに神殿商人も何ほどか悪どいもうけ方をしていたかもしれない。何も知らぬ田舎の巡礼者が神殿に来ると、よいカモにして、神殿ではああするのだ、こうするのだ、と言い立ててものを売りつけ、暴利をむさぼった、などという情景は当然想像できることである。けれどもそれだけのことで強盗の巣にしてしまったときめつけるのは、やはり大袈裟にすぎる。神殿の経営全体、つまり神殿祭儀の上に立ってすべてのユダヤ人から献納物と称して大量の金銭や収穫物を吸い上げていった宗教貴族の支配機構全体を頭においてはじめてこの言い方の強烈さが理解できる。もっとも、これも旧約聖書のせりふをもじったものである。「この家（＝神殿）はあなた達の眼には強盗の巣に見えるか。私（＝神）にはそう見える」（エレミヤ七・一一）。従ってこれはイザヤ書の引用に続けてもう一つ預言者のせりふに言及しただけの、同じ敬虔な信仰心の発露ともとれないことはない。しかしあえてこのせりふをもじって現状の神殿に対して投げつけたのだとするならば、やはり神殿祭儀そのものに対する強い拒否の感情をあらわしたものと言えよう。

福音書記者マルコは事実これを単に神殿商人に対してのみ向けられたものとはみなさず、むしろ神殿に基盤をおく宗教支配当局に対する攻撃とみなした。だからこの言葉にすぐ続けて、サンヘドリン当局（祭司長、律法学者）はこれを聞いてイエスを殺そうとはかった、と述べている（一一・一八）。マルコの記述が必ずしも史実の一コマ一コマを正確にとらえているとは言えないが、大筋から言えば、こういったイエスの態度は、イエスが意識しようとすまいと、当時のパレスチナの神殿を頂点とする宗教的社会支配そのものに対する否定であったし、従ってまた、この事件が直接のきっかけであったか、あるいは遠因の一つであったかは別として、神殿当局がイエスをとらえて殺そうとはかったのも当然と言える。

# 第五章　イエスの批判——社会的経済的構造に対して

## 一　日雇労働者の賃金もしくは社会的平等

イエスが抗ったのは、必ずしも宗教的政治支配の構造に対してだけではない。経済的な抑圧に対しても、鋭い抗議の声をあげている。というよりも、これは何となくおかしいぞという嗅覚のようなもの、と言った方がいいかもしれない。経済的な問題、及びそれに伴う社会構造については、その全体的なつながりをよほど明晰にとらえていないと、すべてにわたって一貫し、徹底した批判を貫くことは不可能である。すでに何度もふれたように、一世紀のガリラヤ地方の大工であったイエスに、そのようなローマ帝国全体の規模にわたる経済社会構造の把握を期待することは無理だし、従ってまた、一方で鋭い抗議の声をあげつつも、他方では経済的な抑圧の構造をそうとは気づかずにそのまま容認してしまっている。けれども、論理一貫しないからとて、その点でのイエスの鋭さを見すごしにするのは正しくない。イエスがパリサイ派を中心とした宗教的差別の構造だけを撃ったのだと思っていると、日常的な経済生活の問題について彼の持っていた鋭い感覚を見落としてしまう。イエスが政治的、宗教的、社会的権力者に対して抗ったのは、単に権力者に対する反発というだけのことではない。直接に権力者が顔を出さないところでも、人々の日常の生活において、より強い者がより弱い者を食いものにしていく状況は常に存在する。日常の生活状況に切りこむ鋭さを持ちえない者が、天下国家の情勢を論じたとしても、講壇談義に終るだけだ。

葡萄の収穫のために雇われた日雇労働者の話がある。

ある地主が朝早い時刻に出て行って、自分の葡萄畑のために労働者を雇った。労働者と一日一デナリの約束がなりたって、葡萄畑に行かせた。ところが第三時（午前九時）ごろにまた広場に出て行くと、仕事にあぶれて立っている者たちがいたので、地主は言った、

「お前さん達もうちの葡萄畑においでなさい。適当な賃金をあげるから」

それで彼らは葡萄畑に行った。地主はまた第六時（正午）と第九時（午後三時）ごろにも出かけて行って、同じようにした。最後にまた第十一時（午後五時）ごろにも出て行ってみると、まだ何人かの者が立っていたので、話しかけてみた。

「お前さん達はどうして一日中ここで仕事もせずに立っているのかね」

「誰も私たちを雇ってくれる人がいなかったからですよ」

「ではお前さん達もうちの葡萄畑においでなさい」

夕方になると、葡萄畑の主人は執事に命じた、

「労働者を呼んで来て、賃金を支払いなさい。まず最後の者からはじめて、順に最初の者にまで」

それでまず第十一時に雇われた者が出て来て、それぞれ一デナリずつ受けとった。最初に来た者たちは、自分たちはもっと多くもらえるものと思ったのだが、受けとってみると案に相違して、自分たちも同じ一デナリずつだった。それで地主に対して不平を申し立てて言った、

「最後に来た連中はほんのいっとき働いただけじゃないですか。お前様はあいつらにも俺たちと同じだけ払いなさるのかね。俺たちはこの暑いのに丸一日苦労して働いたんだ」

これに対し、地主はその中の一人にむかって答えて言った、

「おいおい、お前さんが文句を言う筋はないだろう。お前さんは一デナリで働く約束をしたんじゃなかったのか。自分の分け前をもらっておとなしく帰んなさい。私は最後に来た人にもお前さんと同じ賃金を払ってやりたいのだ。それとも私が自分の財布から自分のやりたいだけ払うのはけしからん、とでもいうのかね。わたしが寛大になったからとて、お前さんがやっかむことはないだろう」

（マタイ二〇・一―一五）


これは譬え話だろうか。もちろん作り話には違いない。けれども、何ごとかを比喩するためにイエスはこのような物語を語ったのか。日雇労働者の問題などイエスにとってどうでもよく、ものの比喩につかった、というだけなのだろうか。それにしては語り口があまりに現実的だ。この話はこれだけ

で十分に意味が通じる。下手な解説を必要としない。朝早く雇われて丸一日働いた労働者も、夕方まで仕事にあぶれて立ちつくしていた者も、同等に一日分の賃金をもらうのはいいことだ。いや、そうするのが正しいのだ。——それ以外の結論をこの話から引き出すことができるだろうか。一言で言ってしまえば、能力に応じて働き、必要に応じて消費する、ということだ。もしも運も能力のうちであるとすれば、であるが。たまたまその日の職を見つけられた者は、十分に働くがよい。だがたまたまその日は職にあぶれた者であっても、今日は空きっ腹をかかえて何も食わずにいてよいというものではあるまい。好きで遊んでいたわけではない。働きたくても職がなかったのだ。みなが同じように食って楽しむことができれば、それにこしたことはない。いや、できればそうした方がいい、などということではない。そうなるのが当然だ。敢えて言葉にして言えば、それが社会的平等というものだ。それを社会的平等という一つの概念に押しこんでしまえば、味もそっ気もなくなるかもしれぬ。しかし本来社会的平等というのは、このように極めて具体的な、日常生活の、生きた現実の中に実現すべきものだろう。イエス自身は社会的平等という概念は持っていない。概念というよりも、そういう単語は知らない。しかし彼が労働者の経済生活の実態に関して、当然こうでなければならないと思って描いた場面は、おのずと、今日我々が理想として語る社会的平等に合致している。社会主義の理想だけは多く語られ、平等の観念はしばしば口に出される現代においてすら、現実生活の具体的な場面で、このようにもののみごとに平等そのものを貫こうとする意見をはく者は少ない。それを一世紀のガリラヤの片隅で生きたイエスが、このようにすっきりと明澄に、何の難しい理屈をこねるわけでもなく、あまりにも当然のことではないかという語り口で、言い切ることができたというのは、やはりすごいことだと思わざるをえない。この短い物語を一つ、人類にむかって語り残していっただけで、イエスという男は世界史的に巨大な存在だったのだ。もっとも、イエスがこのように語らなかったとしても、これは誰もがおのずとそのように考えてもいいはずの当然のことなのだが。

それにしても何と大勢のキリスト教徒が、この話を額面通りに受けとるまいとしてきたことか。せっかく労働者の賃金の問題を明晰に論じているこの文章に、労働者の賃金の問題を読もうとせず、それ以外の「意味」ばかりを探そうとしている。すでにマタイ福音書の著者がそうだ。彼はこの物語に、「天国とはこのようなものだ」という導入句をつけた。それで一切は消しとんでしまう。確かにこのような状態を現実の世の中のことと思うのは、当時の人間にはとてもできなかったに違いない。従って、今の世の中ではこういう風にはうまくいかないが、「天国」ではきっとこうなる、と希望をあの世に託したとしてもやむをえない、と言う事は出来る。実際、イエス自身ももしかすると、「神の国とはこのようなものだ」と言って語りはじめたのかもしれない（マタイは「神の国」という表現を「天国」と言いかえる傾向がある）。けれども後述するように、イエスは「神の国」を自分たち自身の現実の可能性と考えていたのだから、ここに「神の国はこのようなものだ」という導入句がついていようといまいと、本質的な差はありはしない。たとえ現在の現実の世の中がそうでなくても、本当はこのようにならねばならぬ、と叫んでいるのだ。ところがマタイはそうは理解しない。本当はこのようにならねばならぬ、という肝心要の点を彼は共有できない。だから最後にマタイは、「このように、後の者は先になり、先の者は後になるだろう」と書き足す。天国の秩序は我々にはわからない、次元を超えた不可思議なものだ。だから、今此の世の中で人より進んで神に受け入れられるような生活をしているつもりの者も、それで安心してしまってはならない。ましてや、此の世で良い地位についていることなど何の保証にもならない。天国には天国の秩序があるのだ。だから思い上らず、日々、神の御旨に従って生きるようにいそしみなさい……（マタイ七・二一）。

このように書き足すことによって、辛うじてマタイはこの物語を廃棄せずにすんだ。イエスとマタイの間には超え難い溝があった。それは溝とはいえないほどのほんの一線なのだが、不思議と、超えようとしない者には超えることなど思いもよらぬような深淵なのだ。つまり、一方には、このように労働者がたとえ職にあぶれても同じ賃金を得るのが当然だ、と思う人間がいる。他方には、それが当然だとはとても考えられないばかりか、当然だと思う人間がいるのは当然だ、ということすらわからない人間がいる。どうしてこの溝が超えられないのか私には理解できないのだが、これが当然だと思う者はこうとしか言いようがないことを言っているのに、そうでない者は、これは奇妙きてれつな話だから、労働者の賃金そのもののことではなく、それによって何かほかの「意味」を比喩的に言いたいのだろう、と無関係のところに「意味」を探そうとする。マタイは考えついた、「天国」の秩序は此の世と違うのだ。そして、この長い物語をその一言に解消させて、労働者の賃金の問題は忘れてしまう。

現代の解釈者も似たり寄ったりだ。ブルトマンは、たとえ人間には理解できなくても、神の意志には絶対服従すべきだ、という「倫理」にこの物語を解消する。ブルトマンには確かに、これは理解できない話だろう。しかし、それを理解できる者もいる。いや、理解するどころか、こうなるのが当然と思う人間が大勢いる。その者たちにとっては、これは無理をして「絶対服従」すべきどころか、このようになれば大喜びするだろう。八木誠一となると、あっと驚く。彼はこの譬え話を全部引用したあとに、「神の支配に従ったかどうかが問題なのであって、成し遂げた業績の量が問題ではない」と結論をつける。何故ここで「神の支配に従う」ということが言われなければならないのか。神学者の屁理屈には慣れている私も、あいた口がふさがらなかった。「人を人たらしめる根底は、ある人が〈えらく〉なることではなく、むしろその人自身であることを求める」のだそうだ。日雇労働者が一日うまく雇われたとて「えらく」なったわけではなく、あぶれて食いそこなったとて「その人自身である」と言って喜んでいられるわけでもない。そんなことはどっちでもいいが、賃金の問題はどうしてくれるのだ。

## 二　大土地所有、農業労働者、「失業」

以上の神学者と比べると、一世紀パレスチナの歴史的状況についての豊富な知識を駆使しつつ、その中でイエスを理解しようと努力している碩学ヨアヒム・イェレミアスは、この譬え話についても、さすがに見るところを見ている。「この譬え話は失業の亡霊が立ちはだかっている時代の生活の中から取り出されたものだ」というのだ。だがこれは、そうとも言えるし、そうでないとも言える。失業という概念が現代とはずい分違う時代の話である。現代人は、人は定職を持つのが当り前だと考え、失業定職のない人を失業者とみなす。しかし古代地中海世界、大土地所有が通例であった世界においては、農業労働者の多数は日雇労働者であった。この物語に見られるように、地主が現地に常住の執事をおき、執事は平常の仕事は少数の常時雇用者（おそらくは奴隷）を用いてきりまわし、農繁期にのみ多くの日雇労働者を雇って仕事をしたものであろう。この場合は作り話だから、収穫の時に地主が自分でわざわざ出てくるのだが、たいていは地主は都会にとどまっていて、執事から送られてくる収益金だけを手にした。家族単位ぐらいの小農経営者も、農繁期には数名の日雇労働者を雇っただろうが、それよりもむしろ、自分の所有する僅かばかりの土地では食えず、しばしば日雇労働者として働きながら、自分の土地は妻子に耕させ、自分も時々そこで働く、という程度の小農の方が多かったと思われる。また、地主が直接農業経営をする大農経営ではなく、小作人に土地を耕させる場合もある。これらのさまざまな農業経営の形態がそれぞれどの程度の割合で存在していたか、推定することは難しい。小作経営と直接的な大農経営の間の相違はそれほど明白なものではなかっただろうし（マルコ一二・一以下参照）、小作人と日雇労働者の間の区別も流動的だっただろう。また、自営小農民と言っても、一つの村全体あるいは一地域全体が一人の権力者（たとえばヘロデ王家の一員、あるいはその家来の中の有力者）の所有とされるので、その場合の権力者と小農民の関係は、税金をとりたてる関係なのか、小作料をとりたてる関係なのか、すこぶる曖昧である。従って、一世紀パレスチナの農業生産の主体は自営小農民だったのか（H・クライシッヒ）、大土地所有者の畑を借りて耕す小作人が中心だったのか（J・ヘルツほか）、といった議論をやらかすのもあまり意味はないだろう。いずれにせよ、種々な形態の大土地所有に基づく大農経営が当時のパレスチナに、特にガリラヤ地方に広く存在していたことは疑いえない。

日雇労働者は、農繁期特に収穫期に労働者として雇われただけではない。その時期にしか雇用関係が存在しないとすれば、それ以外の時期に彼らは飢えて死なねばならなくなる。ほかにも、牛飼いなど家畜の飼育にかかわる仕事、果物の収穫期の見張り、いばらを刈る仕事などが臨時雇いの農業労働者の仕事として知られている（クライシッヒ）。そういった仕事の中にはかなり長期のものもあっただろうし、季節的なものもあっただろう。農業労働者が農業だけにたずさわったとは限らないので、ガリラヤ湖の漁業や、さらには都市労働（建設労働や小工業）、運搬業などにも雇われた。農閑期、農繁期に応じて、労働者は農村から都市へ、都市から農村へと移動をくり返す。イエスの弟子になったと言われるヤコブとヨハネの父ゼベダイの家に雇われていた「雇い人」は、終身雇用ではないので、日雇いもしくは季節雇いの労働者だったと考えられる（マルコ一・二〇）。また、有名な放蕩息子の譬え話（ルカ一五・一一以下）は、自分の所有地に常住している大農経営者の話であるが（もっとも、ルカはパレスチナの事情をよく知らないから、ここには小アジアやギリシャの農業事情をかなり読み込んでいる可能性はある）、ここに出て来る「大勢の雇い人」（一七節）も同等の身分の者である。そして、放蕩息子の方はその大地主の父親のもとを離れて放浪するが、ついに金がなくなると、「豚飼い」になる（一五節）。これも日雇労働である。つまり日雇労働者は必ずしも一日一日職を変えるわけではなく、場合によってはかなり長期間一定の労働に従事するけれども、自分では生産手段を持たず、自分の労働力以外に売るものもなく、一日一日の労働に応じて賃金を支払われていた者である。もしも彼らを「失業者」と呼べるなら、イェレミアスのように、この物語は失業の亡霊が立ちはだかっている時代の生活の中から取り出された、と言えよう。しかし彼らを「失業者」と呼ぶのは、現代的な雇用関係の観念を持ちこみすぎている。これは狭義の「失業」の問題であるよりも、日雇労働者の労働条件一般の問題であろう。当時の農業社会の基本的な労働力は日雇労働者であったので、これを「失業者」と呼ぶわけにはいかぬ。

イェレミアスを焼き直した荒井献は、この物語を手がかりに、「ユダヤの古代史の中で失業者が最も多く出た時代の一つが他ならぬイエスの時代であった」(『イエスとその時代』一二八頁)と大みえをきっている。自分で素材の山と取り組まず、また、自分の眼でその時代の状況を何とか把握しようと努力しないで、アンチョコの断片的な焼き直しに終始するから、こういう勇み足をやらかす。もっとも荒井献に限らず、進歩派ぶった顔をしようとする学者は、自分が扱っている時代の「民衆」がいかに搾取されているかということを強調するために、その時代の権力者はほかの時代の権力者よりもよほど悪辣で、その時代の人民は以前よりもよほど多く搾取され、もう我慢の限界まで来ていた、ということを強調したがるものである。従ってこの手の「学者」の描く歴史像は、どの時代も他のどの時代よりも失業が多く、税金は高く、ということになってしまう。これらの「学者」たちが間違っているのは、第一に、自分の研究している時代のことしか知らないから、その時代が最も人民の抑圧された時代だと思いこむので、第二に、もっと根本的に、人民が抑圧されているということを証明するためには、ほかの時代よりも特にその時代に抑圧がひどかったのでない限りは、抑圧ではないと思いこんでいることである。しかし、ほかの時代よりやや厳しかろうと、ややゆるやかだろうと、抑圧や搾取は所詮抑圧や搾取なのだ。それをそうと認識できないから、どの時代も「最も」失業が多く、税金が最も高い、というようなことにしてしまう。こういうせりふを吐く前に、荒井献は、マカバイ兄弟が独立運動に立ち上がった前二世紀半ばと、ヘロデ王家が権力をにぎる前の前一世紀半ばと、ヘロデの全盛時代と、イエスの当時（後二十年代から三十年代はじめにかけて）と、戦争直後の七十年代と、いつ失業が特に多かったのか、本当にそのように区別して調べることができるのかどうか、よく考えてみた上で言えばいいのだ。アンチョコ焼き直し業者は、自分でそういう知識を調べる必要があるということさえ考えつくことがない。

イェレミアスがこの時代は失業が多かったと断定する手がかりは一つしかない。後六二、六三年頃は、ヘロデ大王の曾孫のアグリッパ二世がパレスチナ北方（今日のシリア、レバノンの一部）の領主でありつつ、エルサレム神殿の管理権を持ち、大祭司の任命権も持っていた。ローマ人のユダヤ総督（数年ごとに交代している。この時点ではアルビヌス）よりはアグリッパの方が当然ユダヤ人の状況に通じていたから、パレスチナ統治に関してもアグリッパはローマ人の総督に協力している。その一代前、六〇年ごろに総督だったフェストゥスは、パウロの裁判の取扱いに迷って、アグリッパに相談している（使徒行伝二五—二六章）。六二、三年頃に、ようやくエルサレム神殿の新築工事が完成した。これは大工事であって、一万八千人もの労働者が工事に参加していたという。それで、この人数の者が工事の完成とともに失業するわけで、それを恐れたエルサレム市当局が、失業対策事業として、神殿外壁の東門の部分の改修工事を提案した。神殿は岩山の上にあり、東側の外壁は谷からそそり立っていたので、これは大変な工事となり、十分に失業対策事業になりえたはずだが、アグリッパは大きな工事になりすぎるのを恐れて、それを許可せず、ただ、エルサレム市内を白い敷石で舗装する工事のみ許可した、という（ヨセフス『古代史』二〇・二一九—二二二）。この話からイェレミアスは、一般的に当時は失業者が多かったと結論し、そのイェレミアスの書いた僅か一行の文から、荒井献は、イエス当時は失業者が最も多かった時代の一つだ、と焼き直したのだ（イエスが死んだのが後三〇年ごろ。それなのに後六二、六三年の話を持ってきて、「イエス当時」と言うのだから、それだけですでにあきれてものも言えない）。西洋の有名な本のごく一部を適当に間違えながら焼き直していれば日本語で学術書が一冊書ける、などという時代はもう終らせた方がいい。

　ヨセフスの話にもどって、これは判断するのが意外とむずかしい記述である。神殿工事はヘロデ大王の時、前二〇年（または一九年）からはじめられているから、八十年以上かかったことになる。しかし、ヘロデ大王の当時すでに、工事をはじめてから八年か九年ぐらいで一応完成している。この時の工人は全部で一万人だったという（同一五・三八〇―四二三）。とすると、その後七十年近い間をおいて、アグリッパ二世の時に改修、増築がなされたということなのか、あるいは、その七十年近い間、断続的に改修、増築が続けられ、その間、一万人以上の労働者が常駐していたということか。しかし、多かれ少なかれ断続的に工事が続けられていたとしても、一万人以上の労働者が常駐していたとはちょっと考えられない。彼らは終身雇用の労働者ではなく、仕事のあった日に一日分の賃金をもらうだけだから、はじめの八年間の集中して工事が行なわれた時でさえ、職種別に仕事が途切れることがあったはずだし、これだけの人数の労働者がエルサレムに集中していては農業労働が支えきれなかっただろうから、農繁期には神殿工事は停止していたとも考えられる。

　そもそもヘロデがエルサレム神殿新築という大規模工事に手をつけたのも、一方ではむろん、おのれの権力と栄光の誇示のためであっただろうけれども、他方では、経済的に見れば、余剰農業労働力の調整のためであった。すなわち、ヘロデがその統治権力をほぼ固め終ってしばらくたった時に、パレスチナを大飢饉とそれに伴う疫病の大流行がおそった。これは、それまでヘロデがさんざん乗り切ってきた政治的もしくは軍事的な危機とは別種の、最大の危機であったに違いない。パレスチナだけでなく、周辺諸地域も同じ大飢饉に見舞われたのだから、この危機を切りぬけるのは大変であっただろう。ここにヘロデの政治手腕がいかんなく発揮される。飢饉に見舞われなかったエジプトにわたりをつけ、金に糸目をつけずに食糧を輸入し、それをうまく分配することで多数の者の窮状を救う。こうして飢饉の一年をのり切ったあと、豊作がおとずれる。しかし飢饉と疫病で人口の減った農村では、農業労働力が不足する。それでヘロデは、おのれの財政で養っておいた者たちをここぞとばかりに臨時の農業労働力として農村に送りこむ。五万人いたという。こうして農業生産力をうまく回復させ、危機をのり切る。前二五―二四年のことである（ヨセフス、同、一五・二九九―三一六）。ヘロデの人気が民衆の間で高まった事件であった。しかし、この農業危機から立ち直る過程を通じて、弱小農民は多く死滅もしくは没落したであろうし、それにつけこんで大農経営がうまく強化されたことは当然想像できる。五万人もの季節労働者が臨時の農業労働力として働く体制をいったんつくりあげた以上、臨時労働力に依存する大農経営の形態が強化されるのは当然の成り行きであろう。当時、パレスチナ全土のユダヤ人人口は約五、六十万人だったとイェレミアスは想定している。古代の人口を算定するのは難しいから、これがもし百万かそれ以上だったと仮定してみても、そのうちの五万人が臨時農業労働力として移動したというのは大変な数である。ヨセフスの記す五万人という数字に何ほどかの誇張があるとしても、だ。

こうして大飢饉から立ち直った四年後に、ヘロデは神殿建築をはじめる。農村の状態もやや落着いた時期だし、多数の日雇労働者の農繁期以外の職場を確保する必要があった。

けれども、大規模工事はエルサレム神殿だけでなく、それ以外の町、特に新興都市では多くなされたし、ヘロデ大王だけでなく、それ以後も各地でなされている。アグリッパ二世当時のエルサレム神殿工事終焉の例だけをもって、一挙に失業者が増えたとみなすわけにはいくまい。それに、この時の一万八千人という数字も誇張している。当時のエルサレム市の常住人口は、同じくイェレミアスの計算によれば、約五万五千人だったという。これはかなり信頼できる計算に基づいた数字である。従って、一万八千人はその三分の一だから、いくら何でも誇張しすぎている。もっとも、ほんの数日間かり出されて建築労働に従事させられた女や子どもまでみな数えているのかもしれないが。いずれにせよ、万が一、もしもこの例をもって失業うんぬんと言うことができると仮定しても、それは後六二、三年ごろの特殊状況としか言えまい。事実、これは当時のエルサレム市を中心とした社会不穏の一つの要素となり、六六年にはじまる戦争の前夜の雰囲気をつくっていったのだろうけれども。それと、後三十年ごろのイエスの話とをいきなり結びつけるわけにはいかない。

## 三　分水嶺の両側——地主の慈善、神の前の平等

イエスの話にもどろう。そこにあるのは、特殊な失業という状況ではなく、一般的な日雇労働者の

生活状況である。ただ、失業うんぬんを別とすれば、ほかの神学者とらがって、さすがにイェレミアスはイエスの語る話を当時のパレスチナの状況の中から理解する点で抜群にすぐれている。けれども、いかに学識があろうとも、職にあぶれるということが要するに何を意味するかを知らなければ、イエスのこの話を実感をもって聞くことはできない。広場で雇われるのを待っていた労働者のうち、ある者は、ついに夕方の五時まで待っていた。イェレミアスはこの者たちを「この忙しい葡萄の収穫時に！　午後遅くまで無為に広場でとぐろを巻いて、だべっていた」と評する。怠け者だ、と。しかしイエスの物語の中ではそうは言われていない。「誰も私を雇ってくれる人がいなかった」から、やむをえず一日仕事にあぶれてしまったのだ、と言っているのだ。ところがイェレミアスは、「オリエントの人間」がこんなことを言うのは、自分たちのずぼらな怠慢さをごまかす言い訳にすぎない、ときめつける。彼らは仕事もせずに遊んでいた悪い奴らだ、というのだ。

かつてパレスチナがイギリスの実質的な植民地であった当時、青年時代をパレスチナですごして、「現地人」のことをよく知っているつもりのイェレミアスだ。アフリカでも中近東でもアジアでも、植民地支配者の白人は、「現地人」のことは自分たちが一番よく知っていると思い込んでいる。そして、戦前の日本人の植民地主義者も、戦後の繁栄した経済人も、こういった白人と同じ感覚しか持とうとしない。「現地人」は怠慢で働かず、さぼって遊んでばかりいる。「現地人」をそういう者として知っているつもりの白人の自信は大変なものだ。自分は「オリエントの人間」のことならよく知っている。二十世紀だろうと一世紀だろうと、彼らの「ずぼらな怠慢さ」は同じことなのだ。「誰も私たちを雇ってくれる人がいなかったのです」などと彼らが言ったとて、信用してはいけない。彼らに働く気なんぞないのだ。一日中のらりくらりと遊んでいたいのだ……。

この種の植民地主義者の偏見に対しては、ひとこと言っておけばすむだろうか。その土地の豊かさを根こそぎ収奪していく植民地支配者をもうけさせるために喜んで働く「現地」の人間なんぞいるわけがない、と。

仕事にあぶれた者がどういう生活状況をかかえてしまうのかは、ついに、仕事にあぶれた者でないと理解できないのだろうか。好きで遊んでいるわけではない。今日の賃金を得られなければ、明日は腹がへるのはわかっていて、しかも今日は運悪く仕事にありつけなかったのだ。そしてまた、低賃金で搾取され、はげしく体力を酷使する肉体労働に従事させられれば（当時の日雇労働は普通十二時間労働、つまり日の出から日没までだった。この物語でも地主は日の出前に労働者を雇いに出かけている）、なるべく体力の消耗をふせぐために、ゆっくり働き、適当に息をぬくのは当然だ。早死にしないための防衛本能というものだ。それを怠慢でずぼらな「現地人」としてしか見れないのは、所詮、みずからの肉体を消耗して明日の食いぶちのために働いたことのない者の無知のせいだろうか。それは本当に自分で経験しなければわからないことなのか。しかし、植民地支配の何たるかを知っていれば、たとえ自分では経験しなくても、かなりな程度まで理解できることではないのか。

とまれイェレミアスは、イエスの物語に全然存在しない意味を、植民地主義者の心情にもとづいて読みこんでしまう。仕事にあぶれた失業者は悪い怠惰な人間だ。しかもその悪い人間どもに対してさえも、神は恵み深い。同じ賃金を与えてくださるというのだ。「かくの如く神は恵み深い！」、そう言ってイエスはこの譬え話をパリサイ派に対する批判とした、とイェレミアスは言う。「軽蔑された人や排斥された人」さえも受けいれようとするイエスの福音にパリサイ派は反対した。それに対してイエスは、神はこのように無価値な人間さえも慈悲深く迎えてくださる、と説教したというのだ。だがイエスがこの物語をパリサイ派批判として語ったという痕跡は皆無である。何でもかでもパリサイ派を悪く言えば気がすむキリスト教神学者の欠陥がここにも出ている。

イェレミアスをあわてて読んで焼き直した荒井献は、そこから奇妙な結論を引き出す。パリサイ派の者たちは失業者もしくは日雇労働者を「地の民」「罪人」とみなして、「人間として扱わなかった」というのである。日雇労働者は日雇労働者であるが故に「罪人」とみなされた、などという「パリサイ派の思想」についての新説（珍説？）を打ち出すのに、荒井は何の根拠もあげていない。イェレミアスの場合、論理ははっきりしている。失業者は怠慢な悪い人間だ、という価値判断はイェレミアス自身が植民地体験からもちこんだものである。それと、パリサイ派は「罪人」を排除する（こちらにはもともと失業者ははいっていない）、という歴史認識を組みあわせて、いわば三段論法的に演繹して、この物語をパリサイ派を批判する趣旨のものと判断した。この判断はむろんイェレミアス独自のものである。荒井は、以上をまとめて短絡し、あわてて、パリサイ派が失業者を罪人とみなして排除した、というのが歴史的に立証されている事実だと思い込んだ。他人の本をあわてて読むからそういうことになる。そしてそこから、「差別はいけません」という毎度おなじみの精神的抽象的説教に持っていく。

確かに、労働の量によって賃金を差別するのも、「差別」にはちがいない。だがここでは、宗教的な差別だの、それを裏づける律法だの、パリサイ派の思想だの、ということは何ら問題になっていない。どうして書いてあることをそのまま正直に読まないのか。ここに書いてあるのは、あくまでも労働者の賃金の問題だ。そして、夕方五時まで職にあぶれて、ほんの一時間ほどしか働かなかった者も同じ賃金をもらうのはいいことだ、という感覚からこの物語は語られている。それが我々人間にとって当然いいことだ、という感覚を共有しえない神学者が、これらの労働者は「無価値」だが、神は恵み給うのだ、というところに話を持って行ってしまうのだ。つまり、仕事にあぶれた労働者は「無価値」な存在だという嫌らしい差別感情をこの話の外から持ち込んだのは、荒井自身である。そして、自分で持ち込んだ「差別」に対して、神様はそういう差別を克服して下さる、という説教を作り上げたのである。あわてて説教したがるから、こういうことになる。

そうではなく、たまたま仕事にあぶれた労働者も、うまく仕事にありついた労働者と同様に、人間としてある程度豊かに生きることができるのがいいではないか、それが良い社会だ、そういう風になってほしい、というイエスの自然な感覚に素直に感動して、同じ感覚を共有すればいいではないか。

ただ、イエスの語り口にも弱みはあった。その当然なことを実現するのは地主の善意による、と物語ってしまったのだ。そう物語らざるをえなかったのも無理はない。これは当然のことなのだ、といくら考えたとて、現実の世の中がそうなっていない以上、イエスとしては、そういうことが起こりうるとすれば、地主がそういうことを深く理解して、善意をもって実行してくれる以外にありえない、と思ったのもやむをえない。しかもその地主は現実の地主ではない。イエスの譬え話では、「主人」の像に神が重ねられている、ということはすでに述べた。絶対的に自由な決定権を持つ主なる神がはじめてそういうことをなしうる……。だが、そのようにしか語れなかったが故に、後世のキリスト教徒は、以上見てきたように、ここから労働者の賃金の問題をすっぽかして、神の慈愛についての説教のみを引き出し続けたのである。確かにそれはイエス自身の思想でもあったことだろう。「天の父は、悪人の上にも善人の上にも太陽をのぼらせ、義人の上にも不義なる者の上にも雨を降らせて下さる」（マタイ五・四五）と語ったイエスのことだ。しかし、太陽や雨は現に善人も悪人も分けへだてしないが、労働者の賃金は現実には平等でない。神はそのように慈愛の深い者なのだ、と言っても、一方の例では現にそうだなと思うことができても、他方の例ではそうは思えない。現にそうではないのに、神は現に慈愛の深い方だから安心しろ、と言われても通じはしない。イエスが労働者の賃金についてこのように語ることができたのは、そのようにならねばならぬ、という当然の感覚を身につけていたからだ。では何故神はそのようにしないのか、という風に、イエスは話を神についての議論に持っていくつもりはなかった。そうなれば、神についての宗教的な議論はできても、労働者の賃金の問題は再びけしとんでしまう。イエスのこの話に、本当はこうなっていいはずだが、という感覚を口にしただけなのだ。イエスはここで、本当はこうなっていいはずだが、という感覚を読みとり、その感覚をもって現にそうはなっていない現実に立ち向かうか、それとも、神はそのように慈愛の深い者だという宗教信仰だけを読みとって安心してしまうか、そのどちらにも傾斜しうる分水嶺にこの話は立っている。

もう一つ、そのようにならねばならぬ、ということに対して、当の労働者自身が目覚めていない、ということもイエスはつけ加える。その日の仕事にあぶれた労働者も同じ賃金をもらうことに対して反対するのは、ほかならぬ同じ仲間の労働者で朝から一日働いた者たちだ、というのである。これは半ば正しく、半ば間違っている。現実認識としてはあたっている。仲間の平等を実現していくことに反対して、しばしば足をひっぱるのは比較的有利な立場にある労働者なのだ。それに対してイエスは、自分は契約したとおりの一日一デナリの賃金を正当にもらうのだから、文句を言うことはないだろう、と答える。もっとも当時の日雇労働者の賃金は、一枚のシャツを買うにも四、五日分の賃金を必要としたというのだから、どの程度のものかわかろうというものだ（ただし当時は衣類そのものが、たとえば食料品などと比べて、相対的に非常に高価であったから、これを今日の被服費にそのまま換算しても意味はない）。労働者は借り着をしていて、その食事は客を招くには足りなかった、という。もっともそれでも労働者は「貧民」よりは多少生活に余裕があるとみなされた。労働者の妻はそのとぼしい収入をさいて、「貧民」に対してパンを与える、というのである（クライシッヒ）。自分の家族が食っていくのにやっとの賃金であっても、そこから僅かのものをさいて無収入の者に与えてやる、という慈善の精神は、当時のユダヤ人の宗教的敬虔さの現れであって、それは所詮は宗教的な意識の限界を伴うものであるけれども、しかし、彼らの民族の中で強度な助けあいの精神をつちかってきたことには違いない。

労働者と「貧民」の関係について、面白い言葉がラビの伝承に伝えられている。すなわち、地主は「労働者を、その子があとから落ち穂拾いをしてもいいという条件で雇ってはならぬ」（ミシュナのペア五・六）。東独の何ほどか教条主義的な学者であるクライシッヒはこれをどう勘違いしたか、「日雇労働者だけでなく、その家族の労働までいかに搾取されているか」ということを示す例としてあげているが、そうではなく、雇われた労働者の子どもは落ち穂拾いをしてはならぬ、と言っているのだ。

落ち穂拾いは「貧民」の権利であって、ペアのこの個所は、その権利をどのようにして守るかという規定が列挙してある。これはその中の一つなのだ。つまり、労働者として収入のある親の子どもが、親がそこで働いているからというコネを利用して、親が刈り入れをする後について落ち穂拾いをしていけば、収入のない「貧民」のために残されるべき落ち穂がなくなってしまうからいけない、というのである。律法学者の発言でもこの程度の配慮はしているので、ユダヤ教についていろいろ批判はなされうるにしても、古代ユダヤ教は、労働者が自分よりさらに金のない者と連帯していくという精神をつちかっていたのだ。それが地下水となってつながって、近代の共産主義思想における労働者の連帯の意識となって現れる、という関係は無視してよいものではない。このように古代ユダヤ教がつちかった意識をもう一歩進めれば、イエスのように、仕事にあぶれた労働者も同じ賃金をもらっていいはずだ、という考えにたどりつく。だからイエスがこの物語で、朝から働いていた労働者がそれをやっかんで文句を言った、と述べた時には、労働者とはそのように足をひっぱりあう下卑た精神の持ち主なのですよ、などと言いたかったのではなかろう。むしろこのように物語れば、彼の知っている多くの農業労働者たちは、なるほど、こんな時にやっかんで文句を言うのはよくないよ、とイエスに共感する程度の意識は持っていただろう。右の律法学者の発言を見れば、その程度の意識は一般に当時のユダヤ人の中につちかわれていたはずである。

けれども、労働者の連帯ということをはっきりと意識した近代の共産主義者ならば、ここで労働者たちの方が声をそろえて地主に要求して、みなに同じ賃金をはらうようにさせた、と物語るだろう。ところがイエスは、あくまでも地主の善意によってことが成就し、労働者の中にはかえってそれをやっかむ者がいた、という風に物語ってしまった。ここらあたりに古代人イエスの限界を見るべきなのだが、そこまで注文するのは無理というものであろうか。ただこの場合のイエスは、労働者の賃金の平等ということについては鋭い感覚を持ちながらも、一方でいわば道楽に慈善事業をやれるほどの大地主が存在し、他方ではそのもとで一日一デナリで十二時間の重労働をやらなければならない労働者がいる、という不平等には全然気がついていないように見える。しかもその地主は自分では労働せずに彼らの労働によって大きな収入を得るのだから、これはまさに労働の搾取というものではないか。さすがのイエスも古代人である故に、そういった階級関係の存在に疑念をさしはさむようなことはしなかったのだろうか。大地主が大金持であることは当然のこととみなし、ただ彼らに善意の慈善のみ期待したのだろうか。

ここでもイエスの話は分水嶺に立っている。此の世の主従関係を神に投影することから生じる結果は、一方でその階級関係をずぶずぶに肯定することにもなりかねないが、他方では、非常にラディカルな発想で人間関係を考えていくきっかけともなる。この話はやはり譬え話なのだ。すなわち、地主にたとえられているのは絶対者なる神なので、その神の前ではすべての人間が同等の労働者であり、同じ賃金をもらうべき平等の存在である。人によって運、不運、「能力」の差などがあろうとも、ある人間が莫大な財産を持ち、他の多くの者はやっと食えるか食えないか、というほどの賃金しか得られない、というのは正しくない。しかもそういう大金持に限って、賃金の低い者が少しでも多くの収入を得ることをやっかみ、不合理だなどと文句を言う。そうではない。すべての人間が同じ一デナリずつの賃金で暮らしていくのが正しいのだ。それが神の前での平等ということだ。――と言い切れれば、これは神を信じる信仰が極限まで行きついたラディカルな思想である。しかしこれは、地主と臨時労働者の社会関係をそのまま肯定する形で語られた比喩である故に、心理的効果としては、ラディカルな平等の方へ傾斜するよりも、既存の階級支配をそのまま肯定する方に流れかねない。そしてイエス自身、この分水嶺から時には一方に、時には他方へと流れようとする。

## 四　農民一揆——隠喩的語り口の限界

イエスがみずから無警戒かつ無反省にこの分水嶺の一方へと足を踏み出してしまった例が、通常「悪しき農夫の譬」と呼ばれている譬え話である。

ある人が葡萄畑をつくり、そのまわりに柵をめぐらし、酒ぶねを掘り、見張りの塔を建てた上で、農夫たちに貸して、その土地を離れたとしよう。収穫期になったので、一人の奴隷を農夫たちのもとにつかわし、葡萄畑の収穫物を受けとらせようとした。だが農夫たちはこの奴隷をつかまえて、なぐり、から手で帰らせた。そこで地主はまた別の奴隷をつかわしたのだが、彼らはこの奴隷もまた頭をなぐり、はずかしめた。更にはもう一人つかわすと、今度は殺してしまった。ほかにも大勢つかわしたのだが、ある者はなぐられ、ある者は殺された。地主にはもう一人残っていた。愛する息子である。

「彼らも私の息子に対しては一目おくだろう」

と地主は言って、最後にこの息子をつかわした。だがくだんの農夫たちは互いに相談して言った、

「あれが跡継ぎの息子だ。どうだ、あいつも殺してしまおうではないか。そうすれば財産は我々のものになるぞ」

こうして彼らは息子をつかまえて殺し、死骸を葡萄畑の外に投げ捨てた、という話だ。

さて、この葡萄畑の主人はどうするだろうか。直接自分で来て、この農夫たちを滅ぼし、葡萄畑を他の者たちに与えることだろう。

（マルコ一二・一―九）


これはもう農民一揆である。大土地所有を前提にした大農経営において、地主は農場を囲い込み（まわりに柵をめぐらす）、おのれの所有権を力をもって誇示する（見張りの塔を建てる）以外には、何もせずに、大都会にある自分の屋敷に帰ってしまう。そこで一年中労働する農民にとっては、土地は自分のものではなく、自分の労働の成果である収穫物でさえ自分のものにはならない。収穫の季節になると、大地主が奴隷をつかわして、収穫物を一切持ち去ってしまう。あとには農民たちが辛うじて露命をつなぐに足るものが残されるかどうかだ。この場合の奴隷は、農民の仲間ではない。奴隷といっても、有能な者は大地主の執事として財産運営をゆだねられていた。しかしそもそもこれは誰の土地なのだ。大地主などと言ったとて、ある時突然どこか遠くの都会から暴力団のような兵隊をつれてやってきて、ここは俺の土地だと宣言して柵をめぐらしてしまう。何を言ってやがる。ここは俺たちが昔から耕してきた土地だ。ここを耕す権利を与えてやるだと？　ふざけるな。どうしてお前にそん

なことをぬけぬけと言う権利がある。収穫がすんだら収穫物をこっちによこせだと？　執事の奴隷さんよ。冬の寒い時に土地の手入れをし、夏の炎天下で葡萄の木を守り育てて来たのは誰だと思ってんだ。あんたはここで何をやってくれた？　何もしなかっただろ。帰んな、かえんな。あんたの出る幕じゃないよ。

となれば、あとは行くところまで行きつく。次々と送られてくる地主側の奴隷は、みんなふんぞり返って、権力をかさに着ていばりくさる。お前ら痛い目にあわないうちに御主人様のおっしゃることを聞いておいた方がいいぞ。おい、そこの小生意気な奴、頭が高い。お前は地主様からいくら借金したと思ってるんだ。地面に頭をすりつけてあやまりな、てなことを言われれば、こっちも黙っているわけにはいかない。つい、ぶんなぐって、叩き出すことになる。次に来た奴は、もうお前らはこの農地から即刻追放する、直ちに立ち去れ、なんぞと言いやがった。下っぱの者を連れて来て、俺たちの住居小屋に火をつけて燃やしはじめた。いい加減にしろ。衝突が行きつくところは殺しあいである。もう行くところまで行ってやれ。何、あとつぎの息子が来たと？　何のあとをつごうってんだ？　ここは誰の土地だと思ってる？　すべての土地は神様のものだ。収穫物は労働した者のものだ。もうお前の所有なんぞとは言わせない……。

と、しかし、イエスはこのように農民の側に立って語っているわけではない。葡萄畑の主人はこの「悪い」農夫たちを滅ぼしにやってくる、という結論にもっていくためにこの話を語っているのである。地主に反抗するような悪い農夫は最後には滅ぼされるだけだ！

確かに、この譬え話は現在の形においてはイエスが語ったものとは思えない。地主の一人息子はを殺してしまった、というのは、イエス死後のキリスト教団がつくり出した理念である。けれども、そこに教団の理念がはめこまれているからとて、物語がもともと教団によって創作されたものだと断定することもできまい。イエスの言葉の伝承はほぼすべて教団によって伝承されたので、当然かなり多くの細部にわたって教団神学による潤色がなされている。けれども潤色があるということは、原形がないということを意味しない。あるいはまた、この物語に隠喩的要素が多く見られるということも必ずしもこれがイエス自身の作品でないということを意味しない。福音書に出て来る比喩的物語を、譬え話（Parabel）と隠喩（Allegorie）に峻別し、前者のみイエスの言葉で、後者はすべて教団の創作とみなす方法は、すでに十九世紀末にA・ユーリッヒャーにより確立され、今日学界の常識となっているものだが、そして、大ざっぱな傾向としてはそれで正しいには違いないが、あまりに図式的に割り切りすぎるのも正しくなかろう。だいたい、譬え話と隠喩の間の区別はしごく曖昧なものである。すべて比喩的な物語は多かれ少なかれ隠喩的要素をはらまざるをえない。たとえば、イエスの譬え話に出てくる「主人」が神の隠喩であることは、すでに再三再四述べてきたことである。この場合もそうだ。そして葡萄畑の栽培、管理を神が人々にゆだねるという比喩の仕方は、旧約聖書の預言者以来ユダヤ人の思考に伝統的な発想であって、その発想を原始キリスト教団はわけもったが、イエスは知らなかった、などということは考えられない。この物語のはじめの部分はイザヤ五・二の文をほとんど引用に近い形で利用している。これはおそらく、福音書記者マルコがギリシャ語訳のイザヤ書を利用して文章をととのえたということだろうけれども、イエス自身もしもイザヤ書のこの個所を直接頭においていなかったとしても、旧約聖書伝来のテーマとして、神が葡萄畑の管理を人々にゆだねる、という広くひろまっていた語り口を利用しただけ、ということは言えよう。また、この物語で地主からつかわされてくる「奴隷」は預言者の隠喩となっている。イスラエルの民は神に対して不従順で、神がイスラエルにつかわした預言者の言うことをきかないばかりか、預言者たちを殺しさえした。だから神はイスラエルに罰を与えるので、イスラエルは悔い改めなければならない、というのは、ユダヤ教の伝統的預言者観であって、すでに旧約聖書の比較的後期の書物に出て来る見解である（たとえばネヘミヤ書九・二六）。これはくり返し語られ、ほとんど常套文句化した見解であって（O・H・シュテーク）、イエスもまた一人のユダヤ人としてそう考えていたとしても不思議はない。少なくともこの物語で三度奴隷がつかわされ、三度目にはついに殺されてしまったのに、なおも地主は「ほかにも大勢つかわし」、暴行され、殺されるにまかせた、というのは、物語の筋としてはくどすぎる。実際の地主なら、三度目の奴隷が殺されれば、その段階ですでに自分の方から暴力を行使して、農民を鎮圧しようとするだろう。つまり「ほかにも大勢」は物語の筋を離れて隠喩にひきずられた動機である。預言者は二、三人だけでなく、大勢神からつかわされたので、それがみな、ないがしろにされたり、迫害されたりしてきた、という隠喩である。また、「愛する」息子が出て来る点は、確かに教団神学によるつけ加えかもしれない。「愛する息子」という表現は一人息子の意味に用いられることも多く、初期キリスト教はこれをイエス・キリストにあてはめて独得な神学的意味を表現しようとしている。だからこの点は教団神学によるつけ加えであって、イエス自身は「息子」には言及せず、単に何度も奴隷が派遣されたのに農夫たちはこれを追い返したり、殺したりしてしまったので、神は怒ってこの農夫たちを滅ぼすだろう、というだけの物語を語ったのかもしれない。

けれどもまた、イエス自身神を「父」と呼んでおり、自分は神と特別な関係にあるのだと確信をもった使命感に燃えていたのだとすれば、もしかすると、その確信を表現するために、この物語に「息子」の像を導入したのかもしれぬ。後述するように、イエスは自分の死を覚悟していたと思われるから、この物語においても、自分は昔の預言者と同様に殺される運命にある、という覚悟をほのめかしていたのかもしれぬ。

最後に、この物語の「悪しき農夫たち」はユダヤ民族をさすのであって、「葡萄畑が他の者に与えられる」というのは、「救い」がイスラエルを去って異邦人にむかうということだ、とここにいわゆる救済史観を読み込む解釈も現代の学者の間で流行しているが、これは説得力がない。この救済史観なるものは、初期キリスト教がユダヤ教内の一セクトという立場を離れて、むしろ「異邦人」の宗教として独立していく過程においてつくられたものである。従ってもしもここに救済史観が読みとれるとすれば、それは、この物語がイエスの真作ではなく教団の創作だということを示す証拠の一つになるだろうが、そういう救済史観をここに読みとろうとすること自体無理である。マルコ、マタイ、ルカともにこの物語をユダヤ民族の批判とはみなしていず、ユダヤ教支配層にのみむけられた批判と解している。イエス自身も、もしもこれを隠喩的に語ったのであれば、そういうつもりだっただろう。ユダヤ教支配層は神に託された仕事を専横しようとしている。

つまりイエスはここで、ユダヤ教支配層がかつては預言者の言葉に耳を傾けなかったように、今ではイエスの言葉に耳を傾けないばかりか、抑圧し、殺そうとしている、という緊迫した意識を語り出している。そのユダヤ教支配層は神より託された葡萄畑をあたかも自分のものであるかの如くに横領してしまった。そういうことを言おうとしている限り、これはあくまでも隠喩的譬え話であって、現実の農民一揆に対する見解を披瀝したものではない。けれども、たとえ譬え話の素材としてであろうとも、ガリラヤ地方の農地のかなりな部分がエルサレムその他の都市の貴族や大金持、さらには外国人（主としてギリシャ語系）の勢力者の大土地所有によって押さえられ、農業労働者の労働が搾取されつづけている現実状況の中で、さらには、この程度の小さい反抗運動なら当時実際にしばしば起こっていただろうと想像される状況の中で（歴史の記録には残っていないが、そういった程度の事件は古代の記録には普通は残らないものだ。少数の農民が殺されても「歴史」は黙殺する。権力者が殺された場合のみが「歴史」に残る）、不在地主の貴族が農民の労働の成果を簒奪しようとするのに反抗して立ち上ったのを、悪しき農夫として、やがて神によって罰せられるべき者の比喩として口にすることができたというのは、やはりイエスがそのような土地所有関係を当然のこととして、いわば社会生活の当り前の条件として認めてしまっていた、ということを示す。これは、あの分水嶺から一方へイエスが傾斜してしまっている一例である。

## 五　資本の増殖と能力崇拝

もう一例だけあげておこう。有名なタラントの譬である（マタイ二五・一四―三〇、ルカ一九・一一―

二七)。この伝承はますます原形を復元しにくい。マタイの物語とルカの物語とで大筋は似ていても、細部はいちいち違っている。こういう物語の微妙な意味あいをとらえるには、細部が正確に把握されないといけないので、あまり厳密な議論はいたしかねるが、大筋は、例によって一人の「主人」が旅に出る時に、三人の奴隷もしくは下僕に金銭を託していった。帰ってみると、そのうちの二人は託された金額を資本にして一商売やってもうけ、そのもうけの分まで主人に差し出したのに、残りの一人は失うことをおそれて隠しておいただけだった。それでその者は、せっかく託された金銭を活用しなかったという理由で叱られる、という話である。

これはどうも、初歩的な資本主義の精神そのものではないか。当時の地中海世界を資本主義世界とまで呼ぶことはできないにせよ、資本主義的な要素はかなり伸びていた。資本主義社会と呼ぶには蓄積された資本が社会の経済構造と経済活動の基本的要因として存在していないとならないが、当時の地中海世界ではそこまで行ってはいないにせよ、資本の利殖は当然のこととして行なわれていた。大土地所有からあがってくる収入を貿易につぎこんで回転させ、雪だるま式にふやしていく、というのが典型的なやり方である。単純なのは、大土地所有者の貴族が自分で船主になって貿易に手を出す場合だが、自分でやらずに船主に資金を貸すことが多い。さらに、間に中間業者として金貸が成立する。時には金融業者の方が莫大な資本を蓄積し、それを一方で大農経営者に、他方で貿易業者に対してあやつることで大きな力をふるう。しかもこの資本主義は単に商業にだけ関わっていたのではない。農業生産物の多くは、農業生産者自身、あるいは地主の胃袋を養うために生産されたのではなく、世界的な市場に輸出されるためであった。葡萄(酒)にせよオリーヴ(油)にせよ、輸出にむいている。

この二つはパレスチナの農業にとって重要であった。穀物にしたところで輸出用が多い。フェニキアの海岸都市がヘロデ・アグリッパ一世（大王の孫）の領土（おそらくガリラヤ地方）から食糧を得ていたというのは（使徒行伝一二・二〇）、そういった経済関係の一端を示す。さまざまな機具を中心とした工業生産物にしたところで、そのような地中海世界全体にわたる資本の動きに支配されていた。

こういった中では、小金を持ちあわせている者にもそれなりの利殖の道はいくらでもあった。世界的な規模での大商業の下部機構として、中小さまざまな規模で利殖の道があったのは、そういった大商業が維持される機構上の前提として当然考えられる。「銀行」という訳語をあてるには大袈裟かもしれないが、金をあずけておけば、利子をつけて返してくれる金融業者が存在していたことは、この物語自体が語っていることである（マタイ二五・二七）。

資本主義の精神に慣れている者は、僅かの金でも遊ばしておくのはもったいないと考えて、利殖の道を探す。それに対し、収入を得ようと思えば自分が身体を動かして労働することしか考えつかない者は、たまにふところに余裕が生じても、それを大事にとっておくだけである。もっともこの話は、マタイ版とルカ版とで資本の規模が違う。ルカ版では、三人の下僕はそれぞれ一ミナずつあずけられる。一ミナは百デナリにあたる。前に取り上げた日雇労働者の譬で、一日分の賃金が一デナリであるから、一ミナは二、三十万円といったところか。下僕一人に一ミナずつあずけていった「主人」は多少の小金持といった程度である。それに対してマタイの方は、一人は五タラント（タラントは英語の「タレント」のもとにあるギリシャ語の単語）、一人は二タラント、一人は一タラントあずけられたという。タラントという金額がどれほどのものかはすでに述べた（一五九頁）。とすればこの場合は、「主人」はおろか、一人一人の「下僕」でさえも、大きな商売に手を出せるくらいのものだ。ここで考えられているのは、一人でローマ帝国のあちこちに数多く農地を所有しており、しばしば世界中を旅行してまわっている大貴族か権力者の姿であり、その「奴隷」も、近代アメリカの奴隷の姿などを思い出して類推するわけにはいかないので、大貴族の家政（個人的経営）の運営をまかせられる執事である。実務を担う有能な執事は、多く、奴隷または解放奴隷がなった。

「主人」の要求はきつい。「主人」は「蒔かなかったところからも刈り取り、散らさなかったところからも集める」ようなひどく厳しい人物だと言われる。それを恐れた第三の下僕は、あずけられた一タラントを地面に穴を掘って隠してしまう。そうすれば盗まれることもなく無事で、下手に利殖に手を出して失敗し、すってんてんになってしまうこともない。ところがこの下僕は資産を増やさなかったからというので、ひどく叱られてしまう。マタイ版は特にひどい。ルカ版では「主人」ははじめから「これで商売せよ」と言って資金をあずけていくのだから、商売をせずに資金を隠しておいただけでは叱られるのもやむをえないが、マタイ版では、単に「主人」の留守の間あずかっていただけなのだから、それで商売をしなかったと文句を言われるのもひどい話だ。それにルカ版では、その下僕はあずかっていた金を取り上げられるにすぎないが、マタイ版では、その下僕は「外に放り出され、そこでは嘆き、歯がみすることがあろう」ということになる。小金を持ったら商売にまわして利殖の手だてを講じなければならない。そうしないのは悪だ……。イエスはそこまで徹底して資本主義の精神の持ち主だったのだろうか。

この物語もむろん比喩には違いない。そしてイエスは必ずしも資本の増殖を善として語りたいというのではなく、あずけられたものを十分に活用し、反映させるべきだ、という教訓として語っているにすぎない。それもおそらくは、誰にでもあてはまる教訓ということでもあるまい。二タラント、五タラントなどという金額を運用しうるのは普通の人間ではない。ルカ版においても、もともとはこれが普通の人間の日常倫理として語られたものでないことは、何ほどかもうけて賞賛された二人の「下僕」に対する誉め言葉によく示されている。マタイ版でも、彼らは「僅かなものに忠実であったから、これからは多くのものを管理させせよう」と言われる。二タラント、五タラントほどの金額が「僅かなもの」であるとすると、それよりもっと多くのものを支配、管理する座にすえよう、ということは一つの都市なり地方なりの全体の支配者にしてあげる、ということになりかねない。ルカ版ではそこをもっとはっきり、それぞれの働きに応じて、十ないし五の都市の支配権をゆだねる、と言われる。とすればこれもまた、帝国の支配者とそのもとで働く高級官僚との関係を頭においたものと考えた方がいい。そう考えてはじめて、「蒔かなかったところからも刈り取り、散らさなかったところからも集める」というせりふの理解もつく。帝国の税金はそのようにして取りたてられた。人頭税は言わずもがな、本人が何をしていようと、どういう収入があろうとなかろうと、一定額をふんだくられる。地租税も、収益の何パーセントという定め方もあったが、その場合も、むこうが勝手に収益の見込みをたてて税を課してくるのだから、まさに、種を蒔かなかったところからも刈り取られてしまう。あるいは、収益いかんにかかわらず一定額を取られるという徴収方法もあった。そうなれば不作の時などひどいことになっただろう。関税にしても同じこと。役人は自分が散らしたのではないところからも集めてしまう。

とするとここでイエスが語っているのは、やはり前と同じような支配者理念、つまり、支配者とは有能な者が神によって選ばれて、神のものであるところの人民と土地の管理支配をゆだねられている、という考えである。だから支配者は、その神によってゆだねられたものを固定して枠の中におさめておけばいいというのではなく、もっともっと繁栄させ、発展させる義務がある、ということなのだろう。おのれの支配する都市や地方を繁栄させることのできない支配者は、この譬え話の第三の下僕のようにくびになりますよ、というわけだ。このように見てみると、ここには意外と素朴な古代人の支配者観が表現されているにすぎない。

けれどもそれをこのような資本の増殖という比喩にくるんで表現してしまった以上、イエスもまた、ヘレニズム時代以来ぐんぐんと、そしてローマ帝国の時代になってますます強くなってきた古代資本主義の精神を、時代の子として疑うことなくわけ持ってしまった、と言える。そして、こういう譬え話は一度人々の間にひろまってしまうと、それも権威ある救世主の言葉としてひろまってしまうと、やみくもに一般化されてしまう。この譬え話一つのおかげで、キリスト教世界はどれだけ能力崇拝をつちかってきたことか。キリスト教会は、ほかの場合と同様、この譬え話も精神化、個人道徳化して説教した。これは金銭のことを語っているのではなく、人間一人一人が持っている能力が神より与えられた「タレント」なのであって、能力を伸ばし活用するのを怠るのは、神より与えられた課題を果さなかったことになる。かくして、能力のある人間、能力を発揮する人間が神の前では正しいので、能力のない者はだめだ、という能力崇拝がつくられる。しかも本来功利的な事柄であるはずのことが、功利的な意味で語られるのではなく、宗教的な価値として、「神」という絶対者によって権威づけられて語られる。宗教的権威がこの世の営為に後光を与える。

## 第二版への増補

初版では右のようにかなり遠慮して、イエス自身も資本主義の精神を当然の前提としていた、と解説してしまったが、その後よく考えてみると、もっとはっきり、イエスはここで資本主義の精神そのものを痛烈に批判している、と理解するのが正しいようである。つまり、この譬え話をよく読んでみると、イエスはどこにも、この資本主義の精神を当然のこととして認める、ましてやそれを重要な精神として人々に勧める、などという趣旨のことは言っていない。単に、資本主義とはこういうものなのだ、と、事実を露骨に指摘しているだけである。

もう少していねいに言うと、譬え話の最後に結論としてつけ足されたせりふは、マタイとルカとでまったく異なるし、それぞれがいかにもマタイの思想、ルカの神学を表現しているので、これはマタイとルカがそれぞれ、この譬え話の扱いに困って、譬え話そのものとはまったく無関係の結論をつけ加えたもの、とみなさざるをえない。すなわち、「この役に立たない僕を外の闇に放り出せ。そこで嘆き、歯がみすることがあろう」(マタイ二五・三〇)は、マタイのお好みの表現であって、全部で六回もくり返される(この個所のほかに八・一二、一三・四二、五〇、二二・一三、二四・五一)。ルカにも同じ表現が一度だけ出て来ることからして(一三・二八)、表現そのものはやや古い段階の教会で使われはじめていたのだろうけれども、これを好んで用いて、自分の宗教思想の基礎に置くのは、マタイ独自の特色である。そして、二二・一三、一三章の二個所では鮮明に、八・一二もおそらく、現在キリスト教会の一員となっているからとて、安心してはならない、現在の生活をしっかりと生きていないと、最後の審判の時には、そういう者も外の闇に放り出されて、「嘆き歯がみする」ことになるだろう、という教訓として言われている。とすれば、二四・五一も、マタイ自身のつもりとしては、そういう意味だろう（同四四節参照）。つまりこのせりふはマタイ独得のこの種の終末思想を表現したものである。マタイはおそらくタラントの譬の扱いに困って（ここから何とかして教会的説教を導き出そうと無理をして）、話の中身を無視して強引にこういう結論をつけ足したものであろう。その結果、一タラントを庭に隠しておいた男が、どうして地獄に落ちねばならないのか、まるで筋が通らないことになった。

他方ルカの方は、結びの句だけでなく、譬え話の全体に、もともとこの譬え話とはまったく無関係の別の物語の要素を加えてしまった。つまり、帝国の属国の王がローマの都に出かけて行って、自分の王位を認証してもらう、という話と結びつけてしまったのである（一九・一二）。しかもその王国の貴族層は、この人物が王になるのに反対して、彼らは彼らでローマに使節を送り、王位就任に反対の意思表示を行なった、という。これは実際にヘロデ家に関して生じている出来事である。すなわち、すでに述べたように、ヘロデ「大王」自身が王位に就任する時に、ローマに出かけて行って、アントニウス、オクタヴィアヌスの二人（いわゆる三頭政治の代表者）に認証してもらっているし、その後、オクタヴィアヌスがアクティウムの海戦でアントニウスに勝利した時にも、オクタヴィアヌスのもとに出かけて行って、王位を再確認してもらっている。また、「大王」が死んだ時も、二人の息子アルケラオスとアンティパスがそれぞれローマに出かけて行って、王位継承を皇帝に嘆願している（ヨセフス

『古代史』一七・二一九―二二〇、二二四)。結局どちらも王位は与えられず、それより一段階下の位である「テトラルケース」という位をもらって、パレスチナを分割統治することとなった。その時に、ヘロデ家の親族も、またユダヤの貴族層やローマ在留のユダヤ人も、アルケラオスの王位就任に反対して、ローマ皇帝のもとに使節を送っている(同一九九―三〇一)。ルカは、こういった実話をふまえて、しかしそれを比喩化して、この物語の解釈としてつけ加えたのである。どう比喩化したかというと、キリストがいったん死んで、天に上り、いずれ終末の時に此の世全体を支配し審判する「王」となってもどって来る、というドグマにひっかけたのである。だから、今の世でキリストの「王」たることを認めようとしない悪い奴らは、キリストが王となってもどって来た時に、みんな審判にさらされて滅ぼされるぞ、と結論づけたものである(一九・二七)。

このようにルカは、もともとのタラント(ミナ)の譬とはまったく関係のない話を導入して、全体をそれで割り切ろうとしたから、タラントの譬が宙に浮いてしまった。預けられた一タラント(一ミナ)を「ハンカチに包んで」保存しておきました(一九・二〇)という下僕が、何故断罪され、持っているものまで奪われることになるのか、ルカ的解釈からではまったく説明がつかない。

さて、タラントの譬そのものにもどると、こういった福音書記者による解釈をはがして、もともとの譬の部分だけを考えれば、「持っている者はますます与えられ、持っていない者は持っているものまで取り上げられる」(マタイ二五・二九＝ルカ一九・二六)というのが話の結論である。けれども、イエスがこの結論を、こうなるのが正しいという思いで語った、などということは、どこにも見出されない。つまり、従来の教会的説教によるこの物語の解釈は、こうなるのが正しいのだ、資本の増殖をなした人物が神様によって誉められるのだ、というのを、おのずと解釈の前提にしているけれども、まさにその前提そのものが、物語自体には見出されないのである。イエスは、こうなるのがいいことだ、と語ったのではなく、単に、こういうことだ、と語っただけである。単に、現実はこういうことだ、と指摘しているからとて、それは結構な事実ですね、と誉めているとは限らないのだ。

そういう眼でこの話をもう一度読み直してみよう。すでに述べたように、タラントなどという庶民からすれば天文学的数字の金額を左右する、という点だけからしても、これは庶民の生活の話ではない。そして、資本を働かせて儲ける能力のある者には、「十の都市、五つの都市の支配権」がゆだねられる（ルカ一七節、一九節）というのだから、これはローマ帝国の一地方の支配権に匹敵する。プロコンスル（ほぼ皇帝に次ぐ地位。それぞれがギリシャ、マケドニア、アシア、シリアなどの属州の長官となった）、ないしはそれに次ぐぐらいの地位の者が考えられている。マタイの場合でも、五タラント、二タラントよりももっとずっと多くのものをゆだねよう、というのだから、ほぼ同じことである。とすると、彼らの「御主人」とは、とりも直さずローマ帝国の皇帝以外は考えられない。

なお、この話のこういう流れからして、これはもともとは「ミナの譬え話」ではなく「タラントの譬え話」であったのだろう。タラントではあまりに金額が大きく、庶民の世界から隔絶しているから、これを何とか一般のキリスト信者に対する教訓的説教として解したがったルカ、ないし彼にこの伝承を伝えた人々が、多少は現実に近い「ミナ」に話を作り替えた、ということか。しかし「ミナ」であったとしても、かなりな高額である。上記本文では、「二、三十万円」などと書いたけれども、多分もっとずっと高額である。一ミナ＝百デナリとすると、もしもよく聖書学者がおやりになる計算のように、一デナリが労働者の一日分の賃金と仮定しても、現代の通貨に換算してももっとずっと高額である。本書の初版を書いた時には（一九七九年）、今よりは円の価値がだいぶ大きかったとしても、それだけでなく多分、古代の衣服等の価格は現代よりずっと高かったから、それを考慮すると、現在の貨幣価値に換算すればかなり低くなる、と考えたのだろうか。しかし逆に、当時の食料品などは今の日本よりずっと安かったと考えられるから、そちらを基準にすれば、一ミナは現在の数百万円にもあたろう。更に、一デナリが労働者の一日分の賃金であるとみなす計算上の根拠は、御存じの葡萄畑の労働者の譬（上記二二四頁以下参照）だけだから、その場合、イエスは当時の労働者の実際の賃金を頭に置いてこれを語ったというよりは、むしろ、ある種のお伽話的理想を語ったものであるから、実際の賃金よりもずっと多い額を設定して語ったのかもしれない。そうだとすれば、一ミナは労働者百日分の賃金というよりは、実際にはもっとずっと多いことになる。しかし、いずれにせよ、ルカ福音書の「ミナ」は伝承者（ないしルカ自身）が導入したものであろうから、もともとの譬え話ではやはり「タラント」だったのだろう。

さて、そうすると、いずれにせよ、この譬え話の「下僕」たちは、イエスのまわりの庶民たちからすれば夢のような天文学的数字の大金を動かしていたことになる。従って、イエスがこの譬え話を語った時には、これを普通の庶民にあてはまる教訓として語った、などという可能性は皆無である。そもそもイエスが、こういった帝国支配者程度の階層の者たちを題材として話をする時に、それを自分たち庶民の倫理のあるべき理想として語る、などということは、とても考えられない。それは、本書のすべてをお読み下さった読者ならば、すぐに納得のいくことであろう。

とすれば、これは、ほかの似たような話と同様、イエスが、この種の権力者や大金持の実態を、彼らの実態はこういうものなんだよ、と皮肉をこめて、あるいはむしろ非常な批判をこめて指摘したものだ、ということにならざるをえない。古代資本主義とは言っても、それは、大部分の庶民、イエスのまわりで言えば農民や漁民、小職人などにとっては、まだまだとても自分たちの生活の日常ではありえない。はるか上の方の権力の世界の話である。しかしまた同時に、その資本主義的経済の力が自分たちを強く圧迫してくる。その意味では強度の現実である。

当時の人々にとっては、資本主義というものの基本的な特色、性格が非常に顕著に、生々しく感じられたことだろう。何せ、人類の歴史がはじまって以来、資本主義的な経済がこれほど発達したのは、この時代がはじめてである。我々の眼から見れば、やっと資本主義と呼んでよいかどうか、という程度の初歩的な経済であったとしても、当時の人々にとっては、眼をむくようなものすごい経済の支配力であったのだ。人類史上はじめての体験というのは、そういうことである。我々現代人はすでに長年の間にわたって、親子数代どころか、もっとはるか以前から、資本主義経済が支配する状態に慣れてしまっている。だから、何となく当り前のように思って、敢えて考えることとさえしないことが、彼らにとっては、眼をむくような事態だったのだ。

だからこそ、彼らには、その根本的な欠点が、非人間的な暴力の特色が、ありありと見え、感じられた、ということなのだろう。持っている者はますます肥え太り、持っていない者はますます搾取されて、生きていくのもやっとやっとの状態である、という事実が。この「御主人」は「蒔かないところからも刈り取り、散らさなかったところからも集める」という。そんな、無茶苦茶な。もしも、人間が自分の手にしてよいものは自分の身体で汗を流して働いて得たものだけだ、という考えが当然のこととして身についている人々であれば、自分が何も働かず、自分の権力を支える従僕どもも何も働かなかった多くの場所から、収益だけは簒奪していく、その資本主義の経済支配というもの、その上に成り立っているローマ帝国の世界支配は、まさに「蒔かないところからも刈り取り、散らさなかったところからも集める」、この上もなく不当な儲け方をしている連中だ、と思えたことだろう。

だからこの話は、人類の歴史上はじめて何ほどか資本主義的な経済が発達しはじめた時代に生きて、その実態に眼をむいた人々の正直な感性が表現されている、そういう話なのだろう。これはひどい。ひどい時代になったものだ！　けれども、誰もがそういうことをそのように素直に表現できた、というわけのものでもあるまい。やはりそこはイエス。その鋭い感性と、事の実態を深く見抜く知性とが、こういう物語を語らしめた、ということなのだろう。

おそらく、この話の最も的確な解説は、現代ケニヤの作家グギ・ワ・ジオンゴの書いたものであろうか。私よりもほんの数年年下のこの作家は、しかし、生れた時、少年時代もまだ、大英帝国の植民地支配下であった。彼が学生として最初の小説を書いた時にも、まだケニヤは独立していなかった。そしてその小説以来少しずつ、植民地支配、またその後の、現在の、新植民地主義の支配状況に対して、本格的な批判を小説として書いていくようになる。彼が数々の作品の後、最も本格的に現在の世界の支配状況、その下に置かれているアフリカ人の状況を描いたのは、『十字架上の悪魔』である。一九八〇年にギクユ語で書かれて発表され、一九八二年に著者がみずからその英語版を書いて公表した。

グギは、植民地支配下にあって、キリスト教の教育を受けて育っている。その結果、キリスト教全般について、特に新約聖書については、非常に詳しい知識を持っている。最初の作品の頃は、言ってみればまだキリスト教「ヒューマニズム」とでも呼ぶべき視点からものを書いていたけれども、徐々にキリスト教そのものに対して批判的に対峙するようになっていった。非常によく知っているが故に、自分の育ちの中で深く身につけてきたものを相手にしているだけに、彼のキリスト教に対する批判的対峙は説得力がある。他方、世界の支配勢力が、単に軍事的政治的な支配だけでなく、むしろもっと根本的に、発達した資本主義経済の力をもって自分たちを支配してくる、その赤裸々な実態に、いわば新鮮な憤りをもって接した、という点では、かつてのイエスの生きた状況と似た点がある。すでに旧植民地支配の時代から、もちろん、世界の資本主義経済の支配力が強くのしかかってきていたけれども、そこではまだ、むしろ、植民地支配という軍事的、政治的、人種的な支配力の方が直接的で、目立つものであった。ところが旧植民地支配が終ってみると、自分たちは解放されるどころか、ますます強度な搾取と貧困の中につき落とされた。政治的な形式として独立はしたものの、むしろ、世界の、欧米日の多国籍企業に代表される巨大な資本主義の支配力が、間に緩衝剤を置かないで、あまりに直接的に、けた違いに巨大な力をもって襲いかかってきたのだ。

グギは『十字架上の悪魔』において、「タラントの譬」の話をかなり長々と、自分たちの現在の状況にあてはめる仕方で、物語っている。ここに出て来る「御主人様」は、世界的な帝国主義経済の支配者であり、タラントを預けられて、その資本を活用しながら儲けまくったのは、直接アフリカその他の旧植民地世界に進出してきた多国籍企業とそのもとにいる現地の企業家にほかならない。世界的な支配者は、その忠実な従僕のある者には五〇万シリング（ケニヤ・シリング）もの資本を、ある者には二〇万シリングの資本を託した。そしてその者たちはそれを元手に稼ぎまくって、御主人様に提出した。それに対し、一〇万シリングしか預けられなかった者は、ふと疑問をいだく。この御主人様はいつも、自分が持ち込んできた何ほどかの額の資本でもってこの国を開発、発展させてやったのだ、と自慢している。しかしそれなら、本当にその金が富を生み出すものかどうか、見てみよう、とて、その金を空き缶の中にしまっておいた。しかしもちろんその金が自分で利潤を生み出すわけがない。しまっておいた金はいつまでも一〇万シリングのままである。そこで彼は御主人様に対して言う。実際に富を生み出しているのは、労働者たちの労働なのだ。彼らが汗水流して働くことによって、此の世の富が生み出されているのだ。それに対して、あなたは自分がかつてまったく蒔いたこともないところから摘み取る。自分が汗して働いたこともないところから収益を集める……。

もちろんグギ・ワ・ジオンゴは、この譬え話の学問的な解説をやっているわけではない。単に、これに手がかりを得て、現代の世界の、自分たちの、状況を批判的に描きたかっただけである。けれども、グギの生きている状況と、かつてイエスが生きていた状況とが、多くの点で共通するものを持つが故に、グギはおのずとこの譬え話の基本の質を読み取ったのである。少なくとも確かなのは、「蒔かないところからも刈り取り、散らさないところからも集める御主人様」が絶対的な正義の神であって、「タラント」を託されているのは、世の中にいるすべての敬虔なクリスチャンたちである、などと説教する聖書学者よりは、この御主人様のやり方は非人間的であり、「タラント」を託されたのはその世界支配の手先となって動く巨大勢力の連中だ、と読み取った点において、グギの方がはるかにこの譬え話の心を理解している、ということだ。(Ngugi wa Thiong'o, *Devil on the Cross*, Heinemann, London, 1982,

第四章の1。版によって頁が異なるが、一九八二年版では八二頁以下）

イエスは言った、「持てる者はますます多く持つようになり、肥え太る。持っていない者は、その僅かに持っているものまで収奪されて、痩せ細る。こんなひどいことがあるか！」

## 六　小作人の借金を棒引きにせよ

以上は分水嶺の片側にイエスが傾斜してしまっている例である。というよりも、もともとイエスが分水嶺の上に立っていて、時にはこちら側に時にはあちら側に傾斜する、というわけではない。むしろ世間の常識はすべてこちら側にある。大多数の者は、その時代の社会体制によって搾取される位置で生活していながらも、その体制の構造をそのまま肯定するものの見方を、何となくそれで当然なのだと前提してしまう。体制のイデオロギーとはそういうものなのだ。その点ではイエス自身も大衆の一員であるところから出発する。無反省に発言する時にはそういう「常識」を前提する。もともとはイエスも分水嶺のこちら側にいたのだ。もっとも、その「常識」にとどまって発言している場合も、イエスはちらりと皮肉をつけ加えることを忘れない。それでも話の大枠としては「常識」にとどまっている。けれどもイエスの鋭さは、しばしば、そこから出発して分水嶺へと登りつめる。登りつめて、時に踏み越える。踏み越えた時に逆説的反抗者としてのイエスの姿が輝きだす。

経済的な問題についても、すでに長く論じた日雇労働者の話は、一方ではその比喩の仕方が分水嶺のこちら側に引き下ろそうとする力を含んではいても、基本的にはすでに大きくあちら側に踏み越えている。そしてその視点を持てば、難解だの意味不明だのと言われるもう一つの譬え話が、むしろ逆に、鋭すぎるくらいの感性をもって我々にせまってくる。いわゆる「不正な執事」の譬え話である。

ある金持のところに一人の執事がいた。ところがこの執事が主人の財産を浪費して（ばらまいて）いるという告げ口がなされたので、金持は執事を呼びつけて言った、

「こういうことがお前について言われているけれども、いったいどうなっているのかね。財産管理の帳簿を出しなさい。もうお前に財産を管理させておくわけにはいかない」

そこで執事は考えた、

「さてどうしようか。私の主人は執事の職を私から取り上げる気だ。しかし今さら畑を掘る力なんぞないし、かといって物乞いするのは照れくさい。よしよし、こうしてやろう。そうすれば執事の職から追われた時に、みんながそれぞれ自分の家に私を迎え入れてくれるだろう」

それで主人の債務者を一人ずつ呼び出し、まず最初の者に言った、

「あなたは私の主人にどれだけ借財がありますか」

「油百バトです」

「それではここにあなたの証書があるから、座ってすぐに五十バトと書き改めなさい」

次の者に言った、

「あなたはどれだけ借財がありますか」

「小麦百コルです」

「それではここにあなたの証書があるから、八十コルと書き改めなさい」

ところが主人はむしろこの不正な執事の賢いやり方を誉めた……。

(ルカ一六・一―八。最初の「浪費して」と訳した動詞は、伝統的にそのように訳されるのでそうしておいたが、単語そのものの意味は「ばらまく」である。そして、この場合は、「ばらまく」と直訳する方が話の筋書きにもぴったりあう。)


この話には多くのキリスト教徒が当惑した。これまた大土地所有にまつわる話である。この場合は地主と小作人の関係が話題になっている。そして、例によって、地主は現場に居あわさない。小作人の支配を執事にまかしてある。だがこの執事は帳簿をごまかして、小作人に対して借金を棒引きにしてやる。主人の財産であるはずのものを勝手に処理してしまったのだ。もしも大土地所有とそこから結果する小作人の搾取とを当然のこととして感覚的に前提するとすれば、そして大多数のキリスト教徒は無自覚的にそのように前提してしまっているのだが、その場合は、この譬え話をどのように説明しようと釈然としないものが残る。この話の最後の文の主語である「主人」は、もはや物語の筋の中の「主人」ではない。地主は執事が勝手に主人の財産を処理することに腹を立てていたのだから、その執事がますます無茶苦茶に借金の棒引きをするのを誉めるはずがない。最後の結論の文は、イエス自身がこの物語にどのような結論を下したかを述べている。この文を最初につけ足したのがイエス自身だったとすれば、「主なる神」はこの執事のやり方を誉めるだろう、という意味だし、あるいはむしろ、伝承を伝えた信者たちが、「主イエス」はこの執事のやり方を誉めて語ったのだ、と言いそえたのだろう。つまり、信者たちは、イエスがこの譬え話を語ったのは確かだが、自分たちの常識に反してこの執事のやり方を誉めて語った、ということにおそらくは釈然としない気持をいだきながらも、それでもこの譬え話を伝承した、ということであろうか。この最後の結論の文は執事を「不正な執事」と呼んでいるが、本当のところ、イエス自身がここで「不正」という形容詞を用いたのかどうかもわからない。むしろ伝承を伝えた人たちの気持として、どうしてか知らぬがイエスはこのように「不正」な輩を誉めて語ったのだ、と述べているのだろう。譬え話の本体にはこの執事を「不正」と呼ぶ表現は出て来ない。主人の財産をばらまいているというのも、「告げ口」として言われているだけである。そもそもどうばらまいたのか。むしろ、執事がくびを宣告されたあとでやったこと、つまり、小作人の借金の棒引きこそ、主人の財産をばらまくことではないのか。彼はくびを切られる前から同じことをやっていたのだろう。それをイエスは誉めて語ったのだから、「不正」とみなすはずがない。話の裏にあるのは、もともとこの執事はそういうことをやっていた男だ、つまり、主人の財産を確保するために忠勤をはげむよりも、小作人の負担を軽減するために主人の財産を勝手に処理していた男だ、ということであろう。「ばらまく」という動詞は、この場合、自分の放蕩のために浪費することではない。

しかしどうしてこの男の「不正」を誉めることができるのだろうか。当惑したキリスト教徒の伝承者たちは、その解釈を次から次へと書き添えていった。しかし、これをそもそも許し難い不正だと考えている限り、「解釈」は詭弁に陥らざるをえない。「不正」を良しと言いくるめるのは、どう言ったとて詭弁にすぎないからだ。

まず最初に、「此の世の子らが光の子らよりも賢いのは、自分たちの時代の事柄に関してである」という句が加えられた（一六・八）。此の世の才にたけた人間は、確かに此の世でうまく儲けることができる。そういうことには「光の子ら」は及ばない。しかし、宗教的な未来の事柄、究極的な救いに関しては、光の子らが賢い。この男は自分がくびになった後のことを、此の世的才覚を用いてうまく配慮した。だが光の子らは来たるべき世のために備えて宗教的信心にいそしむ。――そもそも「光の子」という表現がイエスのものではない。これは共観福音書ではこの個所にしか出てこない。それは別としても、この理屈は譬え話そのもののはらんでいる姿勢とは別物である。もしも「光の子ら」は此の世のことについて賢くある必要はないが、来たるべきあの世のことについては賢く準備せよ、ということが言いたいのなら、このような譬え話を語る必要は全然ない。そうだとすれば、この執事は此の世ではうまくいったが、神の裁きの前では断罪される、というような話でないと辻つまがあわない。しかしこの男は「あの世」の秩序によって断罪されるのではなく、此の世の地主によって断罪されている。おまけに、これは此の世で儲けていく知恵としては、決して賢いものではない。自分の儲けのために賢く立ちまわろうとすれば、小作人のためをはかってくびになるようなへまをせず、小作人から最大限搾り上げて、地主に収益を送ったあと、自分のふところにもかなり残るようにする方がよほど得なはずだ。

この理屈では、従って、うまく譬え話の解説になっていないことは誰でも気がつく。そこで次に違う解釈が加わった。「不正なマモン（富）を用いてでも自分のために友人をつくれ。そうすれば、そのマモンが消滅する時には、永遠の幕屋に迎え入れられるだろう」（一六・九）。前節と比べれば、こちらはともかく譬え話の中身に何とか対応しようとしているだけましであろうか。しかし、根本的な点で焦点がずれている。譬え話の方はあくまでも小作人の借金の話である。そしてこの執事が職から追われたとしても、小作人たちが自分の家に迎え入れてくれるだろう、と想像するのも、此の世での生活の話である。それに対して九節では、「永遠の幕屋」つまり彼岸の天国に入れてもらうための条件が問題になっている。イエスが、どうやったら彼岸の神の国に入れてもらえるか、などということにまったく気をつかわなかったことは、すでに再三述べた（また三四五頁以下の「神の国」についての議論参照）。それだけですでにこれはイエスらしくない。おまけに、「不正なマモン」を用いて天国の入場券を買う、などという発想そのものが、いかにも屁理屈である。何とか無理をしてこの譬え話を彼岸の救済にむけての説教として「解釈」しようとした態度が見え見えである。まあ確かに、「不正なマモン」という表現はもしかすると、不正な仕方で手に入れた財産、という意味ではなく、此の世の財産そのものが「不正」なものだ、という意味なのかもしれない。そして「そのマモンが消滅する時」とは、つまり此の世そのものがその富とともに消えてなくなる時、という意味であろう。しかし、それにしても、どんなに不正な方法で手に入れようと、財産をしこたま手に入れて、それをまわりの人間にばらまいておけば、その人は天国の入場券をもらえることになる、などというのでは、あまりに根性が悪い話である。

　これはイエスがたまたまどこかの大地主の執事のところに食事にでも招かれた時に、その執事が、どうしたら救われるのでしょうか、なんぞと尋ねたのに対し、こういう話を語ったのだ、と解説する人もいる（E・トロクメ）。救われようなんぞと考えるのなら、まず小作人たちの借金を棒引きにしてあげなさいよ！　とすれば、いかにもイエスらしい発言と言えるかもしれない。現にイエスは、例の金持の男との会話で（マルコ一〇・一七以下、本書五一頁以下参照）、どうしたら「永遠の生命」にはいることができましょうか、と尋ねられ、あなたの財産を売り払って貧しい人々にほどこし、私に従っておいでなさい、とつきつけたことがあった。こちらは譬え話ではなく、実話である。しかし、それと同趣旨だとすれば、そもそも小作人の借金が、利が利を生んで雪だるま式に増えていくこと自体が間違っているので、不当なのはその借金の金額であって、ないし、そもそも小作人からぎりぎり限度まで搾り取る搾取の仕方そのものが不当なので、それをほんの少し棒引きにしたぐらいで「不正なマモン」呼ばわりされることはない。それにそもそも、イエスはその種の大土地所有者やその執事なんぞとはまったくつきあいがない。イエスが一緒に食事をしたり、酒を飲んだりしていたのは、農民漁民や取税人などであって、その種の金持階級とのつきあいなど、一切どこにも記されていない（唯一の例外はルカ一九・一―一〇の例の取税人の頭ザアカイの話であるが、これは明瞭に後世に作られた伝説であるし、どのみち、いかに「頭」であるとて取税人にはちがいないので、大地主や貴族のともがらとはわけが違う）。マルコ一〇章の「金持」は、イエスが道を歩いている時につかまって話しかけられたのであって、その家に招待されて一緒に食事をしていた、などというわけではない。

何よりもそもそも、どうやったら天国の入場券が手にはいるか、などという発想そのものがイエスのものではない。この種の「解釈」は、小作人の借金を棒引きにした行為が「不正」である、ということを何としてでも前提にし、かつ、これは単なる「比喩」であって、そこから何とかして宗教的説教を読み取らねばならない、と思う、その姿勢から生れるのである。その前提そのものが無理だから、こういう牽強付会な解釈をやらかす。

これはいかにも牽強付会であるから、伝承者たちはそれではとても満足できなかったのだろう。更に別の解釈をつけ加える。「もしあなた達が不正な富に忠実でありえなかったとすれば、どうして真実のものをあなた達に託す人がいるだろうか。もしもあなた達が他人の財産に対して忠実でありえなかったとすれば、どうしてあなた達独自の財産をあなた達に与えることができようか」(一一節—一二節)。これではもはや話は逆だ。この執事は、委託された地主の財産を忠実に管理しようとしなかったのに、そしてその点が誉められている話なのに、そこから、まず他人の財産に対して忠実であれという説教を読みとろうというのだから、たいした神経だ。最後に、おそらくルカ自身がつけ加えた註釈がつく。財産の運営などという俗世間のことには興味がなく、ひたすら宗教的内面性を欲したルカにしてみれば、ここまでの議論の運びはいずれも気に入らない。それで、おそらくは全然別個の前後関係において語られた短い格言の伝承をここにつけ足す。「いかなる下男も二人の主人に兼ね仕えることはできない……。神と富とに兼ね仕えることはできないのだ」(一三節)。これはもう、この譬え話とはまったく無関係である。

ブルジョワ社会の象牙の塔の中にいる現代の神学者は、ますます、何故この執事が誉められねばならないのかがわからない。荒井献にとっては、この執事の行為は「詐欺行為」であり、「破廉恥行為」である。「詐欺」と呼ぶのはちとひどい。借金証書をごまかして、額を倍にして小作人から取りたてたのなら詐欺だろう。あるいは、借金を棒引きにしてやると小作人をおだてておいて、彼らのところでさんざん饗応を受けたあと、棒引きになんぞできるか、と居直ったら詐欺だろう。しかし、この執事の行為は、資本主義社会の法律をあてはめたとしても、せいぜいのところ主人の財産の「横領」であって、詐欺ではない。イェレミアスは、「良心の呵責を感ぜずにごまかすことのできる奴」と呼ぶ。イエスはそれをほめたのではなく、ただ、危機に際して「大胆に、決断的に、賢く行動して、新しい生活への活路を切り開いた」という点だけをほめたのだという。苦しい詭弁だ。

それもこれも、小作人の視点に立ってこの話を読もうとせず、地主の論理を無自覚に前提して読むからだ。小作人の視点に立てば、こんな結構な話はないではないか。私だってちょっとやってみたくなる。サラ金業者の係長かなんかに雇われて、借金で首がまわらなくなった奴の証書を、上役が見ていない時に、次から次へと書きかえちまったら痛快だろう。それでくびになったらどうするって？かまうことはない。すたこら逃げ出すさ。借金で苦しんでいた連中の友達になっといた方が、借金をなさけ容赦なく取りたてて職務に忠実だなんぞと言われるよりも、よほど気持がいいにきまってる。「破廉恥行為」だと？　そりゃまあ、東大法学部の論理からすればそうには違いないさ。

油百バト（バト＝一樽、三、四十リットル）は、イェレミアスの計算では、一四六本のオリーヴの木から得たものに相当し、金額にすれば千デナリになるという。小麦百コルの収穫は四二ヘクタールの土地からの収穫物で、二千五百デナリに相当する。どちらもかなりな額だ。だからとて、これは金持どうしの取り引きだなどとみなすわけにはいかない。小作人がそれほどの財産をためこむことは不可能である。しかし、その程度の借りはあっというまにできる。出発点ではほんの僅かの借りが、いつのまにか利が利を生んで、どうしてそんな巨額になったのかわからない間に、一生かかっても返しきれない借金を背負いこむ。そうなれば、もはや借金の額など問題ではない。要するに、毎年汗水たらして働いた収穫物の一切は、こっちが辛うじて飢え死にしない程度のものを残して、全部持ち去られるだけだ。イエスの周囲にはそういう小作人の農夫が大勢いただろう。こんな支配人がいたらなあ、ちょっとは楽になるのだが。イエスのこの話はそういう農夫たちの心にみごとに訴えたことだろう。この話に痛快味が欠けているとしたら、油百バトの借金が五十バトに、小麦百コルの借金が八十コルにしか書き変えられていない点だけだ。どうせ作り話だ。そんな遠慮をすることはない。百バトを十バトに、百コルを一コルに減らしてしまえば、救われるというものだろう。いや、借金証書を焼いちまった方がいい。

それでもこれは、イエスが語った物語の中でも、最もラディカルな精神を示している。大地主の財産など、所詮は不正なマモン（富）なのだ。それを「ばらまいて」しまって何故悪いか。ここには、当時の社会経済秩序に対する根本的な疑念が頭をもたげている。それは直感的な疑念にすぎないが、底をえぐっている。

## 七　富に対する直感的な反発

その直感的な感覚は、金持や財産に対する単純直截な反発にもよくあらわれている。すでに「逆説的反抗」を論じた章でもいくつか、社会的に抑圧された者こそが神の国にはいるのだ、という趣旨の発言を紹介してきたが、ここでは、今までふれなかった例をいくつか列挙するにとどめよう。

一人の金持がいた。紫の上着を着、上等の亜麻布の下着を着て、毎日はなやかに楽しんで暮らしていた。この金持の門のところに、ラザロという名前の乞食がほっておかれていた。できもので覆われ、金持の食卓からこぼれ落ちるもので腹を満たそうとしていた。だが犬までが寄って来て、彼のできものをなめたりした。さてこの乞食が死んだので、天使たちがアブラハムのふところに連れて行った。金持の方もまた死んで葬られた。彼は地獄に落ちた……。（ルカ一六・一九―二三）

これは話の序曲で、話の中心は、地獄に落ちた金持が天を見上げてアブラハムとかわす会話にある。そのいささか教訓的な会話がどこまでイエス自身の創作なのかわからない。ただ、ラザロが天に上り、金持が地獄に落ちた理由は、簡単に言い切られている。金持は「生前に良いものを受けてしまった。それに対し、ラザロの方は悪いものを受けた」。だから今は逆に、ラザロは天で慰めを受け、金持は地獄で苦しむ（二五節）。これはおよそイエス独自の思想などというものではない。古代人に広く見られる一種の因果応報の思想である。しかし、イエスの金持に対する単純直截な反発はよく示されている。

あるいは、金持の豊作の譬え話についても同じことが言える。

ある金持の土地が豊作だった。そこで金持は思いめぐらしてひとりごちた、

「どうしようか。俺の収穫物を集めて納めるところがない。いや待てよ、こうしよう。倉をみんなこわして、もっと大きく作り変えれば、穀物を全部収めることができるし、ほかにもいろいろと財産を入れられる。そうしておいて自分の生命に言ってやろう。おい生命よ、これで長年生きていけるだけの財産ができたぞ。さあ、のんびり休んで、食って飲んで、楽しもうではないか」だが神はその金持に言った、

「愚か者よ、今夜お前の生命は取り去られるのだ。とすると、お前が貯め込んだものは誰のために貯めたことになるのか」

（ルカ一二・一六―二〇）

ルカは例によってこれに宗教的な教訓をつけ加える、「自分のために宝を貯めて、神に対して富まない者はこのようになる」。これは嘘だ。どんな人間であろうとも、いくら財産を貯めこんだとて、死ぬ時に持っていくわけにはいかない、という点は同じなのだ。たとえ「神に対して富んで」いたとて、此の世で貯めこんだ財産は死ねば役に立たない、という点では変りはない。

もっとも、死んだら財産は役に立たない、というイエスの結論にしても、これまた古代人がどこでもよく口にしていたことにすぎず、何の独創的な思想でもない。ただ、大金持の地主に対して冷笑的にその言葉を向けた点にイエスの感性が示されている。この金持はみずから農夫であるわけではない。「土地」と訳した語は「領地」と訳す方がよかったかもしれぬ。大土地所有者の農場である。もっともこの場合は、地主は現地で生活している。小作の農夫たちが耕して得た収穫物は彼にとっては「俺の収穫物」だ。農夫たちがそれを運んで来る。「倉」は複数形だ。大きな倉を建て並べ、そこには一

生食うに困らないものが満ちている。これはみずから耕す農民の姿ではなく、大地主の図である。イエスは素気ない。何を言ってるんだ、お前は明日死ぬよ。

この冷ややかな感情、直截な嫌悪感の表現はいささか身も蓋もない。けれども、金持が金持であるのはうさんくさい、という感情だけはよく表現されている。

イエスと弟子たちは、ある日、再び神殿にやって来る。神殿が破壊するのどうのと言い出す以前の、おそらくはその活動の初期の頃だろうか。賽銭箱の前に座って、来る人を見るともなく見ていた。金持らしき人が次々とやってきて、惜しげもなく賽銭を投げ入れていく。あるところにはあるものだ。あのほんの一部でもこっちにまわしてくれれば……。そこに、見るからにやつれた、貧乏神につきまとわれている感じの女がやってきた。おそらくは寡婦だろう。のぞいちゃ悪いと思うけれども、いくら入れるのか、つい見たくなる。レプタ貨幣二つ入れた。これは存在している最も少額の貨幣だ。ローマ通貨に直せば一クヮドランス、つまり約七十分の一デナリにすぎぬ。そこに何の祈りをこめているのか。イエスはふりむいて弟子たちに言った、

アメーン、あなた達に言う。あの貧しいやもめは賽銭をあげに来るほかの誰よりももっと多くのものを投げ入れたのだ。誰もがあり余っているものの中から投げ入れるのだが、彼女は、とぼしいものの中から、自分の持っている一切を、自分の生活費をみんな投げ入れたのだから。

（マルコ一二・四一―四四）

よくある話だ。貧者の一燈というわけだ。よくあるどころか、どの宗教も必ずこんな説教を一つや二つ伝統的に持っている。この話にしても、イエスが神殿の前に座っていて実際に見たことか、あるいは後世の教会が説教のためにつくった作り話か、わかりはしない。そしてこういう話が物語られるたびに、貧者が僅かしか持っていないものまで、宗教教団に吸い上げられる。宗教的搾取の基本的な姿なのだ。貧しければ貧しいだけ、苦しければ苦しいだけ、人は祈りたくなる。祈るためにはお賽銭を持って行かねば、と思いこむ。

イエスがもしも、みずから神殿宗教を維持する立場にいてこのように語ったのだとすれば、それは月並な坊主説教にしかならない。実際、この話を教会が伝承として語りつつ、「浄財」を集める時には、そのような効果しか持たない。しかし、もしもこれをイエスが本当に神殿の傍観者として見物しながら口にしたのだとすれば、そこには前にふれたのと同じ感情が吐露されている。金持がいくら多めに賽銭を投げ入れたとて、何の意味もありはしないよ。貧しい者の必死な願いだけが聞きとどけられるのだ。

結論をまとめよう。社会的、経済的な関係について、イエスもまた時代の子として、当時の大土地所有を基調とした社会関係を無自覚的に前提し、承認してしまっている場合は多い。けれども、そのような社会関係の中で多くの富を蓄えている者に対して、直感的な反発は持っている。そして時には、自覚して問題をとらえようとする時には、小作人の借金が棒引きされることを望み、すべての者の賃金が等しくなることを期待した。それは譬え話という形式、つまり作り話の中で皮肉な願望をこめて語っているだけであって、現実の社会にそのような関係を実現しようと運動をはじめたわけではない。

当時の人間にしてみれば、それはいわば夢のような話にちがいなかった。けれども、たとえ作り話としてであれ、そのような社会関係こそ当然のことと感じ、語りうるだけの姿勢を持っていたから、現実社会に存在するさまざまな抑圧の機構に対して鋭く対決しえたのであろう。

# 第六章　宗教的熱狂と宗教批判の相克

## 一　イエスにおける宗教的熱狂の自己相克

ではイエスはどこまで宗教的であったか。この問いは意外と問われていない。イエスの活動の社会的広がりをとらえようとする者は、どうしても、イエスの宗教的側面を一種の観念的つけ足しとみなしがちだし、あるいは逆に、キリスト教徒でイエスの活動の社会的広がりにも注目しようとする者は、宗教的思想こそがイエスの社会的活動の源泉であり、活力であったと言いたがる。さらには、イエスをなかんづく宗教家とみなしたがるキリスト教護教家や宗教好きの哲学者たちは、イエスに、後のキリスト教教義体系の骨格となる基本要素を発見しようとつとめる。しかしそのいずれも、イエスの宗教的熱狂の異様に高揚した実態を、そこから生じる人間的屈折を、とらえていない。もしもある人間が、自分は特別に選ばれた神の子なり、メシアなりであると思い込んだとすれば、そこには異様に屈折したさまざまな行動が生れようというものだ。高揚した確信の故に、常人にはとてもそこまでの勇気は持ちえないラディカルな行動に突き進む。しかもその高揚は夢のように現実離れしているから、さまざまなところで自分の足もとがふらつきだす。それはまた、迷いと絶望、夢からさめた味気なさを必然的に伴う。図式的な伝記作家がしばしば間違うのは、この種の宗教的熱狂家はある時期高揚した確信を持ち続け、そして、それが何かで挫折した場合にのみ、絶望と味気なさの時期がその後に続く、と思いなすところにある。そうではない。宗教的熱狂は、まさにその熱狂のさなかにおいて、本人がはっきり自覚していようとあるいは半ば無意識にそれを自覚することを避けていようと、必ずや無理に宙空を飛ぼうとする不安と、そこから来る迷いと絶望とに同時に裏打ちされている。熱狂と絶望もしくは味気なさの間を、常にくり返し、揺れ動いているのだ。

宗教思想を熱狂的に信じこむとはそういうことである。哲学者が何もやらずに座りこんでいながら、人間のすべての実践を「根源的」な宗教思想から生れたものとして説明することは可能である。しかしそれはあくまでも紙の上に書いた筋書きにすぎぬ。実際に宗教的確信に熱狂的にとりつかれて行動していけば、揺れと迷いを避けることはできない。常に一貫して同じ宗教思想に熱狂的にとりつかれつつ行動し続けるのは不可能なことである。そこからラディカルに突き進むエネルギーを得ることはできても、同時に、行動的に突き進めばいやでも現実に冷酷に直面せざるをえず、熱狂的確信だけではその冷酷さに太刀打ちできなくなる。そこを敢えて自覚的にとらえ返そうとせず、湧き上る迷いと絶望を目をつぶって無視して、さらに熱狂へとつっ走る者も歴史上多くいた。そういう者は出発点においてはラディカルに社会的現実に切りこみえても、意図的におのれの意識の半面を眠らせようとした瞬間から、デマゴーグに変身している。その場合でさえ、実際には揺れと迷いはついてまわる。ましてや、熱狂の裏についてまわる味気なさを自分で冷酷に見つめることを知っている者ならば、おのれの揺れと迷いも正直に表現する。

いずれにせよそういうところに、よく整って体系的に矛盾のない宗教思想が常に一貫して表現されるだろう、などと想像するとしたら、絵に描いた餅もいいところだ。そこにはむしろ、思想表現としては、あらゆる矛盾が噴出する。牧歌的な平和さと激しい呪詛が、熱烈な平和の希求と沈みこんだ絶望とが同居する。それをまとめて体系的な宗教思想に仕立て上げるなど無理な話だ。

イエスの場合、それがもうひとまわり複雑である。一方で宗教的熱狂の揺れと迷いをかかえつつ、他方では、すでに多く見てきたように、宗教支配の社会を冷徹にかつ皮肉に批判しぬく精神も持ちあわせている。この場合、イエスの宗教的熱狂はいったい何だったのか。彼は本当に自分は特別に選ばれた神の子もしくはメシアであるなどと思い上っていたのか。

これまでキリスト教学者はイエスの宗教的熱狂を何故描こうとしなかったか。伝統的なキリスト教護教家は、キリスト教の教義体系の要旨をイエスに見出そうとした。そこで忘れられているのは、そのような教義体系もしくはその一部を信奉して生きる、つまり信者として生きることは多くの人々にとって容易であるけれども、みずからその教義体系の中心である「キリスト」自身として生身の人間が実際に生きようとすれば、そうきれいごとではすまない、という事実である。むろんキリスト教護教家にとっては、生身の人間がみずからキリスト理念なんぞを体現して歴史的現実の中に生きようとすればどういうことになるか、などという問いはどうでもよかった。キリスト理念なるものが存在したのだ、と言えればそれでよかったのだ。だから歴史の中で実際に生きていた生身の人間であるイエスを描く必要がなかった。いや、描かない方がよかった。ただ、イエス様は神の子として此の世にお生れになった、そして途中の人生はすっとばして、あとは神の子として復活した、とくり返していればよかったのだ。イエスはメシアであった、と主張はしても、一人の人間が自分はメシアであるという意識を持って実際に生きたらどういうことになるのか、という問いは持たなかった。他方、近代主義の学問を通過したキリスト教学者、すなわちいわゆる「批判的」学者たちも、イエスのメシア意識の問題にふれたがらない。イエスをメシアとして描くのは後の教会の着色であり、イエス自身はそういう意識を持っていなかった、というのである。これが西ドイツを中心とした今日の学界の「主流」の見解である。そして事実この見解はかなり正しい。福音書においてイエスを何らかの意味でメシアとして描く記述は、マルコやQ資料よりもマタイやルカでよほど大量に増しており、マルコやQ資料の中でも伝承として比較的新しい層に属すると思われるものほどその傾向は強い。これまた当然のことである。一人の男が十字架にかけて殺された後、その信奉者たちがこれを救世主に仕立て上げたのだから、伝承が後のものになればなるほどそのような潤色が強くなるのは当然のことだ。

けれどもなお、そう言ってすましてしまうわけにはいかない宗教的熱狂の意識がイエス自身にもあった。そこのところを「批判的」学者たちは奇妙な論理ですりぬける。イエス自身は自意識としてはメシア意識をもたなかったけれども、実質的には後の教団の信者たちがいだいた救世主の像に対応する質の生を生きた、という理屈である。「批判的」神学者といえども護教論者にはちがいないので、近代主義の学問の体裁にあうように護教論の論理をうまく模様がえした、というにすぎぬ。だから一方ではやたらと「批判的」に、少しでも独得な終末論的自意識を臭わせている要素はすべて、後の教団による付加であるとみなして、むきになって切って捨てる。そうすることによって、近代的な学問をいとなんでいるという満足感に酔う。しかし、それならそれではっきりと、イエスはメシアをたてる思想やら終末論的熱狂とは無縁だったので、原始キリスト教団はその点でイエスとはおよそ異なる宗教思想を展開した、と言い切ればいいのに、そう言ったのでは護教論にならないから、間違ってもそうは言わない。思想の表現は異なるのですが、本質は同じなのです、と宣言して、複雑怪奇奇妙きてれつな論理を展開したあげくに、その「本質」なるものにたどりつく。

実際これは無理である。もしもイエスが後のキリスト教徒の信仰の内容と実質的に対応する生をみずから生きようとしたのだとすれば、そのことを自覚しないですますわけにはいかない。確かに人は自分の行動の質について無自覚であることも多い。その方がよほど多いと言っていいくらいだ。人が自分よりも弱い立場の者に対して実質的に抑圧者、弾圧者として存在する時には、そのことに無自覚ですますことができる。いや、そういう場合の方が圧倒的に多い。あるいはまた逆に、周囲の人々が大きな尊敬の念をいだくようなすぐれた生を実質的に生きながら、自分では別に自分が尊敬に価するわけではないと思いこんでいる例もたまにはある。しかし、神の子であり救世主であるという生を実質的に生きながら、そのことを自分で自覚しないで通すのは不可能である。万が一そのような生があるとすれば、それはこの上もなく異常な、異常なと言って気に入らなければ、日常の水準をはるかにとび出て、極度に緊張したものとならざるをえないからである。

どうして、イエスはメシア意識を持たなかったがメシアであった、などという奇妙な詭弁に近代的護教論者は走るのか。むしろ伝統的護教論者のように、イエスはメシアとして生きたのだ、と単純素朴に信じている方が正直で首尾一貫している。ただ、近代的護教論者はその詭弁によって一つのことを避け得ている。もしも本当にイエスがメシアとして自覚して生きたのだとするならば、すでに述べたように、生身の人間の生としては、それはおぞましい異様さをひきおこさざるをえない。その異様さから生じる大幅な揺れと迷いを自覚せざるをえなくなる。生身の人間はこの現実の限界の中でしか生きられない。神の子であれば、それを超越しているはずである。超越できない生身の人間が自分は超越しているのだという妄想をいだけば、逆にその分だけ、現実の壁にぶつかって痛い目にあう。つまり、自分は神の子だなんぞと思い上って生きるとすれば、その分だけ人間的に多くゆがんでしまう。異様にとびはねようとした分だけ、さまざまに屈折することになる。メシアとしての自覚を持った人間イエスを描こうとすれば、かえってますます、そのことの故の人間的弱みや愚かさにもふれざるをえない。恰好よく近代的学問のよそおいに身をこらした護教論者なんぞよりも、遠藤周作の描くセンチメンタルでお伽話的なイエスの方が、意外と真にせまっている理由はそこにある。近代的護教論者は、せっかくのキリスト教教義の「本質的」もしくは「実質的」体現者としての彼らのこぎれいで抽象的な「イエス」を、そういった人間的な揺れや迷いの汗にまみれさせたくない。だからイエスにはメシア的自覚はなかったのだと言いはり、多少なりとも宗教的熱狂の臭いのするせりふは、全部、後の教団の創作とみなして切って捨て、味もそっけもないイエス像を描き出す。生身の人間の心理の屈折したあやは全部切り捨てるから、その分だけ抽象化しやすい。そして抽象の極致の中身のない宙空にまでイエスの「実質」を蒸発させておいて、その「実質」はキリスト教教義の本質と同一なのだ、と言いはるのである。一九五〇年代の後半から六〇年代にかけて学者の世界をにぎわしたいわゆる「史的イエス論争」は、この奇妙な論理をどうやって本当らしく見せかけるかという詭弁を競いあったものだった。これは手のこんだ手品だが、種をあかせばどうということはない。宗教的熱狂に必然的に伴わざるをえない異様さをイエスから切り捨てるために、イエスには宗教的熱狂はなかったと言い、しかも宗教的に熱狂しなければありえない実質をイエスは生きたのだ、と言っているにすぎない。しかしそのせいで、学問めかして、福音書の中のずい分多くのせりふが、信憑性のない伝承というレッテルを貼られて捨てられてしまった。

何も私は彼らに反対して、イエスは後の教団が信奉したような救済者としての意識を持って活動したのだ、などと主張しようとしているわけではない。ただ、イエスの死後、信奉者たちがイエスをメシアとしてあがめたのは、まったくの無から有を生ぜしめた創作ではないので、彼らにそのような気持をおこさせるような要素が多分にイエス自身にあった、と言いたいだけのことである。イエスにもその程度の人間的弱みは大いにあったのだ。

## 二　神の国――ユダヤ教の発想

イエスの宗教的な思想の中核は「神の国」思想であった、と言われる。「神の国」の実現を近い将来に見ていた。あるいはすでに今「神の国」は実現しつつあると見ていた、というのだ。そうだとすれば、「神の国」思想こそイエスの宗教的熱狂の拠点だった、ということになる。果してそうか。

結論から先に並べておくと、そもそも「神の国」思想はイエスの思想の中心ではなく、また、宗教的熱狂の種をはらむようなものではなかった。むしろイエスが「神の国」に言及する時は、控えめで、敢えて言及するならば、といった感じである。というよりも、ひどく冷徹にさめていて、「神の国」思想がそれまではらんでいたゆがみを皮肉に指摘して転倒する様があった。その点ではイエスは鋭い宗教批判者である。ただし、その「神の国」と関連してイエスが自分の病気治療の活動を興奮して意味づけた時には、すでに宗教的熱狂に大きくのめりこんでいる。その点にはあとでもどってくることにして、とりあえず、イエスが「神の国」についてどのような発言をしているかを見てみよう。

二十世紀キリスト教神学は、イエスの思想の中心点を「神の国」思想に見ようとし、その結果、イエス自身が直接「神の国」という語を口にしていない場合まで、イエスのすべての発言と行動とを「神の国」思想の現れとして理解しようとした。むろんこのような理解の仕方は邪道である。近代の観念論的な人間理解の仕方がこういうところにはしなくも露出した、と言える。これは、一人の人間の発言と行動がすべて一つの宗教的観念から生じうる、などという極めて観念論的な人間理解の型を前提としない限り、ありえない発想だからである。これに対する反論は容易である。イエスは何でもかでも「神の国」に結びつけて考えたりはしていない、というのが事実だからだ。彼の発言と行動のほとんどは、まったく「神の国」なんぞと関係づけられていない。「神の国」思想が顔を出さないイエスの発言や行動は、無理に「神の国」と結びつけずに、そのまま理解すればいいのだ。

ではイエスがみずから「神の国」について語っている場合はどうだろうか。イエスの思想と行動全体を「神の国」思想で割り切ることはできないにせよ、せめて、「神の国」について直接に語っている場合には、一つの統一のある「神の国」像を提供しているのではないのか。——しかしどうも、イエスの「神の国」についてのあまり数多くもない発言を並べてみても、そこから一つの整った、完結した「神の国」思想を抽出することはできない。

これはある意味では当り前なことである。人が一つの宗教観念を用いてさまざまな思いを表現していく時に、そのさまざまな思いの一つ一つの背景にはさまざまな矛盾する現実が渦巻いている。とすれば、たった一つの宗教観念であろうとも、それが常に統一のとれた体系的意味なんぞで用いられると限ったわけではなく、むしろそこには人の思いのさまざまな破れが顔を出す。イエスの「神の国」にしたところでそうだろう。だいたい、ひどく高揚した精神状態で「神の国が来るぞ」などと叫ぶような意識を、四六時中、しかも長期間にわたって持続するなど不可能なことだ。それにイエスの場合、自分が「神の国」という宗教概念を発明したわけではなく、ましてや自分から積極的に「神の国」の到来なんぞを語ろうとしたわけではなく、単に当時の宗教思想において非常に多く用いられていた概念に対して批評的にものを言っているだけであって、もしもあなた方のように「神の国」なんぞと言いたいのなら、こうも言ってみましょうか、と構えたところがある。とするとイエスはその都度さまざまな思いをひきずって神の国理念にからんでいることになるので、そのようなところから整合性のある「神の国」思想の体系なんぞを抽出しようとしても、無理を犯すだけだ。

もっとも、「神の国」という概念はイエスの専売特許とまでは言えないにせよ、当時ほとんど稀にしか用いられなかった表現を、イエスが独創的な意味をこめて用いるようになったのだ、という学説がある。J・イェレミアスという有名な学者の説である。とすれば、当時の常識的な「神の国」概念をイエスが批判した、ということにはならず、むしろイエスがほとんど新しくこの概念をつくり出した、ということになる。果してそうか。

確かに、当時のユダヤ教の文献に「神の国」という概念は多くは出てこない。それに対して福音書ではマタイに三七回（「天の国」という言い方も含めて）、マルコに一四回（「神の国」のみ）、ルカに三二回（「神の国」のみ）も出て来る。それに、「国」という語（この語はむしろ「王国」と訳す方が厳密だが）がそれだけで定冠詞をつけて「神の国」の意味に用いられる場合も含めれば、もっと多くなる。他方、この概念は、それ以前のユダヤ教文献と比べれば、ラビ文献には多く見られる。これはどういうことだろうか。イェレミアスは、イエス当時のユダヤ教ではまだ「神の国」（もしくは「天の国」）という概念はほとんど用いられていなかったのに、ラビ的ユダヤ教においてはじめてある程度多用されるようになったのだ、と判断する。

しかし、ラビ文献に出て来る素材の取り扱いは難しい。確かに、厖大なラビ文献の中の最も基本的なものであるミシュナは、二世紀後半になって、「殿下」もしくは「長老」とあだ名されるラビ・ユダが編集したテクストが基礎になっている。ミシュナとは、シャーナー（くり返す、くり返して教える）という動詞からつくられた語で、要するに「教え」ないし「教科書」とでもいう意味だが、ユダヤ教宗教律法の解釈が口伝として伝わっていたのを編集したものである。さらにこのミシュナに対する大量の解釈（バライタと呼ばれる）をミシュナの原文と並べて編集したものがタルムッドと呼ばれる百科事典的分量のユダヤ教文献である。今日我々が手にしているミシュナは、ユダの編集したテクストに更に書き加え、修正がほどこされている。そこに書き下ろされている伝承の発言者も、後一世紀後半から二世紀前半のラビが多い。従って、主としてこれは、イエスよりも後の、特に七十年のエルサレム神殿崩壊以後のラビ的ユダヤ教の状態を示す文献である。けれども、そこに伝えられている伝承の相当数は口伝伝承としてかなり古い時期にまでさかのぼる。イエスより二十歳ぐらい年長のヒレルやシャンマイの時代にまでさかのぼるものも結構多い。それに、編集作業自体も、ユダ殿下がはじめて手をつけたというのではなく、二世紀半ば頃、ラビ・メイルがすでにかなり仕上げていた作業をユダが引きついだだけだと言われる。さらに、二世紀前半、ラビ・アキバもかなりな程度の編集作業をやったらしい。それ以前の段階においても、口伝伝承はばらばらに伝えられたわけではなく、主題に従って整理され、まとめられて伝えられていたので、そういう意味での「編集」作業は、学説によれば、ヒレルやシャンマイの弟子たち、さらにはヒレルやシャンマイ自身にまでさかのぼりうるのではないかという。いずれにせよ口伝伝承の常として、文書に定着するかなり以前から口頭でさまざまに言われていたことが、だんだん定まった形をとって、最後に文書に定着するものである。

とすると、イエレミアスのように、イエス当時のユダヤ教において「神の国」という語はほとんど用いられていなかったと結論するのも、いささか行き過ぎであろうかと思われる。確かに前一世紀のユダヤ教ではまだこの語はほとんど用いられていない（もっとも「神が王支配する」という動詞の言い方は旧約聖書以来ずっとよく用いられる言い方である）。けれどもおそらく、イエス当時のユダヤ教においてはすでに多く口にされるようになり、それがやがて文書に定着した、ということではないのだろうか。そのことを示す最も確かな証拠は、イエスが「神の国」に言及する時、人々がよく知っている概念に言及している、という感じで語っており、しかも常識的にその概念の内容として考えられていることに対して、逆説的な言い方をぶつけるという語り方をしている、という事実である。さらに、イェレミアス自身があげているラビ文献以前の例もそのことを証明している。

「汝（＝神）の慈悲が汝の国においてイスラエルに来たらんことを」（『ソロモンの詩』五・一八。後述するように「神の国」は「神の支配」とも訳せるから、この個所は通常は「汝の支配」と訳される）

「その時（＝終末）、彼（＝神）の国（支配）はすべての被造物の上に現れるだろう」（『モーセの昇天』一〇・一）

そして特に、すでに本書のはじめに引用したカディシュの祈りにおいて、「その（＝神の）御国が支配するようにさせ給え」という句があるのが重要である。少なくとも毎週シナゴグの礼拝の時に何度となくこの句はくり返し祈られたのであるから、それだけですでに、当時の民衆一般にも、「神の国」は重要な宗教概念としてよく知られていたはずである。

イエスの当時、「神の国」について多くなされていた表現の仕方は少なくとも二通りあった。一つは祈りにおいて、もしくは祈願の気持を表現する言葉において、神の国の到来を期待するものである。「神の国が現れる」もしくはそれに類似した言い方が多い。右に引用した三つの個所がそれにあたる。イエスの活動した時期よりやや以前に書かれたと思われる『モーセの昇天』はユダヤ教敬虔主義の流れに属する文書で、民族主義的な終末論を表現しているが、ここでは、「神の支配が現れる」時には、「いと高き神が……異邦人を罰し、彼らのすべての偶像を打ちくだくために、公然と現れるであろう」という。それは単に異邦人の政治的、軍事的支配が終るということだけでなく、ユダヤの神が全世界を支配する、すなわちユダヤ人の宗教信仰が全世界に対して勝利し、異邦人はユダヤ人の宗教信仰を受けいれてユダヤ人に仕え、それを受けいれない異邦人はみな滅ぼされる。「その時、イスラエルよ、汝は幸福になるだろう」というのだ。民族主義的にあまりにも図々しく、けしからん願望と、神話的宇宙的終末論が組み合わされる。確かにそれは決して、ユダヤ民族がみずから政治的社会的力を獲得して、そのような世界秩序をつくる、ということではない。神が宇宙大の規模でまごうことなく姿を現わし、この世界の秩序を転倒するという、あくまでも神の行為として待望されることであった。その時、平野は隆起し、山はたいらにされ、太陽は光を失い、星は天から落ちる。ここで考えられている神の国は、決して此の世とは別の場所にある彼岸の極楽ではない。「天の国」というのは「神」という語を口にするのを避けようとするユダヤ人のものの言い方から生じた表現にすぎないので、決して、天にある楽園という意味ではない。天（神）の力が地上に直接下ってきて、あますところなく地上を覆い、地上を支配しつくす。「終末論」とよく言われるが、それは、此の世に終末が来てあとは何もなくなってしまう、ということではない。天地創造以来のこの世界の秩序が終り、まったく新しい世界がはじまる、ということである。そういう壮大な規模の神話的終末論と、いけ図々しい民族主義的願望とが密接に組み合わされているのが彼らの神の国の待望であった。

その神の支配が実現するようにという願望を、ユダヤ人というユダヤ人が安息日ごとに会堂に集って、声をそろえ、大きな声でわあわあと、何度もくり返しとなえていた。叫んでいた。いやまあ、ずい分とおぞましい風景だっただろう。

従ってまた、神の国は一方ではまったく他律的なもの、つまり人間のつくるものではなく、神がみずから定めた時にみずから姿を現わすことによって実現するものであるが、他方では、ユダヤ人の中でそのように神の国を待望する宗教的に敬虔な者たちこそが神の国を担うのだ、と考えられた。ここに、神の国に関するもう一つの言葉づかいが成立する。「神の国を担う」もしくはもっとしばしば用いられる表現で、「神の国のくびきを負う」という言い方である。

豚肉を食わない、「汚れた」とみなされた女とは寝ない、等々の「清め」の規定を厳密に守る者こそ、「罪を去り、神の国のくびきを負う者とみなされよう」(シフラ・レビ記二〇・二六。シフラはラビたちによるレビ記の註解書)。

また、かなり後の文献だが、タンフマという名のラビの言葉を多くのせているので「タンフマ」と呼ばれるモーセ五書の註解書があるが、ここでは、異邦人でユダヤ教に改宗した者の方がユダヤ人で不敬虔な者よりも神に喜ばれる、とし、そういう改宗者は「神の国を担っている」と呼ばれる。それに対し、ユダヤ人で律法を守ろうとしない者は「天のくびき」すなわち神の国のくびきを自分の首からはずしてしまった者だと言われる。

つまり、「国」という語は同時に「支配」という意味を持ち、というよりも神が王として支配する状態、及びそういう状態が実現した場所が「神の国」なのだが、とすれば、「神の支配のくびきを負う」ということは、ユダヤ教の律法を十全に守って生きていくということになる。シェマの信仰告白をとなえること自体が「神の国のくびきを負う」行為だ、というのである(ベラコート二・二)。ベラコートという文書はミシュナの巻頭におかれている文書で、シェマをとなえることについての規定をいろいろと述べているものだが、この表現は、いかにシェマが重要視されていたかを示している。毎日、朝と夕、「聞け、イスラエルよ……。心をつくし、生命をつくし、思いをつくし、力をつくして、主なる汝の神を愛すべし……」と唱えることこそが、「神の国のくびきを負う」行為だというのである。この用語法はおそらくイエスの当時にまでさかのぼる。これについて、いささか傑作な話と、悲劇的な話が伝えられている。

結婚の初夜だけはさすがに、花婿はシェマを唱える義務を免除される。それなのに、ラビ・ガマリエル二世（後九〇年ごろ）は、初夜にまでシェマを唱えたという。弟子たちが、あなたの教えによれば初夜には免除されるはずですが、と質問したところ、「諸君の言うことに従って、ほんの一瞬たりとも神の国のくびきをはずすようなことはしたくない」と答えたという（ベラコート二・五）。

もう一つは有名な話で、第二次ユダヤ独立戦争当時（後一三五年）、その思想的首謀者とみなされたラビ・アキバが高齢で逮捕され、殉教の死をとげるのだが、その時彼は、鉄の櫛で肉をけずりとられるという責め苦の中で、平然と「神の国のくびきを負っていた」という。つまり、その拷問に耐えながら、シェマの信仰告白を唱え続けていた、という凄絶な話である（タルムッドのベラコート六一b、ビラーベックにより引用）。後になってアキバを英雄視するためにかなり誇張して伝えられた話であろうけれども、シェマの信仰告白がどのように重んじられていたかはよく示されている。

このように見てくると、「神の国」は決して夢のような極楽という図ではない。ユダヤ教の神信心のごりごりのすさまじさがここにもにじみ出る。神の支配が十全に実現する時には、「罪人」と烙印を押された者たちはみな恐怖にさらされ、根絶されてしまう。その時が来る前にも、すでに今、宗教信心の厳格さをやたらと追求している者たちが、自分たちだけが神の国のくびきを負っているのだと思い上がる。審判と呪いの声がつきまとう。

## 三　神の国——洗礼者ヨハネの極限

その宗教的厳格さを極限まで押し進めたのは洗礼者ヨハネであった。この男はパリサイ派程度の信心ではとても我慢できない。それはかなり精神化されてしまっていて、生活の実質に及んでいない。ヨハネは厳格さを生活の実質にまで及ぼそうとした。行きつく先は徹底した禁欲である。荒野に出て行って、そこで「いなごと野蜜」を食物として生きるという修道者の生活をつらぬきながら、人々にむかって悔改めを呼びかける。ユダヤ教支配層に対しても容赦しない。「蝮のすえよ。お前らは誰に教わって、来たらんとする神の怒りの審判から逃れようなどという気をおこしたのか。逃れたければ、悔改めにふさわしい実を結ぶがよい。そして、自分たちの先祖はアブラハムだ、などと思ってもみるな。神はこれらの石ころからでもアブラハムの子孫をおこすことができるのだ……」（マタイ三・七以下）

このヨハネが人々に対して呼びかけた言葉が、「悔い改めよ、神の国が近づいたのだ」（マタイ三・二）であった。まさにユダヤ教の思想を極点まで押しつめている。神の国とは審判そのものである。「斧はすでに木の根もとに置かれている。良い実を結ばない木はすべて切り倒されて火の中に投げ入れられる」（同三・一〇）。だから今のうちに悔い改めるがよい。彼が実施した「洗礼」とは、その悔改めを象徴する儀礼であった。それは「罪の赦しにいたる悔改めの洗礼」（マルコ一・四）である。神が審判のためにみずから直接に姿をあらわした時になってからでは遅いのだ。私ヨハネはただの先ぶれの使者にしかすぎない。神がみずから姿をあらわしたら、その威光の前には、私はかがんで神のはいているサンダルの紐をとくことすらようしない。ひれふして、ふるえているのみだ。神は、手に箕を持って麦打ち場の麦を片づける農夫のようだろう。麦は集めて倉に入れられるが、もみがらは消えることのない火で焼きつくされる。いいか。お前らは今悔い改めておかないと、もみがらのように燃やされて終りだぞ。

神の国は近づいたのだ。お前ら、悔い改めろよ。おそろしいぞ……。

これは実際おそろしい叫び声だったに違いない。何という神の国だ。しかしここまで徹底してやられると、ある種の爽快さがある。パリサイ派の場合、何のかんのと言っても、自分たちだけいばりくさって、自分たちの規律を人に押しつけ、「清い」人間と「汚れた」人間を区別する。社会の片隅にはじき出され、抑圧された者たちは、それではとても神の国なんぞに縁はない。「あいつら、神の国の門を人々の鼻先で閉じてしまって、はいらせようとしないやつらだ」、とイエスも一度、吐きすてるように口にしたことがある。もっとも、イエスはどうも皮肉に一言多い。「あいつら自身、はいりはしないんだろうけれどもな」、とつけ加えてしまった（マタイ二三・一三）。

それはともあれ、ヨハネの場合は徹底している。王侯君主も下々の者も、彼の前ではみんな同じだ。いばりくさった祭司もラビも、『汚れた者」扱いされる俺たちも、彼の前に出ればみんな同じにどなりつけられる。みんな罪人なんだそうだ。みんな、もみがらのように集めて燃やされるのだそうだ。

だから誰一人、神の前で特権階級などいやしない。みんな例外なく悔い改めなければいけない。そうだ、ヨハネのところに出て行って、洗礼を受けよう……。厳格な宗教倫理を徹底して凄絶に押しつめたところには、かえって救いがある。ヨハネが民衆の間に人気があった理由だ。しかしヨハネ自身はあくまでも孤高の修道者だった。彼の行くところ、春の青草もみな枯れて、なぎ倒される雰囲気があった。

やや横道だが、ヨハネは「神の国が近づいた」と叫んだのではない、というのが今時の学界の主流の説だ、ということは指摘しておこう。そのせりふはマタイにしか記されていない、という理由である。それに対し、同じせりふをイエスが言ったということは、マルコに記されている。イエスの言ったせりふを、福音書記者マタイが洗礼者ヨハネの口に置いてしまったのだ、というのである。果してそうだろうか。この主流の説は、イエスの思想の根本は「神の国」だった、ということを無条件の前提にしてしまっている。それはイエスの独創だ、だからそんなことをヨハネがイエスより前に言うはずがない……。しかしその前提があてはまらないことはすでに述べた。むしろ当時語られていた神の国思想を批判的に転倒するところにイエスの特色があった（更に後述三四五頁以下）。洗礼者ヨハネが神の国の宣教者として立ち現れ、声を大にして神の国にもとづく悔改めを語りかけたのだとすれば、イエスのこの思想的特色の説明がつく。イエスもひとたび洗礼者ヨハネのもとに身を投じ、洗礼を受けた。しかしやがて、ヨハネの倫理的厳格主義、すさまじい禁欲主義とは百八十度異なる方向に歩み去っていく。百八十度異なった方向で極限まで押しつめると、不思議と共鳴しはじめるものだ。イエスの弟子には、かつてヨハネの弟子であった者が多かった。イエスの話を感激して聞いた多くの聴衆は、かつてヨハネの話に慄然としながらも感激した人々であった。イエスは言った、「神の国？　それはそんなおそろしいものじゃないです。ほれ、あなた方の中にある。神の国ってのはそういうことじゃないですか」（ルカ一七・二一参照）。

従って、「神の国が近づいた」というせりふをヨハネのものではないと断定すべき理由はないと思われる。イエスの言ったせりふを福音書記者マタイが意図的にヨハネの口に置いたのだろう、というのは奇妙な説明だ。これが本当にイエスの独創であるのなら、マタイがわざわざそれをイエス以前からすでにヨハネが主張していたことだなどと言い立てるべき理由はない。ところがたとえば荒井献は、この点で理屈にもならない理屈をあげて、これはマタイの作業だと断じている。その判断の理由は、これはマタイ自身の解釈だから、というのである。そしてその理由から出てくる結論は、これはヨハネが実際に言ったことではなく、マタイ自身の解釈だ、というわけだ。「お前、泥棒を働いただろう」「まさか。どうして？」「お前は泥棒を働いたことになっているから、泥棒を働いたことになるのだ」。

――むしろ逆に、マタイに限らず、原始キリスト教全般がイエスの頭をとびこして、洗礼者ヨハネの発言ややり方をおのれの宗教儀礼や宗教思想としてとりこんでいった。洗礼ということ自体、イエスは洗礼など人にほどこす意図は毛頭なかったが、原始キリスト教団はヨハネの洗礼を継承しておのれの宗教儀礼の中心にすえたのだった。また、「悔改め」とそれに伴う「罪の赦し」という、通常いかにもキリスト教的と思われている宗教行為と宗教理念にしたところで、洗礼者ヨハネの宗教行為の中心にすえられていたものであって、イエス自身はそのどちらの言葉もほぼまったく口にしていない。最古の福音書マルコにおいて「悔改め」という語は、後述する一・一五を別とすると、洗礼者ヨハネ

（一・四）とイエスの弟子たちの活動（六・一二）を表現する場合にしか用いられていない、というのは象徴的である。それに対しルカは、「復活した」イエスが弟子たちに、洗礼者ヨハネとまさに同じことを宣教するように、と命じる場面を作文している。「キリストの名において、すべての民に、罪の赦しにいたる悔改めが宣べ伝えられねばならない」（二四・四七）。キリスト教の説教を紋切型に「悔改め」の呼びかけとして型にはめ、キリスト教に改宗することを「悔改め」と称するようになったのは、福音書記者ルカの影響するところが大きいけれども、その傾向はすでに、ごく初期の教会においても見られた（マタイ一一・二〇以下、一二・四一。いずれもQ資料）。洗礼者ヨハネの説教の型がキリスト教化されて原始教団によって継承されたのである。

## 四 「罪の赦し」を祈りたければ……

「罪の赦し」にしたところで、イエスは二、三の例外を別とすると、そもそも「罪」という語そのものを口にしていない。もっともイエスとて時代の子だから、神にむかって罪の赦しを祈るぐらいのことはしただろう。その時代のユダヤ教の祈りにおいては、罪を赦し給え、という句がとなえられることが多かった。

「我らの父よ、汝に対して罪を犯した我らを赦し給え。汝の目の前から、我らの過失を消し去り給え。汝の慈愛は大きい。多くの赦しを与え給う汝は誉むべきかな」（「十八の祈り」の第六）

「十八の祈り」はその名の如く十八項目からなる壮大な祈りで、シナゴグでの集会で唱えられた。シェマは祈りというよりも信仰告白で、カディシュの方は小さい祈りでさまざまな折に短くつけ加えて祈られたものだが、「十八の祈り」の方は、壮大で公式なユダヤ教の祈りである。すさまじくごりごりの民族主義の精神が標榜されている点でも有名で、また正統主義の意識にこりかたまっている様もすさまじい。「背教者にはいかなる希望もありませんように」(第十二)。この第十二の祈りの句に、キリスト教が出現して以後、もう一句つけ加えられた、「ナザレ人(＝キリスト教徒)と諸異端の徒は、一瞬のうちに滅び去りますように」。それはともかくとして、ユダヤ人はこの第六の祈りに見られるような仕方で、ほかの機会にも、祈る時にはしばしば、罪の赦しを神に乞うていた。従ってイエスもまた、お前はどのように祈るか、とたずねられた時に、カディシュの短い祈りをさらに要約し、「毎日のパンが欲しい」と述べたあとに、「我らに負い目ある者を我らが赦す如く、我らの負い目をも赦し給え」(マタイ六・一二)とつけ加えた。神に祈るとは、罪の赦しを祈ることだ、というユダヤ教の祈りの精神をイエスもまた逸脱していない。

しかしここでも、イエスの特色ある個性が発揮されている。「罪」と言わずに「負い目」と言うのがそうである。もっとも、当時のアラム語の宗教的な語法においては、「負い目」という語は「罪」を意味したから、これをギリシャ語で「罪」と訳したとて間違いではない(ルカ一一・四)。だが、特にこの語を選んで用いた点にイエスの特色がはっきり出る。「十八の祈り」の第六でも、その他の罪の赦しの祈願でも、もっと端的に「罪」の語が用いられている。日本語で「負い目」と訳してみたが、この語はもともとは精神的な意味の語ではなく、「借金」「借財」を意味する。「借り」と訳した方がよかったかもしれぬ。つまりイエスは、「罪」を神に対する「借り」として考えていた。イエスが人間と神の関係を主としてこのように考えていたということは、すでに多く見てきた譬え話によく示されている。すべての人間が等しく神に対して借財を負っている。此の世にあふれている良いものは、自然界の豊かさは、いわば人間が神に対して負っている借りなのだ。あるいは、もしも誰かが人よりよほど富んでいたり、人を支配する権力を持っていたりすれば、それはますます神からの借りなのだ。その借りを神に返すなど、不可能なことだ。神の方から我々のつけを帳消しにしてくれて、惜しみなくその恩寵を与え続けてくれるから、それで我々は生きていける……。ここには、イエスの神観の一つの特色である楽天的で幼児のような信頼感に通じるものがある。だからここでは、何かひどく宗教的に精神化したり、あるいは倫理的な観念を押したてたりするところから生れる陰湿な「罪」の観念が考えられているのではなく、物質生活をも大きくつつみこんだ神への依存の感覚が働いている。

このようにある意味で素朴に考えるから、神に対する祈りの姿勢が、即、人間相互の現実の関係にも移して主張される。我々の豊かさがすべて神からの「借り」であるとするならば、人間がお互いどうし、やれ貸したの借りたのといがみあうことはない。そういうことを言うから、強い者が弱い者を、富める者が貧しい者を、ますますしぼりとろうとする……。これもすでに多くの譬え話で見てきたとおりだ。だからイエスは、もしも神に対して「私たちの借りを見逃して下さい」と祈るのならば、まず我々自身、我々に対して借りのある者の「負い目」を棒引きにするのが当然だ、と主張する。——もっとも、この点でもイエスは必ずしも独創的ではない。神に対して罪を赦してほしいと祈るのなら、自分も隣人に対して罪を赦すべきだ、という考え方は、ユダヤ教諸文献に多く見られる。ただイエスはその点で特に徹底していた。「罪の赦し」ということをイエスが口にするのは、ごく僅かの場合しかないが、しかしそのすべての場合に、判で押したように同じ思想が貫かれている。

> 立って祈る時にはいつでも、誰か他の人に対して何か文句を言うべきことがあれば、それを赦してあげるがよい。そうすれば、天にいますあなた方の父もまた、あなた方の過ちを赦して下さるだろう。（マルコ一一・二五）

イエスが祈りについて考える時にもその眼は祈りそのものよりも、祈りの外へと直ちに向けられる。そもそも神に対して祈るなどということがありうるとするならば、そういう晴れがましい振舞い以前に、まず自分が現実に生きている人間関係の中でその晴れがましさを可能にするような関係をつくるべきだろう。――もしかすると、イエスが口にしたのは、祈りたかったら、まず祈る前に自分の現実の人間関係を整えよ、ということだけだったのかもしれぬ。それが、伝承が伝わるうちに、イエス自身の祈りの言葉ということにされてしまって、「我らに負い目ある者を我らが赦すごとく、我らの負い目をも赦し給え」と祈るように教えた、と変えられたのかもしれぬ。

ともかくこういうイエスだから、人間の数多くの行為を洗い上げて、どれが罪になるかを定めて断罪し、あるいはそもそも人間存在そのものが罪なる存在であるとみなす、などといった発想からはほど遠かっただろう。この人の楽天ぶりは、そういった陰湿な思想とは無縁である。

たった一度だけイエスが他人にむかって罪の赦しを宣言したことがある。カペナウムで、おそらくペテロか誰かの家に居た時のことだ。イエスが病人を癒す、という噂はすでにひろまっていた。こういう噂がひろまりだす初期には、人々は熱狂的になるものだ。実際、いくら手だてをつくしても治らぬ病人をかかえていると、病人自身もまわりの者も、その種の噂には敏感になる。中風患者がいた。「中風患者」と訳すことになっているが、本当のところどういう病気かわからない。いずれにせよ、手足の神経が麻痺して、起き上がることもできない、という症状だった。

人は他人の不幸に対して多くの場合残酷なものである。人間の解放というようなことが言い得るとするならば、誰に強制されるのでもなく、それぞれが自分のうちにあるある種の残酷さを克服していかねばならぬのだが、これはともかくまだ一世紀の話だから、その残酷さも露骨に表現される。理由のはっきりしない慢性病に苦しんでいる病人がいると、あいつは何か悪いことをやった因果で病気になったのだ、などとその病人を悪しざまにけなす者が出て来るものだ。しばしば、よく調べもしないキリスト教神学者は、この物語のみを手がかりに、当時のユダヤ教神学は病気を罪の結果とみなしていたのだ、などと知ったような註釈を加えるが、そういうことはない。確かに、ラビの言葉にもそういう見解は皆無ではないし、福音書にも、ヨハネ九・二にはそういう見解が言及されている。しかしそれらはごく僅かな例であって、一般的にユダヤ教では病気の原因は罪であると考えられていた、などということはない。むしろ病気と罪を結びつけない方が普通だった。時たま、治りにくい難病などについて、あるいはその病人が平素何らかの意味でそねまれたり憎まれたりしていたか、ともかく、口さがない近隣の人か看病に疲れた身内の者かが、あの人は何かの罪のせいで病気になったのだろう、と言いたてた、といった程度のことであろう。とするとこれは、ユダヤ教の特色でもなんでもなく、世界中あらゆるところであらゆる時代に見られる他人の不幸を残酷に断罪しようとする人間心理のみにくい働きである。

けれども一世紀の人間ならば、そういう憶説にも容易に心を動かされただろう。まわりの者たちがあれは罪のせいだと言いはやしているのが耳にはいれば、本当にそうなのかと自分でも思い込んでしまっただろう。なかなか治らない病気に苦しんでいるだけでも精神的な負担なのに、まわりでこういう残酷な悪口をささやかれれば、自分でも自分自身に対して疑心暗鬼になる。自分はいったいどういう罪を犯したのか。もしかするとあれかな、いやこっちかな、と思い悩む。多分あれかと思っても、ではどうやってその罪が赦されるか。祭司に託してその罪の赦しのための供え物を提出してみたのだが、いっこうに病気は治らない。とするとほかの罪があるのか……。もともと神経系統の病気であったのなら、このようにくよくよ思い悩むのは一番病気に悪いはずだ。こうして、他人の無責任で残酷な噂話がこの人の病気を重くする。その時、イエスなる男がどんな難病でも治す奇跡的な力を持っている、という噂を身内の者が聞きこんできた。行ってみよう、とて、病人は床に寝たまま四人の人にかつがれてやって来た。

病人を癒すためにイエスが罪の赦しを口にしたのは、この時だけである。ということは、この男が罪を犯したが故に不治の病にかかったと噂され、本人もそのことで悩んでいたのを知っていたからこそ、その事情に応じてイエスはこの場合敢えて大みえを切って断言してしまったのだろう、「あなたの罪は赦された。赦されたんだから、もう起きて歩くがよい」（マルコ二・五、一一）

こう宣言されて、病人は胸につかえていたもやもやが晴れ、まるで治ったような気分になった、というのか、もともと神経症なので、イエスのこの強烈な宣言にぐんと積極的なショックを感じて、ともかくその場では立ち上がれたのか、それで本当に治ってしまったのか、などと詮索してもはじまらない。なにせこの種の奇跡物語はひどく伝説化した形でしか伝わらないものだ。この病人は、立ち上がると自分で自分の床をかついで帰って行った、というのが伝説の語り口である。しかしそれが伝説だからとて、まったくの作り話だときめつけるわけにもいくまい。何せ、イエス自身も周囲の者もそういう奇跡を信じて熱狂する精神的風土に生きていた。事実として何がおこったにせよ、イエスがこういうことをやったと人々が信じこんだのは確かだし、イエス自身も、自分に奇跡的治癒のすさまじい能力があると思い込んでいたから、少なくともこの場合、「あなたの罪は赦された」ぐらいのことは言ってのけたのだろう。

これを言ってのけるのは、実は、当時のユダヤ教の思想環境の中ではずい分思い切ったことである。「これはひどい。これは冒瀆だ。神以外に罪を赦すことができる者はいないはずだ」、と律法学者なら考えただろう。実際、マルコはその場に律法学者が居あわせたことにして、律法学者が心の中でそのように考えているのをイエスが見ぬき、直ちに反論した、という風に話をつくっている。その場に本当に律法学者が居あわせてそのように考えたのか、あるいは、誰かその場に居あわせた者が、律法学者が聞いたらこう言って文句を言うだろうと言ったのか、わざわざ誰かが後から律法学者に御注進に及んだのか、あるいは律法学者が後から噂を聞いて、これはひどいと言ったのか、あるいは、そもそも実際の話ではなく、もしも律法学者が居あわせたらこう考えただろうなあ、とマルコが想像して話をつくったのか、そういうことはどうでもいい。確かなのは、律法学者ならむろんのこと、当時の真面目なユダヤ教徒なら、イエスがこのようにぬけぬけと罪の赦しを宣言するのを聞いたら、これはひどい冒瀆だと考えただろう、ということである。それを敢えて言い切ったのだから、すさまじい気迫がこもっていたはずだし、その気迫が病人に伝わらないはずはなかっただろう。そして、古代人でそれだけのことを言いきれるとすれば、イエスはやはり、自分はただの人間ではない、独自の権威ある、異能を持った存在だと確信していたはずだ。

しかしこのせりふには、イエスの「罪」の問題に対する関心と姿勢がはっきり現れている。もしもイエスが「罪の赦し」そのものを重要視していたか、あるいは、自分が罪を赦すほどの権威を持っているということを人々にひけらかしたかったのだとすれば、以後、機会あるごとに、病人を癒そうとする度に、お前の罪は赦された、と宣言して歩いたことだろう。しかしイエスにとってそういうことはどうでもよかった。自分に罪の赦しの権威があることを証明するために、いちいち人に罪人になってもらうことはないのだ。この病人の場合は、罪の故に病気になったのだと人々にはやしたてられたせいで、病気治癒のためには「罪の赦し」が心理的に必要となっていたという事情があったから、イエスは敢えて罪の赦しを宣言したのだろう。なんだと、この人は自分の犯した罪のせいでこんな病気になったと言いはやされている、と？　それなら俺は言ってやる、この人の罪は赦された！——この場合、イエスの関心は罪だの罪の赦しだのよりも、苦しんでいる病人に対してさらに追いうちをかけるように残酷に、お前は罪人だ、などと言ってののしる連中に対して、怒りとなってむけられていたことだろう。

だから、イエスが罪について発言した数少ないうちのもう一つのせりふは、もっとはっきり言い切

っている、

「人間にはいかなる罪であろうと赦される」（マルコ三・二八）

これは明快だ。説明を要さない。複雑な律法の体系があり、それに従って小さい罪やら大きい罪やらさまざまに規定され、どの罪が赦されるにはどうしたらよく、赦されえない重い罪もあり……。もういいよ、いい加減にしな。人間にはいかなる罪であろうと赦されるのだ！（この伝承を伝えたキリスト教団はこのせりふの明快さにたじろいで、「しかし聖霊の冒瀆は赦されない」なんぞとつけ加えてしまった。）

右の中風患者の話にせよ、この明快な宣言にせよ、別に、罪が赦されるために悔い改めねばならぬとか、悔改めにふさわしい実を結べとか、洗礼を受けろとか、そういったことは一切言われていない。ここに、洗礼者ヨハネとイエスの決定的な相違がある。そしてもっと重要なことは、イエスはこれ以外は（及び「義人と罪人」について、六二頁参照）、「罪」について一切発言していない、ということだ。イエスの関心は、宗教家づらをして厚顔無恥に他人のことを罪人よばわりする連中に対する憤りだったのだとすれば、そもそも「罪の赦し」を自分の基本課題とする必要もなかったはずだ。そういう連中が他人の行為をほじくり返して、罪、罪、と騒ぐから、罪について問題にしなければならなくなる、ということであっただろう。だからそういう連中に挑発された時には、そんな「罪」なんぞ赦されるから気にするな、と叫んだだろうが、それ以外に「罪」などという宗教概念をイエスが口にすることはまずなかったのは、当然のことだ。

## 五　イエスと洗礼者ヨハネ

このように思想の基本的な体質にかかわることにおいてすら、原始キリスト教団はイエスの思想の質よりも、むしろ、「罪の赦しにいたる悔改めの洗礼」という洗礼者ヨハネの呼びかけを継承し、そしてそれがあたかもイエス自身の思想の質ででもあるかの如くにイエス像に押しつけて描こうとしたのだから（マタイ一・二一、二六・二八、ルカ七・四七以下ほか多数）、まして、「悔い改めよ、神の国が近づいた」という洗礼者ヨハネのなした呼びかけを、教団の伝承者たちがイエスの口に置いたとしても、不思議はあるまい。逆の可能性（ヨハネはそんなことを言わなかったのに、イエスの言ったせりふをヨハネの口に置いた）は、まずありえない。

マルコの著者は、イエスがその活動をはじめた冒頭の宣言として、「悔い改めよ、神の国は近づいた」と言った、としている（一・一五）。今日多くの学者は一致して、これはイエス自身の言葉ではなく、イエスのもたらした思想を原始キリスト教団が一言でまとめようとしたところにつくられた表現だ、とみなしている。その結論は正しいと思われる。ただし、これらの学者たちが考えているように、イエスはそうは言わなかったにしても、イエスの根本思想をまとめればそうなる、というようなことではない。洗礼者ヨハネの思想を原始キリスト教団が継承し、それをイエスの口に置いてしまった、ということだけのことだ。

神の国の話にもどって来る前に、イエスとヨハネの比較をもう少し続けておこう。

原始キリスト教の伝承者たちは、このように洗礼者ヨハネをイエスの方に引き寄せ、ヨハネをイエスの先駆者として描こうとしたから、キリストが来臨する前につかわされた預言者だ、と言っていた言葉を、キリストが来臨する前につかわされた先駆者だ、という意味に読みかえてしまった。ヨハネは、自分の後から「力ある者」が現れる、その者の履物の紐をとくことすら自分はできず、その前でおののく、と言っている。これは実は神の直接の顕現について述べていたのだが、それをキリスト教団は、「力ある者」とはキリストのことだ、と解釈してしまったのだ。そうすれば、ヨハネはキリスト来臨の先駆者にすぎない、と位置づけることができる。こういった方針でヨハネ像を塗り上げ、他方また逆に、ヨハネもしくはヨハネ教団の言葉や歌などをキリスト教化して採用してしまっているので（少なくともルカ一・六八以下の「ザカリヤ讃歌」、ヨハネ一・一以下の「ロゴス讃歌」の大部分はヨハネ教団にさかのぼると思われる。おそらくルカ一・四六以下のいわゆる「マリアの讃歌」もそうだろう）、福音書の伝承資料を用いてヨハネ像を描くには慎重を要する。

イエスはヨハネとは百八十度反対の方向に極限まで押しつめて行った結果、かえってヨハネと通じるものがあった、と述べたが、事実、イエスがヨハネを高く評価していたのは確かである。「女から生れた者の中で、ヨハネより偉大な者はいない」（ルカ七・二八＝マタイ一一・一一、Q資料）と持ちあげ、また、パリサイ派や律法学者に対して、「（イスラエルの）全国民が、取税人でさえもが、ヨハネから洗礼を受けて神を義としたのに、パリサイ派の者や律法学者はヨハネから洗礼を受けず、神の意志を無視した」ときめつけている（ルカ七・二九―三〇＝マタイ二一・三二、Q資料）。

そもそもイエス自身がヨハネから洗礼を受けた、ということが、イエスがヨハネを高く評価した証拠である。もっともこれは、イエスがまだ自分の思想と活動の方向をはっきりと定める以前に、人々の流れの中に身を投じて洗礼を受けに行った、ということであろうから、その後、あのような活動をはじめた地点からふり返ってみれば、イエスのヨハネ評価はもう少し微妙な意味あいをはらまざるをえなかっただろうが、洗礼を受けた時点ではヨハネに大幅に賛同していたと思われる。しかしまた、イエスがヨハネの弟子集団の中にとどまらず、独自の活動を展開するにいたった、という事実そのものが、イエスとヨハネの基本的な方向の違いを示している。ヨハネに賛同しつつも、共にことをなすには違和感が大きすぎた、ということだろうか。ほとんど体質の相違と言ってよいかもしれない。

ヨハネ福音書（このヨハネと洗礼者ヨハネは名前が同じというだけで、全然別人物）には、イエスの活動と洗礼者ヨハネの活動が一時期拮抗関係にあった、という事情がほのめかされているが（三・二二以下、四・一以下）、これは事実であっただろう。また断食問題に関連して、洗礼者ヨハネの弟子たちは断食を実践しているのに、何故イエスの仲間は断食を宗教実践としてやらないのか、とイエスに質問する者がいたという（マルコ二・一八）。これは実際にイエスに対してなされた質問か、それともイエスの活動のあり様をめぐって、イエスの弟子たちもしくは周囲の人々が自分たちの間で、ヨハネ教団と比較しながら議論したということか、ともかく、断食をするしないで、イエスとヨハネの特色がはっきり相違している、ということに人々が気がついていた証拠である。むろんイエス自身も、当然ヨハネの禁欲的な生き様は強く意識せざるをえなかったはずだから、何とはなしに無自覚的に断食を実践しなかった、などということではなく、そこにヨハネ集団との体質の相違をはっきり意識してい

たことだろう。いや、はっきりしすぎていたくらいだ。イエスはこの問いに対して答えて言ったという、

「花婿が一緒にいるのに断食をするような婚礼の客があるだろうか」（マルコ二・一九）

どうもこの男、人の家に招かれて飲んだり食ったりわいわい楽しくやるのがひどく好きだったらしい。それらしき場面は福音書でも時々言及されている。イエスにはどうしても、苦虫をかみつぶして、何曜日と何曜日には断食し、などとやることはできなかったのだろうし、まして、荒野に出て言って蝗と野蜜で禁欲的に生きぬくヨハネなど、尊敬はしても、自分の生き方としてはとらなかっただろう。

ヨハネが来て食いも飲みもしないと、人々は、あれは悪霊につかれているのだと言う。そのくせ、人の子が来て食ったり飲んだりすると、あれは食い意地のはった酒飲みだ、取税人や罪人の仲間だ、などと言う。（マタイ一一・一八―一九＝ルカ七・三三―三四、Q資料）

これは世間的な道徳や宗教の秩序のいやらしさをみごとに射ぬいている。宗教儀礼としての定められた断食を人にも強制し、そこに表現される禁欲の精神をいっぱし人にも説教する町の顔役やわけ知り顔の「善良」な人たちは、その禁欲の精神をとことんまで追求するヨハネのような人物が出現すると、その峻厳さの前に、面とむかっては悪口を言うことができないくせに、かげにまわっては、あんな常軌を逸したすさまじい奴には悪霊がのりうつっているに違いないよ、などと、酒をのんだ勢いにまかせて言いつのる。そのくせ、断食がどうの、神に仕えるためにはつつましくだの、禁欲だの、と

いうのは一切けとばして、楽しくおおらかに飲んで騒いでいるイエスのような人間が出現すると、自分たちの秩序が傷つけられたなんぞと思ってむきになり、あいつは堕落している、礼節もわきまえない、と文句を言う。毎度お馴染みの風景だ。

ここには、イエスとヨハネが百八十度違う方向でありながら、それをつきつめていくと一致するという事情がよく表現されている。まあ確かに、町や村の敬虔ぶった顔役衆は、イエスのように、働く時にはやたらとよく働くかもしれないが、人が敬虔な顔をして祈ったりする時刻に、楽しげにそぞろ酔いの陽気な声をはずませたりされたのでは、文句の一つや二つも言いたくもなっただろう。またイエスも、そうと言われれば居直って、あんたらそこまで敬虔ぶってやりたいのなら、洗礼者ヨハネのように徹底したらどうだ、とやり返しただろう。

これが飲んだの飲まないのというちは、まだ御愛敬の部類である。イエスの活動そのものに難くせがつけられるとなれば、一触即発のけわしい緊張がかもし出される。

エルサレム神殿による宗教支配の構造を代表する市議会（サンヘドリン）の者たちが、イエスがエルサレムに来ていた折につかまえて、「お前はいったいどういう権威があるのでそういうことやるのだ」と詰問した。これまたよくある図だ。中身がないくせに権力をかさに着る奴らに限って、自分たちのやる愚劣とんちんかんでたらめなことはすべて当然だと思っていながら、他人が少しでも彼らの空ろな権威の足もとを突くようなところまで鋭く正義を主張すると、妙にいきりたって、きみ、きみ、誰の許可を得てそういうことをやっているのかね、などとちょっかいを出したがる。この場合、本当にサンヘドリンの者たちがイエスのところにちょっかいを出しに来たのか――そうだとすれば事態はかなり緊迫していた。ユダヤ社会の最高権力が直接のり出してきたとなれば、もはやむきになってイエスを弾圧しようとする動きがはじまったことになる——それとも、サンヘドリンの誰かの意を受けた小ものが、権力をかさに着てイエスにちょっかいを出そうとしたにすぎないのか、そういうことはわからない。いずれにせよ、この折のイエスの答えぶりは水際だっている。

「いえ、その、私は、かくかくしかじかの理由でもって……」なんぞと答えはじめたのでは、すでに相手の権威を承認してしまうことになる。彼らにしてみれば、どう答えようと、自分たちの問いに答えさせるという行為そのものが自分たちの権威を承認させることになるのだから、ともかく権柄づくで相手が返事をせざるをえないような雰囲気をつくってしまえばすでに成功したようなものだ。相手が然るべき「権威」のもとに立っていることを立証できれば赦してもやろうし、そうでなければ威圧して黙らせるだけだ。こういう権柄づくの問いに対しては、イエスはそもそも答えることを拒否する。

当然のことをやっているにすぎない時に、あるいは当然の正義を主張しているにすぎない時に、いちいち、それを既成の権威によって保証してもらう必要はない。むしろ多くの場合、既成の権威は人間の当然の行為を抑圧し、当然の正義の主張を圧迫する。本当はどちらに問う権利があるのか。当然のことをやっている者が、それを抑圧しようとする者に対して、お前は何をやっているのだ、と問うのが実質に裏づけられた問いというものだろう。こういう形でイエスは問答のありかを転倒する。すべて、権力に対する闘争はこのことの自覚がなければ貫けない。だからイエスは逆に彼らに対して問いを放つ、「ヨハネの洗礼活動は天からのものだったか、人間からか」（マルコ一一・三〇）。ヨハネの洗礼活動は神の権威にもとづいているものかどうか、まずお前らが答えてみろ。

洗礼者ヨハネの活動が以上のようなものであってみれば、それはユダヤ教敬虔主義をぎりぎりのところまでつきつめた極致だ、と言ってよい。そうだとすれば、もとをただせばパリサイ派と同根なのだ。サンヘドリンは伝統的には貴族層の利害を代表するサドカイ派が強かったにせよ、すでに前一世紀からパリサイ派の勢力も多くサンヘドリンに浸透していたから、この場合も、パリサイ派に属する者が相手だったのか。そうでなくても、いずれにせよパリサイ派がすでに得ていた強大な勢力からして、サンヘドリンもパリサイ派の正当性を承認しないではやっていけなかったはずだ。——もしもあんたらのパリサイ派的宗教的敬虔主義が正しいのなら、本気になって洗礼者ヨハネのようにつきつめてやってみろよ。それがあんたらの「権威」が実質的なものであることを示す唯一の方法だろう？それとも、ヨハネの洗礼に賛同できないというのなら、それは、あんたらの敬虔主義の方向そのものを否定することになるぜ……。どうなんだよ、答えてみな。

こう問いつめられると彼らは答えられない。彼らはまずい相手に出くわしたと思っただろう。「そんなことがわかるか」と横柄な顔つきで返事を拒否する。こうなればイエスの水際立った問答の勝利だ、「それじゃこっちもあんたらの質問に答えてやる必要はない」。

この問答でイエスは別におのれの主張を積極的につき出しているわけではない。しかし、イエスがどうヨハネの活動を見ていたかが最もはっきり現れている。イエス自身はヨハネのように行動するつもりは毛頭ない。そもそもユダヤ教敬虔主義の基本的な枠をはるかに超えた思想的地点にイエスはいるからだ。しかし、ユダヤ教正統派の連中が、イエスのその「踏みはずし」の故にイエスに文句をつけるとするならば、それならばあんたらの宗教精神をヨハネのように徹底させてみてくれ、といつでも答えただろう。その場合、イエスの側には、自分は少なくともいっときヨハネの運動に本気になってつきあったことがあるのだぞ、という自信があったに違いない。ここには、今やヨハネと百八十度方向を異にしているイエスが、ややひややかにヨハネの活動を遠望してふりかえりつつも、同時に、ユダヤ教の現状と比べて、いかにヨハネの徹底した姿を高く評価していたか、ということが知られる。

## 六　ヨハネの死

この二人の相違は、ヨハネの死を招いた壮烈な事件にも現れている。

ヨハネの倫理的な厳格主義は、特に政治的な上層階級に向けられたらしい。ヘロデ王家の宮廷内の男女関係に対して、容赦ない批判をあびせる。ガリラヤ地方のその当時の領主ヘロデ・アンティパスは、隣国アラビアの王アレタスの娘を妻としていた。これは明らかに政略結婚である。従ってアンティパスはその妻に対してひややかな思いしか持っていなかったろうし、アレタスの娘にしても実家のアラビアの王家のためをはかることはしても、アンティパスに対してはろくな感情はいだいていなかっただろう。たまたまアンティパスが所用でローマに旅行しなければならなかった時、行きがけに、おそらくエルサレムか港町のカイサリアかであろうか、自分の異母兄弟で、大祭司であった人物の娘マリアンメを母とする、これまたヘロデなる名前の男の家にとまった。その折にこのヘロデの妻を見そめて恋をしたのがことの始まりである。これがヘロディアという女で、その娘が有名なサロメである。複雑なのは、ヘロディア自身、アンティパスのもう一人の異母兄アリストブロスの娘だ、という点である。つまりヘロディアは一人の叔父と結婚し、ほかの叔父と恋をした。もう一まわり複雑なのは、アンティパスにもう一人異母兄弟がいて、ピリポという名前で、ガリラヤよりもさらに北方、今日のシリアとレバノンの一部にあたる地域の領主をしていた。――一大多妻のヘロデ大王は何しろ五人の妻に子どもを、知られているだけで、九人生ませている。――そのピリポとサロメが後に結婚した。つまりサロメは父の弟でかつ母の叔父なる人物と結婚したことになる。（六頁の家系表参照）

こうなれば、なみの庶民にはどこがどうつながっているのかこんがらがって、あっちとこっちの関係を間違えるのもやむをえまい。福音書記者マルコは、アンティパスがマリアンメの息子ヘロデの妻を寝とったのを間違えて、ピリポの妻を寝とったことにしてしまった（六・一七）。いずれにせよ、王家の一族による血縁的な専制支配が強い場合、政略的にも近親結婚がくり返されていくし、その中では近親相姦的な恋も生れる。血のつながった一族の男女の間で、政略的な冷ややかさと、それを裏返しにした熱烈な愛情のからまりが展開される。

そういう中で、ことを男女関係だけの問題としてとらえれば、ヘロディアの振舞いは同情に価する。血縁支配の掟にしばられて、おそらくは年端も行かぬうちに叔父と結婚させられた。ヘロデ一家の中でヘロディアははじめから悲劇的な位置におかれている。祖母マリアンメ（前出の大祭司の娘マリアンメとは別人。ヘロデ大王はマリアンメという名の女を二人、妻にしている）も、父アリストブロスも、二人とも祖父ヘロデ大王によって死刑に処せられている。マリアンメはヘロデ大王が溺愛した妻だったが、ヘロデはつまらぬことから嫉妬に狂って殺してしまった。母の死後二十年たって、息子のアリストブロスは異母兄アンティパトロスの陰謀にひっかかって父ヘロデに疑われ、死刑にされてしまう。その時、アリストブロスの娘のヘロディアはまだ幼かったはずだ。自分の祖母と父を殺した祖父や叔父たちの中で育てられる、という環境がどういうものだったかは想像がつく。そういう中で、年端も行かぬうちに叔父の一人と結婚させられていた。このように血族の中で疎外されながら、血族の中にしか安住できない女が、強いられた近親結婚の殻から脱け出るきっかけを近親相姦につかもうとしたとしても不思議はない。夫である叔父とは異なるもう一人別の叔父が自分の家に滞在した。かつて幼な心にそちらの叔父の方を憧れていたのか、会ってみてそちらの叔父の方に気がひかれたのか、いや、おそらくは、やっと大人としての知恵を身につけて、同族のきづなを断ち切るのに、同族のつながりを利用したのだろうか。それとも彼女が同族の間にまきおこした波紋は、祖母や父の血を流した同族への復讐だったのか。いずれにせよ、これは彼女の恋だった。

アンティパスにせよ、これは嬉しかっただろう。いや、伝えられた話では、アンティパスの方から誘惑したことになっている。ローマの仕事が終って帰って来たら結婚しよう、と打ち合わせた。政略結婚の相手アレタスの娘と比べて、やっと心の底を安心してうち明けられる妻を得た思いだったのだろう。

それだけですめば、話はよくある男女関係のもつれということで終る。だが、アラビア王アレタスは、アンティパスの領土の一部を簒奪しようと虎視眈々とねらっていたから、ただではすまない。アレタスの娘はこの事件を口実に親もとに逃げかえる。この娘がいかに前夫よりも実家とつながっていたかは、この時、みごとにアラビア兵を配置して逃げる道の安全を確保したということからも知られる。これをきっかけにアレタスとアンティパスの間の武力衝突がはじまる。ローマ帝国の世界支配の力が、支配下の属王どもがことをおこすのを好まず、彼らの間の紛争を押さえつけたのでなければ、この衝突は、両王家の間ののるかそるかの戦争にまで発展していたかもしれない。それでも、この武力衝突はガリラヤの民衆にずい分と無駄な犠牲を強いたことだろう。権力者の火遊びが、民衆の血を流す（以上、ヨセフス『ユダヤ古代史』一八・一〇九―一一九参照）。

だが洗礼者ヨハネがここでアンティパスを糾弾したのは、おのれの火遊びでこのように隣国とことをかまえて、民衆にいたずらな犠牲を強いた、という点ではない。あくまでも宗教倫理的な厳格主義者であったヨハネは、アンティパスの男女関係をとらえて糾弾する。他の男の妻を横取りするのは正しくない、というのだ。これは確かに、ユダヤ教律法からしても厳しく禁じられている。もっとも、そういう批判を市場の片隅でしゃべっているぐらいなら殺されはしない。ヨハネのことだから、王宮まで乗りこんだか、王宮の前でがんがん演説でもやってのけたのだろう。いや、それだけでも殺されることはなかった。これがくそ真面目などこかのおやじさんなら、兵隊につかまって鞭で百回ぐらいなぐられてつまみ出されるのがおちだっただろう。名にしおう洗礼者ヨハネだからこそ、そうはいかなかった。ヘロデ・アンティパスは、人々がぞくぞくとヨハネから洗礼を受けているし、「他の者たちも、ヨハネの言葉を聞いて非常に感動してこれに加わって来たので、ヨハネのこのような説得力が人々をして何らかの暴動にいたらしめるのではないかと恐れた。……それで、事態が変化して暴動的な状況になってから後悔するよりは、彼の活動から革新的な運動が生じる以前にこれに介入して滅ぼしておいた方がよい、と思えたのである」(ヨセフス、同一八・一一八―一一九)。つまり、アンティパスが手ぐすねひいて待ち受けているところに、ヨハネの方がのりこんで行ったことになる。

このあと、ヨハネ処刑にまつわる福音書の話はまったくの作り話だろう。おのれの色恋沙汰を批判されたヘロディアが烈火の如く怒って、娘のサロメが踊った踊りの褒美に、夫のアンティパスに要求してヨハネの首を盆にのせて持ってこさせた、という、後世西洋の文学者が好んで焼き直した話は、閉ざされた王宮の中の秘事にエログロ活劇を想像したがる噂話が出発点にすぎまい。実際、ヨハネは王宮のあるティベリアスの町からはるか離れたマカイロスの要塞に幽閉され、そこで処刑されたのだから、王宮の宴会の時に、すぐに殺して盆に首をのせて持ってくるというわけにはいかない(マルコ六・一七―二九参照)。この作り話のせいで、ヘロディアは世界史上の伝説でも稀に見る悪辣な妖女という汚名を着ることになってしまったが、実際にはかなり純情な女であったと思われる(なお、この時点ではサロメはすでに成人していたから、マルコの物語に出て来る「少女」ではありえない、というのが定説になっている。まあ、そうだろう。しかしどのみち、まるで根拠のない作り話がどこまで史実にもとづくかなどと議論してもはじまるまい)。

十年ほど後に、ついにアンティパスも失脚する(後三九年)。ローマではカリグラが皇帝となっており、このカリグラと非常に親しかったヘロデ・アグリッパがパレスチナの支配権を手に入れようとして、アンティパスの追い落としをはかったせいである。アンティパスはカリグラによって追放され、ガリア地方、今日のフランスのリヨンに近い土地で生涯を終えたという。この時、ヘロディアはうまく立ちまわる気になれば、アンティパスと縁を切って、優雅な暮しをガリラヤで続けることができたはずだ。アンティパスを追い落としたアグリッパは、ヘロディアの兄である。皇帝カリグラ自身彼女に夫と縁を切って兄の庇護のもとに、今までどおり多くの農地を領有して生きていくがいい、とすすめたという。ということは、今まですでに夫アンティパスにわけてもらって、彼女自身かなりな領地を私有していたということである。その提案に対して彼女は、「夫が幸運な時にはそれにあずかってきたのに、今や不幸な運命がおそいかかってきたからとて、夫を捨てるのは正しくありませんでしょう」と答えて、アンティパスとともに追放の地にむかって行ったという（ヨセフス、同一八・二五四）。ここからは、淫蕩で浮気で権勢欲と物欲の強い悪女といった姿は浮かび上がらない。ヘロデ王家が嫌いでローマ皇帝べったりのユダヤ人知識人ヨセフスは、彼女のこのせりふを「傲慢」と評し、こういう軽佻浮薄な女にいかれたアンティパスが悪かったのだ、と酷評しているが、ここにあるのはむしろ、純情な女の姿である。おそらくは生涯にただ一度、自分の意志で行動してかちえた恋愛に、追放の先まで身も心もゆだねていったということか。

だから現代の我々から見れば、これは恋愛事件そのものとしては別に非難するに価しないので、非難すべきことがあるとすれば、そういう私生活上の波がすぐに隣国との武力紛争に結びついて住民に迷惑をかけることをアンティパ人が忘れた、もしくは知っていても平気だった、という点だろう。だが、近代人ではない宗教倫理の厳格な追求者のヨハネは、恋愛事件をとらえて糾弾した。確かにヨハネにしても、単なる道徳家ではなく、政治権力者の思い上がりに対して強度の憎悪をたぎらせていたことは、ヨハネの教団に近い人々に由来すると思われる歌のせりふからも推定できる。

神は御腕にて力強き業をなし給う。
心の思いの高ぶる者を散らし、
権力ある者をその座よりひきおろし、いやしき者を高め、
飢えた者を財貨にて満たし、富める者を空手にて去らしめ給う。

（ルカ一・五一―五三）

これは旧約聖書の預言者以来の伝統的なもの言いであって、特にヨハネに独自のものではない。富める者や権力者がおごり高ぶることへの憎悪の表明、飢えた者、しいたげられた者がその苦しみから解放されるという叫びは、預言者の反権力思想に一貫している。だが預言者の場合、そしてなかんずくヨハネの場合、権力者に対するその憎悪を、権力者個人の私行の糾弾へとふりむけた。

イエスがアンティパスのこの恋愛事件を耳にしたら――残念ながらその点については資料はないので、まったくの想像に頼るしかないが――にやりと笑って聞きずてにして、相手にもしなかっただろう。この件に限らず、イエスは権力者やその家族の私生活上の行動については何の興味も示さない。イエスが抗っていたのは、そういう権力者を頂点とする支配構造から生み出されるもの、日雇労働者の賃金のあり方とか、小作人の借金の問題とかであり、そして、そういう構造を感覚的に容認してしまう多くの人々の感性に対してであり、そしてその構造を固定した上で人々の心のあり方まで強制し、収奪しようとする律法学者を中心とした宗教支配の重圧に対してである。

イエスも一度だけ、ヘロデ・アンティパスに言及したことがある。それも自分からすすんで言ったのではない。パリサイ派の中にもイエスに共感をいだく者がいたのか、あるいは逆に、共感をよそお

ってイエスを追い出そうとしたのか、ともかく、パリサイ派の者が数人イエスのもとに来て勧告した、「この地方から出て行くがいい。ヘロデがお前を殺そうとしているぞ」だがイエスはヘロデがどうであろうと関心も示さない。

行って、あの狐に対して言ってやれ。今日も明日も私は悪霊どもを追い出し、病気治癒を続けるのだ、と。私は今日も明日もまたその次の日も進んで行かねばならぬ。（ルカ一三・三二―三三）

このせりふもルカがその救済史神学によって変形してしまったから、原形を正確に復元することはできない。はじめの「今日も明日も」のあとに「三日目に業を終える」とつけ加え、さらに最後に、「預言者はエルサレム以外のところで死ぬことはありえない」と書き加えて、「進んで行く」目的地をエルサレムにしてしまっている。だが、エルサレムに向って進んで行くのなら、どのみちガリラヤ地方を去ることになるのだから、この問答は意味をなさぬ。もともとはイエスは、自分は治癒活動が大切なので、これを放棄してガリラヤ地方から逃げ出すわけにはいかない、と言っているのだ。「進んで行く」は、自分の活動をたゆまず続けていく、という意味だっただろう。イエスにとってはアンティパスがどうだろうと知ったことではないので、狐が王宮の中で何をたくらんでいようと勝手にしろ、ということだろう。権力構造の頂点に座っている個人なぞ、しょせん権力構造の上で茶番を踊らされている狐かあやつり人形でしかない。俺は忙しいのだ。「悪霊に憑かれた」なんぞと言われている病人が大勢いるだけでも、毎日次から次へとやらねばならぬことは沢山出てくる。この地方から出て行けだと？　いい加減にしろ。つかまえて殺したければ勝手にやりな。俺の方は、今、目の前でやらねばならないことが満ちあふれている。誰がここから逃亡できるか。

## 七　倫理観念の異様な拡大？——「姦淫」の女

こういったイエスの姿勢とヨハネの絶叫とを、福音書記者マルコはうまく描き分けている。ヨハネは荒野に出て行った孤高の説教者だ。人々はそこに罪の赦しを求めて巡礼に来る。ヨハネは荒野にとどまり、純粋な禁欲的生活を送りつつ、そこから世相を眺めて糾弾する。それに対し、イエスは自分から町や村にはいっていく。はいっていくというよりも、そこがもともとイエスの居場所である。そしてそこで人々に語りかけ、出会った病人をいやす（マルコ一章）。そしてみんなと楽しんで酔っぱらう。

確かにイエスは一方では、倫理的にもヨハネと同等に厳格な発言をしている。いや、ヨハネ以上に徹底してしまっている。

昔の人々に対して、殺すなかれ、殺す者は裁きにかけらるべし、と命じられていることをあなた達は知っているはずだ。しかし私は言う、自分の兄弟に対して怒る者は裁きにかけられるべきだ……。姦淫するなかれ、と命じられていることをあなた達は知っているはずだ。しかし私は言う、欲情をみたすために女を見る者は誰でも、その女に対してすでに心の中で姦淫を犯したことになる。

（マタイ五・二一―二二、二七―二八）

山上の説教の言葉を扱う時には、常にマタイ神学の潤色をはたき落としてかかる必要がある。この場合も、後者の「姦淫」についての言葉はまずイエス自身の発言にちがいなかろうが、「殺人」についての方は、それにあわせてマタイ教会が似たような発言を作成したのかもしれぬ。少なくとも「自分の兄弟に対して」という表現はマタイ神学の臭いがする。「殺人」の禁止も「姦淫」の禁止もモーセ十戒にうたわれている。旧約律法の中の根幹である。そしてすべての法律と同じことで、ここでも実行行為が考えられている。それに対して「怒り」となれば、それはもう心の動きであって、そこまで法律的な罰則を拡大するとすれば際限がなくなる。実行行為ならば、やったかやらなかったか、はっきり判別することができるが、心の動きとなれば、客観的に判別できない。そもそも微妙な心の動きを、どこまで「怒り」と規定し、どこまでを単に心が揺れただけだなどと区別できるものではない。従ってこのようなことを言いだすと、際限もないことになる。吉本隆明がこれを観念領域への無制約の拡大と称したのは、言いえて妙である。そしてここまで拡大されると、もはや、倫理観念が徹底しているなどという程度の話ではなくなって、異様なつきつめ方である。

こういった形で精神領域に無制約に拡大していくのは、一方では、マタイの精神主義にふさわしい。「貧しい者」を「霊において貧しい者」と言い変えてしまったマタイのことだ。このように何でも精神の問題としてとらえようとしたとしても不思議ではない。

そして確かに、実行為に適用が限定される法律はどうしても偽善を触発する。偽善どころか悪さをいろいろ触発する。それはよく知られているところだから、ここで論じるまでもあるまい。法が適用されるぎりぎり手前のところまではいくらでも悪さをする。いや、法解釈を権力によって操作すれば、無理に法の網をくぐらなくても、てめえらのやる悪は法にひっかからず、弾圧しようと思う相手に対してはいくらでも法を適用できる。そしてまた、実行為しか裁かないというのもまったくの嘘だ。国家権力の気に入らない者が、他人の指先にほんのかすり傷でも負わせると、数十日間拘留されたあげく、長期裁判で拘束されて、ついには有罪判決を受ける。ところが、警官にさんざんなぐられて全治数ヶ月もの怪我をしても、「立証」できなければそれっきりで、それどころか下手をするとこっちが公務執行妨害かなんかで起訴される。大学の教授会が思想的な弾圧はいわずもがな、単なる個人的な憎悪や、時には写真を判定しそこなって人違いをしたりして、まったく滅茶苦茶に学生を退学処分にしたなどということもあった。それでも処分取消はおろか、損害賠償もとれない。ところがそれに腹を立てて教授に対して抗議をしに行くと、たちどころに暴行だの、威力業務妨害だのの罪名をおしかぶされる。水俣病の川本氏の例をここに引くまでもあるまい。あげればきりがない。本一冊ではおさまるまい。法律は実行為しか裁かないので、動機や思想は問わないなどというのは、嘘だ。

　だからマタイのような倫理主義者で、ひどく偽善を嫌う者が、ぐんぐんと精神領域に話を拡大していくのもわからぬわけではない。けれどもマタイのような仕方で精神主義におちいると、やはり体制秩序に従順な、飼いならされた子羊のようになってしまう。早い話、マタイの「イエス」は「怒るな」と言うけれども、イエス自身いかに怒り、ほえ、たけり、憤激しているか、すでに多く見てきたとおりだ。マルコは二度「怒る」という語を用いてイエスの行為を描写している（三・五、一・四一。このうち後者は写本によっては「憐れむ」という動詞に書き変えられている）。ところがイエスを怒らない柔和な人にしたかった後の教会は、この二個所とも削ってしまった（マタイ、ルカはこの個所を書き写しつつ、「怒る」という語ないしはその語を含む句全体を削除している、マタイ八・三、一二・一二以下、ルカ五・一三、六・九以下）。

もっとも、この種の矛盾はイエス自身にもある。神に祈る時には、まず他人が自分に対して負っている負い目を赦した上で祈るがいい、と一方で言いながら、他方では、宗教支配者、社会的経済的権力者、政治権力者などに対しては、イエスはいささかも容赦せず、糾弾の手をゆるめない。実際、キリスト教道徳の「人を赦せ」だの「怒るな」だのは、非常にしばしば、いばっている奴だの、やたらと金持でふんぞり返っている奴だの、権力をふるってのさばる奴だのを糾弾する時に限って、そんなに厳しく人を糾弾しなさんな、もう少し寛容の精神をもって、なんぞという説教として引き合いに出される。その点でイエスのやり方は明瞭に違う。彼が人を赦せと言う時に、頭にあるのは、自分より弱い者のことである。それに対し、より弱い立場の者、より貧しい者の「負い目」を、借金を、赦そうとせず、逆にしめあげ、しぼり取り、抑圧する者に対しては、イエスはおのれの憤激のたづなをゆるめはしない。その限りで、イエスの「人を赦せ」と怒りとは必ずしも矛盾はしない。けれども、マタイが「殺すな」を言い変えて「怒るな」とした時には、イエスのその憤激を継承しようとはしていないから、やたらと精神主義的な道徳へと吸収される傾きを持つ。

かといって、これはマタイ派の精神主義的な作文にすぎないと言い切るには、どうもこの句は執拗にからみついて離れない。異様につきつめてしまったところがあるので、精神主義的な道徳のきれいごとにおさまってはいない。そこまでつきつめるとすれば、異様で気味が悪いほどなのだが、そこにはある種の真理が根深くからみついて離れない。吉本隆明流に言えば、底意地の悪い真理がここにある。論証は省くが、「姦淫」についての発言は九分九厘イエス自身の実際の発言だが、「怒り」についても、もしかするとイエス自身そういうことを言ったかもしれない、という可能性は捨て切れぬ。洗礼者ヨハネに関するイエスの発言と比べれば、これは同一線上にある。

イエスはユダヤ教敬虔主義者に対して、本当にあんたらの敬虔主義でやりたいのなら、ヨハネみたいに徹底してつきつめてみろよ、とせまった。とすれば、モーセ十戒を中心としたユダヤ教宗教律法の遵守をごりごりに主張する連中に対しても、同様に皮肉にせまったとしても不思議はない。殺すな、とあんたらは言うけれども、殺さなけりゃいいってものじゃないだろ。律法の精神を本当に徹底したければ、殺意は怒りから生れるのだから、そもそも怒るのをやめてみなよ。法は実行行為しか罰さない、なんぞというのはいかに嘘っぱちか知ってるだろ。実行行為が悪いなら、その実行行為を生み出す動機そのものをまずえぐって捨てるがいい……。罪がどうの、罪を犯せば神の国にはいれないよ、などと言っていばっている連中に対して、そんなに神の国にはいりたけりゃ、「眼が自分をつまづかせるなら、取り捨てろよ。片眼で神の国にはいる方が両眼そろって地獄に投げこまれるよりはましだろ」とまで言い切ったイエスのことだ（五四頁参照）。「怒るな」の方は、確かにイエスが言ったかどうかわからぬにせよ、「姦淫するな」という律法規定を盾にとって、他人の行為をやたらとつけまわし、まるで汚れたことでもあるかのように、他人の男女関係を断罪しようとする宗教家諸氏に対して、そんなに姦淫姦淫と騒ぎ立てるのなら、だいたい欲情をもって女を見るのがそもそも姦淫だろ、と言ったのはいかにもイエスらしい。そこまで言うとすれば、誰にも「姦淫」を避けることなどできはしない。あの厳格主義のヨハネですら、そこまで言いはしなかった。いや、もしかすると、欲情をもって女を見ることを避けるために、一人荒野に逃げ出してしまったか。姦淫はいけませんと騒ぎ立てるくらいなら、そこまで徹底してみろよ、というのが宗教的倫理主義の行くべき極致だろう。こういうせりふは木石のように何も感じない風変わりな男だけが言えることであって、イエスはその点でやはり普通の人間ではなかったのだろう、などと言うことはできぬ。むしろ逆に、こういったせりふは、女を見れば心のときめくのを押さえることのできない者しか言えないせりふだ。このせりふの裏には、誰だって欲情をいだかずに女を見ることなどできはしない、という思いが存在している。

イエスはヨハネのように荒野に逃げ出す事はしない。そちらの方向でつきつめる気はないのだ。だからまた、いろいろ女がからむ事件にぶつかる。

姦淫の現場でつかまった女がひっぱって来られた。旧約律法の規程によればその女は石で打ち殺されねばならない（申命記二二・二二）。本当は、規程によれば、その女と寝た男もともに打ち殺されねばならないのだが、男はうまく逃げたのか、それとも男社会では法の規程に何が書いてあろうと、実際には悪いのは女だとされて、男は見のがされたのか。現代の性の解放の問題だの、あるいは欧米キリスト教ブルジョワ社会で確立された一夫一婦制の社会制度だのの意識を前提にして、一世紀ユダヤ教の「姦淫」の問題を論じるとひどく見当はずれなことになる。そこでは女の人格ははじめから問題にされていない。女は男の所有物である。子を産ませる道具であり、かつ、労働力として、れっきとした財産である。だから妻をめとるには、父親に金を払って娘を買い取る。私的所有を前提とした社会であるからには、他人の財産に手をつけるのは泥棒と同じことである。だから、結婚している女と寝ることは、他人の財産を犯したことになるので罰せられる。女にとってやりきれないのは、もしもまったくの非人格的所有物なら、罰せられるのはその「財産」を犯した男だけであって、財産そのものは罰せられない。ところが「女」という財産は、罰を受ける時に限って主体的な意志のある人間とみなされ、その男の共犯とされる。いや実際には多くは、この場合のように、一人だけ罰を受けたのだろう。婚姻がこのように所有関係として考えられているのであれば、結婚している男がほかの女と寝ることは何ら罪とはみなされない。もしもその女がほかの男の所有物、つまり妻となっていない限りは、だ。「姦淫」とは男女関係の道徳の問題ではなく、私有財産の侵害の問題だったのだ。

イエスが離縁に反対した件についても、この所有関係を前提にしてはじめてどこに議論の焦点があったのかが理解できる。

一人のパリサイ派の男がイエスに対して、離縁の条件について質問した。これはそもそも、当時のパリサイ派の内部で、旧約聖書の原文の意味が不明確であるので、常に議論の種になっていた問題である。「人が女をとらえて結婚した後に、その女に恥ずべきことがあるのを見つけて、好まなくなったならば、離縁状をわたして、家を去らせなければならない」(申命記二四・一)。——と言われても、ではこの「恥ずべきこと」とは何か、ということで、法律家はわいのわいの議論する。シャンマイ派はこれをなるべく拡張解釈すまいとした。ヘブライ語に限らず、法律用語なんぞというものは、そのつど余計な解釈をひき出させる奇妙に曖昧な言語だが、この場合は、ヘブライ語自体の曖昧さも理由になっている。原文は「事の恥」という表現で、普通ヘブライ語の感覚としてはこれは、日本語に訳せば「恥ずべきこと」になる。だからシャンマイ派はこれを狭義の「恥ずべきこと」、つまり性的に不貞な行為の意味にとった。もっとも、姦淫そのものは石打ち刑に処せられるのだから、ここでは、男と寝ることはしないまでも、それに近い行為ということか。それとも、姦淫ぐらいで殺すのはかわいそうだというので、夫がその気になれば、離縁するだけでいい、ということか。それにしても法律論議というのは色気のないものだが、それに対してヒレル派はやたらと拡張解釈する。「事の恥」を何事かについての恥ずべきこと、と解し、どんなことであろうと恥ずべきことはいかん、という。とすればもうどこまででも拡張解釈できる。普通ヒレル派の方がシャンマイ派よりも法の解釈において「自由」で「寛容」だと言われるが、この場合もそうである。つまり、男の身勝手な権利に対してはずるずるとずっこけてどこまでも「寛容」なのだ。「食べ物をこげつかせた女」は離縁していい、というのだから、何ともやりきれぬ。もっとも学説によれば、「食べ物をこげつかせる」とは比喩的表現で、律法の教えをないがしろにする、という意味だそうだが、もちろんこれはヒレル派の体面を救おうとした「学説」だろう。あるいはラビ・アキバは、「ほかにもっと美しい女を見つけたら、離縁してよい」と解釈したという（以上、ミシュナの中の、離縁状についての規程を論じたギッティンという文書の九・一〇）。

　こうなれば、何でもとび出す。どこの世界にもあることだが、「子なきは去れ」というのは、この場合にも言われる。ほかにラビがよく言うのは、髪をきっちり結ばずに、ほどいたままで外出する女は離縁してよい。屋外で糸を紡ぐ女。衣服がやぶれて腕があらわになった女、等々。ほかの男とおしゃべりしたらいかん、というのもある。いずれにせよ、これは「離婚」の問題ではない。男と女が別れるかどうかという問題ではないので、男が金を払って獲得した所有物に、あとからそれだけの商品価値がないとわかったら、それを棄ててあらたに買い直す、ということだ。「離縁」の問題である。

さて、この「事の恥」について、イエスはどう解釈するか、というのが質問の内容である。イエスの当時のパリサイ派は、ヒレル派とシャンマイ派が武闘も辞さないほどに論争していた、という事情をもう一度思い出していただきたい。マタイ教会はこの問題について、シャンマイ派の見解を採用して、それをイエスが言ったことにしてしまった（マタイ五・三二）。しかしイエス自身はここでも、相手の問う問いには答えない。それではそもそも女を物品化して、どう処理するか、という議論につきあうだけのことになってしまう。イエスは男と女の性についてもっと美しい思いをいだいていたに違いない。創世記（二・二四）に、「神は人を男と女につくった。その故に、人はその父母を離れ、二人は一体となる」と書いてあるのを利用して、すでに一体となったのだから、離婚することはない、と述べた（マルコ一〇・二―八）。ここでは、性的にエロチックな、男と女の肉体が結合することを、古代人らしく妙に恥ずかしがらずにそのまま表現して、しかもその肉体関係を、生きていく上での一体という意味にまでひろげている。男と女が対等にむかいあう思想がはっきり宣言され、しかも、自然の結合に楽天的に依拠していこうとする。ほかにも見られるイエスの楽天的な理想主義がここでも表現されている。いずれにせよこういった発言は、当時のユダヤ教のどのような議論を相手どっているのか、という実情の中においてみて、はじめて生き生きとした発言となる。この言葉が、キリスト教ブルジョワ社会の一夫一婦制の社会制度の掟とされて離婚の絶対禁止がうちだされた時には、全然違う意味を持ってしまった。

　さて、姦淫の女が引きずってこられた話にもどろう。律法に忠実であろうとすれば、石で打ち殺さなければならない。あんたはどう思う？　これもまあ、常日頃からイエスにやっつけられている律法学者かその仲間が、こればかりはイエスも俺たちの意見に従わざるをえないだろう、と面白半分に話を持ちかけたものであろうか。しかし、そう問われても、イエスは相手にせず、地面にかがんだまま、指で砂の上に何かを書いていた。またこのしょうがない律法学者どもがしゃしゃり出て、と思っていたのだろうか。しかし彼らがしつこくイエスの意見を問いただすものだから、ついにイエスははっきりと言い切った、

「あんたらの中で罪のない者が、まずこの女に石を投げつけるがいい」

そう言って、相変わらず地面にものを書き続けていると、彼らは、女一人をそこに残して、年長者からはじめて順番に立ち去ってしまったという。この話そのものが、欲情を持って女を見たらすでに姦淫を犯したのと同じだろう、というイエスの発言のみごとな解説になっている。姦淫の女を罪人とみなして石で打ち殺したい、なんぞと言うのなら、まずあんたら自身女を見る時にただの一度も欲情をいだいたことがないかどうか、考えてみなよ。——実はこの話は、ヨハネ福音書にしか出て来ず（八・一—一一）、おまけにヨハネ福音書の原本にはもともとはいっていなかった話であって、だいぶ後世の写本になってはじめて挿入されたものである。その意味では、もちろん、どこまでイエス自身の事実であるかどうか、わからない。後世の創作である可能性が強い。しかし学説によれば、これは断片的な口伝伝承として伝わっていたのが、後世になって写本にはいりこんだのであって、伝承そのも

のは非常に古く、イエス自身の歴史的事実にまでさかのぼりうるという。果してそこまで言えるかどうかはわからないが、作り話だとしても、イエスの思想をこれほどみごとに解説した作り話は少い。

## 八　イエスのまわりの女たち

もっとも、実際のイエスはこの話よりももう少しおおらかであったようだ。この話が辛気くさいのは、女が姦淫したの、石で打ち殺すのと騒ぎ立てた者たちのせいで、イエスのせいではないけれども、それにしても、欲情をいだいて女を見る者はすでに姦淫したのだ、などと言い切ったイエスが、他方でこういう生活をしていたのかと思うと、にこにこ笑いたくなる場面がある。そして、こちらの方がイエスの日常を、荒野に出て行ったヨハネとは違って、町や村でほろ酔い気分だったイエスの平常の姿を示している話だろう。

「癩病人」とあだ名されたシモン、つまりおそらくはかつてなんらかの皮膚病をわずらったことがあるのでそんなあだ名をつけられたのだろうけれども、そのシモンの家に招かれて、例によってイエスが楽しく飲んだり食ったりしていた時のことだ。一人の女が高価な香油をぶちまけて、それをイエスの足にぬり、自分の髪の毛でイエスの足をぬぐいはじめた……。とまあ、これまたもちろん実話かどうかはわからない。しかし、三つの共観福音書だけでなく、ヨハネ福音書（一二・一―八）にまで同じ話が記されているし、共観福音書の方も単にマルコ（一四・三―九）の話を他の福音書が書き写しているだけのものでもない。マタイ（二六・六―一三）はマルコの書き写しだが、ルカはおそらくマルコとはまったく別系統の伝承を見つけてきて、それを全然違う前後関係に置いている（七・三六―五〇）。実は、この女が自分の髪の毛でイエスの足をぬぐったという話は、ヨハネとルカにしか出て来ない。マルコ・マタイ版は、香油をイエスの足にかけたのではなく、頭にかけたことになっている。

おそらくは、キリスト教の伝承者たちはこの話をどう処理していいか困ったことだろう。すっかり混乱してしまっている。そもそも場面そのものからして、マルコ・マタイ版は癩病人シモンの家にしているけれども、ヨハネ福音書ではマルタ、マリア、ラザロの姉弟（兄妹？）の家ということになっているし、油を注いだのはそのマリアである。誰だか名前も伝わっていなかった一人の女の話を、何でもマルタ、マリアの姉妹に結びつけたがるヨハネ福音書が、これまたマリアの話にしてしまったのか。それとも、あまりに露骨な話だから、マルコ福音書の著者が躊躇して実名をあげるのを避けたのか。とすると、やはり元々の話はイエスの足に香油をかけて髪の毛でぬぐった話だったのを、マルコがそれではあんまりだというので、イエスの頭に注いだことにしてしまったのか。古代ユダヤ教の世界、香油を頭に注ぐだけなら、別にどうということはない。ルカとなると、よせばいいのに、これをあるパリサイ派の人物の家で起こったことにしてしまった。

この伝承の混乱ぶりからして、逆にむしろ、その大元には何か実話があったのだろうと想像したくなる。はじめから宗教的説話として創作されたのなら、このように伝承が混乱するわけがない。教会の人たちがこの話をどう処理してよいかわからなかったから、それでいろいろ細工して、それぞれ異なった話に仕立てたのであろう。そして、もともとても宗教的説話になどなりそうもない話に何とか宗教的意味を見出そうとするから、それぞれがまるで異なった「解釈」を導入する結果となった。マルコの伝える伝承が香油を頭にかけたことにしたのは、もちろん、メシア選定の儀式の雛形である。「メシア」とは、周知のように、もともとはヘブライ語で「油注がれた者」という意味である。神によって特別に選ばれた者の頭に香油が注がれる。イエスは、死ぬしばらく前にこのようにしてメシアとして頭に油を注ぎかけられたのだ、というわけだ。しかしマルコ自身は、ここにメシア選定の儀式の雛形だけを見るのはいかにも強引だと思ったのだろうか、同時に、これはイエスの死の準備だ、という解釈を導入した（一四・八）。これまた当時のユダヤ人の風習として（だけではなく、広く普及していたが）、亡くなった人を葬る前に、そのなきがらに香油を塗る。彼女はイエスの死の近いことを感じとって、前もって葬る準備をした、というのだ。もっとも、このように何でも後世の解釈とみなすのもよくないかもしれない。現にイエスとある程度以上親しかった人たちならば、どうもこのままいくと、イエスはもうじきつかまって殺されるのではないか、といった危惧を抱いたとしても不思議ではあるまい。彼女はそれが悲しくて、こういった思い切った行動に出たとか。マルコだけならともかく、ヨハネ福音書も似たような解釈をほどこしている。

まあともかく、ルカ版は明瞭にルカ神学による説教化である。何でもかんでも「罪の赦し」の説教に仕立てないと気がすまないルカは、ここでも、これは「罪ある女」（売春婦）であって、その罪を赦された感謝のしるしにこういう行為をしたのだ、と解釈してくれた。「罪の赦し」という宗教観念一色に塗りたくらないと気がすまないこの人の特色がよく現れている。おかげで、後世のキリスト教では、この女は売春婦であったという伝説が定着してしまう。もちろん、マルコ・マタイ版もヨハネ版もそんなことはまったく書いてない。おまけに、売春婦ならマグダラのマリアに決まっているとて、中世以後のキリスト教絵画や彫刻では、マグダラのマリアの伝記に必ずこの場面が取り入れられるようになった。もちろんマグダラのマリアが売春婦だったなどというのは、まったく何の根拠もない想像であるが、それ以前にそもそも、この話の女がマグダラのマリアだったというのも、まるで根拠がない。もしもマリアという名の女性であったとすれば、ヨハネ福音書が言うように、マルタの妹のマリアであっただろう。

というわけで、事実がどうであったかはわからないが、もしも実話であったとすれば、この時イエスがどういう顔をしてそれを受け入れたのか。客人の足を洗ってあげるのは、古代社会のこと、ごく当然の風習であったにせよ（もっとも普通は奴隷か召使の仕事であった）、髪の毛でぬぐうとなったら、やはりいささか度はずれている。ヨハネ福音書が言うように、イエスの死の近さを感じとって、その悲しみをこういう行為にぶつけたのか、あるいはまったくそういうことではなくて、単にイエスに対する日頃の想いをこういう形で表現したか……。イエスとて、まさか、かつて「欲情をいだいて女を見る者は姦淫を犯したことになる」などと苦虫をかみつぶしたような顔をしてうそぶいた時と同じ顔をしていたわけではあるまい。

安物のアメリカ映画だの何だのでは、イエスが特定の、ないしは何人かの女性と恋愛関係にあったとか、性関係もあったのだとか、いろいろ好き勝手に想像でちゃちな小説を描きたがるけれども、その種のことを勘ぐるのは、所詮は下司の勘ぐりというものであって、資料に何の手がかりもないことを小説風に想像しても、何の意味もない。それは、何でもかんでもその種の想像に話を持って行きたがるような人々自身の性向を表現しているだけのことであって、イエスとも福音書とも何の関係もない。何の根拠もないことについて想像をめぐらすのは、時間の無駄というものだ。

しかし、そういった想像は別として、実際問題としてイエスに惚れた女は何人もいただろう。何せあれだけの人物である。病気を癒されたりした感謝の気持、あるいはまた、肺腑をえぐるような鋭い言葉に感動した畏敬の念、あるいは洗礼者ヨハネのようなむきになった冷酷さとはちがって、おおらかな暖かさに感動したとか、そういったいろいろな感情と、恋心とのさかい目を定めることはできない。イエスにしたところで、それらの女と向いあう心楽しい時を喜んでいたことだろう。この時も、本当に髪の毛で足をぬぐったかどうかは別として、親しい女に歓迎してもらった喜びにぼんやりと身をまかせていたのは確かだろう。別に、それだけの話である。無理に宗教的に意味づけようとするから、奇妙なことになる。イエスという男は、その種の、人と人との出会う暖かさの中で生きていた、ということだ。

イエスの「思想」にしか興味を持たない八木誠一は、むろんこんな話は黙殺する。荒井献もこれが事実であったとは思いたくない。それで、これは実際にあった話ではなく、伝承にすぎぬ、と断定する。それならそれでやめておけばいいのに、ここには「女性差別を撤廃」したイエスの「振舞」が見られる、という。出来事は事実でなくても、その中での「振舞」は事実であるという、この珍妙な論理。こんなわけのわからぬ理屈にはつきあいきれないが、荒井は、これは「女性差別の撤廃」であって、イエスが「男性と同様に女性と交った」姿がここに見られる、という。もしもこの理屈が正しければ、当時のユダヤ教では男性が髪の毛を長くして客の足をぬぐうのが風習だったのだが、イエスは、女性がそうすることも歓迎した、ということになってしまう。そんな珍妙な「男性の風習」なんぞ、荒井献さんは歴史資料のどこにお見つけになったのかしらんね。なお、荒井によれば、「ユダヤの風習によれば、客を迎えて持たれる食事には男性のみが連っているはずであるから、その最中に女性が入ってくるという行為自体が既に異常である」（『イエスとその時代』一一七頁）。このような、一見学者的スタイルで書かれた見てきたような嘘を私は好まない。だいたいイエスは、よく人の家で一緒に食事をしたりしただろうけれども、荒井が想像するような、比較的裕福な連中がパリサイ派的礼儀作法にのっとって客を招待するような場面とは、めったに縁がなかっただろう。庶民が、知人の家で一緒に楽しく飲んだり食ったりする時には、その家の家族も、近所の男女の知人たちも、わいわいと集ってくるものだ。主としてパリサイ派律法学者が残した規律を手がかりに、当時の庶民の生活風習がみんなそうだったなどと想像するわけにはいかない。荒井の方法は、江戸時代の庶民の生活を描くのに、武士の家のしきたりを庶民もきっちり守って、女は男のいる座敷に客となって座ることはない、などと想像するのと同等である。どの世界でも、女が多くの労働をになっていた下層階級では、その分だけ女も陽気に男たちに立ちまじっているものだ。確かに、今の日本のやや古い家庭では相変わらず、客が来た時に主婦は食卓を共にせず、サーヴィスにつとめるのと同じことで、当時のユダヤ人の裕福な階級でも男の客たちの食事の席で女も共に座って一緒に飲んで楽しんだ、などということはなかっただろう。しかし、庶民の親しいどうしの間柄で、「招待」なんぞというカッコをつけたことではなく、一緒に飯でも食おうや、といった時に、その家の主婦や娘がどう振舞ったかなどというのは、パリサイ派律法学者のお書きになった法解釈の体系なんぞをいくら調べたってわかるわけがない。もしも共に食卓につかないまでも、食事を運んできたりする度に雑談に加わったり、というのは当り前な風景だっただろう。いや、金持の堅苦しい宴席だろうと、客席に女が座ることはなくても、給仕をするのにその家の女が出入りするのはめずらしい風景ではない。「女性がはいってくるという行為自体がすでに異常である」などとまっ赤な嘘を歴史的事実であるかの如くに断定するのは、要するに、イエスを「差別撤廃」の聖者に仕立て上げたいがために、どこもかしこも極端な「差別」の色で塗り上げたい宗教家の説教癖にすぎない。つまり荒井はルカと同じ作業をやっている。ルカは、イエスを「罪の赦し」の聖者に仕立て上げるために、何でもない一人の女を「罪の女」にしてしまった。荒井は、「差別撤廃」の聖者がほしかったから、そこに女がいるということ自体すでに異常であることが必要になった。しかし、いくら一世紀のユダヤ人社会とはいえ、そこまで浮世離れしていたわけではない。

話をもとにもどそう。ヨハネ福音書ではこの女はマルタの妹マリアである。ところがそのマルタとマリアは、ルカ福音書では、例の家事労働蔑視の話の主人公にされてしまった(一〇・三八―四二)。この姉妹はエルサレムの近郊の村ベタニアの在住である(ヨハネ一一・一)。イエスはおそらく、何かの用事でエルサレムに行く時には、この姉妹の家に泊まらせてもらっていたのであろうか(マルコ一一・一一参照)。ルカのこの話によれば、姉のマルタは接待の仕事に忙しく、妹のマリアがちっとも手伝わないので、かりかりきていた。マリアの方はイエスの足元に座って、その話を聞いていた、というのである。姉がイエスのところに来て言った、「この妹、ちっとも手伝ってくれないんですよ。何とかおっしゃって下さいませんか」。ところがルカ版イエスは逆に姉の方を説教した、「マルタよ、マルタよ。あなたは多くのことを気にかけて、騒ぎまわっている。しかし必要なことは一つだけだ。マリアはその良いことの方を選んだのだから、それを取り上げてはいけない」。

聖なる救世主キリスト様のお話を聞ける機会などめったにない。その絶好の機会を逃さないように、マリアは一所懸命聞いているのだ。世俗のつまらぬ雑用にわずらわされて、騒がしく動きまわり、唯一の大切なことを見失ってはいけない……。まあ、どこの宗教にも必ず出て来るような、宗教信仰のお話こそ何よりも大事、というお説教だが、そう言われたらマルタさんも腹を立てて、私の仕事が大事ではないとおっしゃるなら、今あなた方の食事を用意しているんですけど、そんなことを言うなら食べるのをおよしなさいな、と言いたくもなっただろう。もちろん我々生きている人間にとって、唯一の大切なことは、無事に飯を食えることであって、それをほっておいて、何だか有難いみたいなお説教を聞いたってしょうがないのだが、この話がもとになって、以後のキリスト教世界二千年を通して、女の家事労働を軽視する伝統が生れてしまった。本当はそのおかげで生きているくせに、家事労働なんぞ価値の低い、たいしたことのない女の仕事だ、といい気になって軽視する。いや、もう少し正確に言うと、この種の家事労働蔑視は、古今東西、男が社会の権力をにぎって以来ずっと、どこでも、必ずお目にかかることのできるものであって、もちろんキリスト教の専売特許ではない。ルカ福音書の一つの話ぐらいで、いきなりそういう体制と価値観が確立するわけのものではない。古代社会といえどもすでに長い間この種の女の労働の蔑視は確立していた。ルカ福音書の著者がやったことは（多分彼以前からすでにこういう話が語られていたのを、彼が喜んで福音書に採用したものであろうけれども）、宗教的観念的なお説教の重しをその上にかぶせて、こういう宗教説話を作文することにすぎなかった。従って、ルカ一人の影響などというわけにはいかないが、しかし、この話がキリスト教世界において多大な影響をもたらしたのも事実である。本当は誰も家事労働をしないで生きていくことはできない。それが人間の生活の根幹である。ところが男たちはそれを一方的に女の肩に背負わせただけでなく、さんざん世話になっておきながら、それはつまらぬ価値のものだ、というけしからん価値観を、あらゆる機会を利用して吹聴してまわった。マルタとマリアのお話は、キリスト教世界においては、ちょうどうまくその役割を果したのである。以後キリスト教世界では、「マルタ的」仕事は、近代もついこの間まで、つまりキリスト教のイデオロギーに抵抗して女たちが自分の権利を主張しはじめるまで、ずっと、軽視されつづけた。本当は、男たちも、人間が生きるには家事労働なしではいられない、ということをよく知っている。だから、「必要なことは一つだけだ」などというこの話のイエスの断言が無意味な宗教的な舞い上がりだということも、本当はよく知っている。従って、家事労働なんぞ必要ありません、などと言い切ることはしない。しかし、それは確かに必要なんですけれども、重要ではありません、「本当になくてはならぬことは、宗教的真理だけなのです」とか言って、「本当に」とかいうごまかしの副詞句をこっそりつけて、家事労働蔑視を貫こうとしてきた。

　これは、単に女性の労働の蔑視というだけの事柄ではない。たとえば中世の修道院においては、修道士（厳密な意味での、ちゃんとした「資格」を与えられている修道士、つまり中世的身分階級では上の階級に属する者たち）はできる限り世俗の仕事には従事せず、それは下々の召使（助修士なんぞと呼ばれた）にやらせることにした。自分たち神に召された者は、祈りと讃美に身をささげたのであって、飯を作ったり掃除をしたり薪を割ったりなんぞということは、身分の下の者がやる仕事である……。

というわけで後世のキリスト教世界には絶大な影響があったお話だが、これはさすがに、イエスの死後かなり後になってでっちあげられた宗教説話だろう。ルカ福音書にしか出て来ず、しかも明瞭にすでに既成宗教として確立した宗教教団の説教臭がふんぷんとしている。もっとも、話の出どころがまったく事実無根であったかどうかは、わからない。実際問題として、妹のマリアが、せっかくイエスが来たのだからとて、姉の家事を手伝わないで、イエスの足もとに座りこんで話に聞き入っていた、ぐらいのことは、あったとしても不思議ではない。姉がそれに対して、少しは手伝うようにおっしゃって下さいな、とイエスに訴えたとしても、これまた、どこにでも見かける風景である。ヨハネ福音書の著者はルカさんとは違って、マルタとマリアの家族のことを非常によく知っていた（ないし非常によく知っている人たちが伝えた伝承をよく知っていた）と思われるが、その第十章で長々と語られる「ラザロの復活」の話にしたところで、よく読むと、マルタとマリアのこういった関係が背景にほの見える。マリアの方が、明瞭に、イエスに親近感を感じ、イエスの話を聞くのが好きだった。

要するに、よろしくないのは、その程度のよくある会話を元にして、そこから宗教説話をでっちあげたルカさんの説教精神であって、それだけのことにすぎないのだが、マリアがイエスの話を聞くのが好きだったというのは事実であっただろう。しかし、またぞろ、こういうことをネタに、マリアはイエスに恋心をいだいていたとかどうだとか、余計なことを勘ぐるのは、やめた方がいい。いや、そりゃまあ、尊敬と恋心は区別がつかないことが多いから、本当のところは御本人に聞くより仕方がないが、しかし、どういう感情をいだいていようといなかろうと、マリアがイエスの話を聞くのが好きだったのは確かなことであって、それは当然、イエスの話が面白く、彼女はその面白みを十分に理解する能力というか、資質というか、精神というか、そういう姿勢があったということにほかならない。それを、恋心のせいにするのは、彼女の知性に対して失礼というものだろう。恋心があったってかまわないが、彼女はイエスがどう面白かったかを評価できるだけの実力があった、ということだ。

そういう女はほかにも何人もいた。イエスが死んだ時、十字架の断末魔を遠くから見まもり、埋葬につきあい、朝早くから墓参りに行ったのは、何人もの女たちであった。マグダラのマリアもその中に居た。マグダラというのはガリラヤ湖西岸の町だが、この女性について、事実として知られていることは、唯一、イエスに病気を治してもらった、ということだけである。七つの悪霊を追い出してもらったという(ルカ八・二)。七つもの悪霊に憑かれていたというのだから、何か面倒な持病でもあったのだろう。彼女のほかにも、何人もの女たちが、イエスの死の場面に立ちあっている(マルコ一五・四〇―四一、四七、一六・一)。彼女たちとイエスの間に行きかったにちがいない多彩で豊かな感情の交錯を、その一つ一つの場面を、我々はもはや知ることはできないし、それを想像をたくましうして描こうとするのは、無意味なことである。ただ、その一つ一つの内容を我々がもはや知ることができないとしても、少なくとも、多彩で豊かな感情が交錯していたにちがいない情景をイエスの生活の雰囲気として常に想像しながらイエス像を描くのでないと、この男を、此の世ならぬ薄っぺらな宗教観念に還元することになってしまうだろう。洗礼者ヨハネはまさにそういう情景から脱け出し、その外にとどまろうとした脱世間の禁欲修行者である。その点に両者の活動の質の典型的な違いがある。

そして、イエスの逆説的反抗の鋭さをよく理解し、評価しえたのは、イエスの「弟子」たちよりも、これらの女たちだったろう。イエスの死後、イエスがあれだけ嫌っていたエルサレムの町にかなり権威主義的なキリスト教団をつくりあげていった弟子たちは、彼女たちとちがって、イエスが逮捕された時にはすたこらさっさと逃げ出して、その処刑や埋葬の場には居合わさなかった。

## 九　「神の国」の逆説的批判

さて、イエスと洗礼者ヨハネの比較を長々と続けてきたが、その上ではじめて、神の国についてのイエスの、いささか謎めいた辛辣な発言も理解できる。イエスが洗礼者ヨハネを「女から生れた者の中で最も偉大な者」と誉めた、ということは先に指摘した。しかしそれに続けてイエスは面白い句をつけ加えている、「しかし神の国で最も小さい者もヨハネよりは大きい」（ルカ七・二八＝マタイ一一・一一、Q資料）。これはすさまじい皮肉である。此の世の人間の中では洗礼者ヨハネが一番偉大なのだが、神の国に行けば、此の世ならぬ天的な存在者がそろっているので、ヨハネなど小さくなってかしこまっていなければならない、神の国というのはそのように想像を絶する彼岸の偉大さだ、などということをイエスは言おうとしているのではない。一方でイエスは、此の世の宗教家たちが神の国には最も縁遠い存在だとみなした「取税人や売春婦」こそがむしろ神の国にはいるのだ、と断じているのである（マタイ二一・三一）。あるいは、神の国は「貧しい者」のものなのだ、とも言い切った（マタイ五・三）。神の国などということが言えるとすれば、そこは、取税人や売春婦や貧しい者が今や収奪されることから解放されて安心していられる場所のはずだ。そこにはいるのに資格などいらない。町の通りに出て行くがいい。誰でも彼でもそこで出会う人は、みんな神の国にはいる（マタイ二二・九＝ルカ一四・二一、多分Q資料）。そのようにして誰でも彼でもがにこにことしていられる神の国において、そういう人たちと比べて、洗礼者ヨハネは最も小さい。ヨハネのつきつめた宗教実践を非常に高く評価しつつも、イエス自身は百八十度違う方向に向いていて、ヨハネのことをやや皮肉に遠望していた気持を、このせりふは正直に表現している。

パリサイ派は神の国のくびきを負うと称して、しかめっ面をして宗教実践にはげんでいた。そして、彼らとともにはげまない者たちを縁なき衆生とみなして神の国からしめ出そうとした。しかし彼らのくそ真面目な努力も、「祈り」を欠かさずとなえるとか、「清め」を中心とした戒律の遵守などに限られていた。そこにひどく不満を持った洗礼者ヨハネは、生活の全般に厳しく倫理的に神の国に備える行を徹底しようとした。この人たちの宗教性からすれば、確かにヨハネは最も偉大である。しかしこの方向でやっている限り、神の国はますます崇高で迂遠でかつ怖ろしい宗教理念になってしまう。そうではない。神の国なんぞというものがあるとしたら、そんなしかつめらしく苦しげな顔をして担うものではない。そんなに神の国、神の国と言いたければ、はっきり言ってやる、

「神の国はあなた達の中にある」（ルカ一七・二一）。

この場合、「中」という前置詞はいろいろ解釈されてきた。あなたたちの間に立っているイエスこそ神の国を代表しているのだ、とか、あるいは神の国とはあなた方の精神の内側にあるもので、すなわち精神生活である、等々。しかし、これについてはA・リュストフという学者の論文が決定的な答

を出していると思われる。この人はキリスト教学者ではなく、古代法制史だったかの専門家だが、ヘレニズム時代の文献やパピルスなどを読みこなしているうちに、「中」という前置詞がこの場合と同じような意味で用いられている例を見出した、と実例を多く引用している。そのうち二つばかり紹介すると、クセノフォンの表現で「矢の中」というのがある。これは「矢のとどく範囲」、文字通り射程距離にある、という意味である。あるいはパピルスに、一人の主婦について、「葡萄酒のたくわえが彼女の中にある」という句が見出される。彼女の手のとどくところ、自由に処理しうるところにある、ということである。とすると、「神の国があなた達の中にある」というのは、あなた達の手のとどくところにある、あなた達自身の可能性だ、という意味になる。実際、このように理解するのが、ほかの場合にイエスが神の国について発言していることとよく対応する。これまた断片伝承なので、「あなた達」という語で誰を指しているかわからないけれども、神の国は貧しい者のものだと言ったのと同じ精神で、どえらい人がかろうじて到達しうるような異常な彼岸ではなく、あなた達自身の当り前の可能性なんですよ、と言おうとしていることは確かだろう。

こう見てくると、神の国の譬え話とみなされる「おのずから成長する種の譬」（マルコ四・二六—二九）の趣旨もはっきりする。イエスの語った譬え話の多くは、もともと何を比喩して語られたのかが伝わらず、譬え話だけが伝えられたせいで、後の福音書記者、特にマタイは大部分の譬え話を神の国を比喩したものとして扱ってしまった。従って、マタイがこれは神の国を比喩したものだと言っても、おいそれと信用するわけにはいかないが、マルコの場合はおそらくそうだろうと思われる。マルコは譬え話を記すことが少いのだが、少い中でも神の国を比喩したものとして記しているのは、これと、続く「からし種の比喩」(四・三〇―三二)のみだからである。

神の国は次のようなものである。人が地に種をまいて、夜昼寝たり起きたりしていると、種の方では芽を出して、成長する。まいた人が知らないままに、おのずと大地が実を結ぶのである。まずは青草になり、次いで穂が出、それから穂の中に実が満ちる。実がみのった時になって、人が鎌を入れることになる。それが収穫というものだ。

(マルコ四・二六―二九)

そうだ。それが収穫というものだ。もしも神の国なんぞというものがあるとしたら、ほかのどこに探すことができよう。ここにもイエスの、神と神のつくった自然とに対する、実に楽天的な信頼感があふれている。神はそのように人間に対してよくしてくれる。畑を耕して種をまいてしまえば、あとは農夫は寝ていても、おのずと大地が実を結んでくれるではないか。古代の農夫が、まだまだ自然の力に対して素朴な驚異と畏敬を失わないでいた時代に、農作業というものを、自分が自然に手を加えて収穫物をつくり出すのだとは考えず、むしろ、自然の与えてくれる恩恵を感謝してつみとることだと思っていた姿が、ここにははっきりと描かれている。実際、古代人にとっては、麦の種がおのずと芽を出し、やがて実を結ぶにいたる過程は、実に不思議な力が働いているのであって、こっちは夜昼寝起きしているだけなのだ。――素朴な自然主義とも、いかにも古代的な楽天主義とも呼べる。そして、自然の情景が荒野に近いユダヤよりも、豊かな果樹と農作物に囲まれているガリラヤの人にふさわしい発言ともいえる。

こと自然の恩恵という点では、イエスの神に対する素朴な信頼感は徹底していた。すでに論じた「野の花、空の鳥」についての発言（八六頁以下）もその気持を示しているし、また、「求めよさらば与えられん。たずねよ、さらば見出さん」という句にしても、同じ精神を表現している。耕せど耕せど、飢饉つづきで報われない厳しい自然条件のもとに生きている人ならば、このように楽天的に、「さらば与えられん」と言い切ることはできぬ。

自分の子どもがパンを欲しがっているのに、石を与えるようなことを誰がするだろうか。魚を欲しがっているのに蛇を与えるようなことをするだろうか……。まして天にいます父ならば、求める者には良いものを与え給う。（マタイ七・七―一一＝ルカ一一・九―一三、Q資料）

雀は五羽につきたった二アス（八クヮドランス）で売られるようなものではないか。しかもその一羽でさえ神の前で忘れられることはない。（ルカ一二・六＝マタイ一〇・二九、Q資料）

イエスはこういった神の与える自然の恩恵への楽天的な信頼感がいささか他人よりも強かったと思えるけれども、農夫が寝起きしている間におのずと大地が実を結ばせるのだ、という話には、ガリラヤ人ならばみな、そうだそうだと思ったに違いない。イエスの特異なところは、神の国とはそういうものだ、とつけ加えた点にある。「神の国のくびきを負う」などと称してしかつめらしい顔をするのが通常であった思想風土において、「何？　神の国？　あなた方農民の毎日の生活がそうじゃないですか。夜昼寝たり起きたりしている。それでいい」と言ってのけた。

J・イェレミアス――これは忍耐のすすめである。農夫が種をまいても、あとずっと忍耐して待たねばならない。暴力によって無理に神の国を来させようとしてはいけない。ひたすら忍耐せよ。R・ブルトマン――人間が関与したり理解したりすることなしに、種は芽生え成長し熟する。それが奇跡的であるのと同様に、神の支配の到来もまた奇跡的なのだ。それは絶対他者、絶対的な彼岸の事柄だ。八木誠一――神の支配は人間の業（わざ）にはよらず、みずから貫徹する。だからそれは、人間に建設を呼びかけることではなく、悔改めを呼びかける。――種をまいた後はのんびり夜昼寝起きして、収穫の時は、それ行けってんで、鎌を持って刈ってきた、よかったなあ……、という趣旨の話が、なんで「悔改めの呼びかけ」と解されねばならないのか、私にはとんと理解できない。譬え話とはいかようにも解釈できるという事例がここには並んでいる。イエスはまさに、この種のこねくりまわした宗教家の小理屈に対して言ったのではなかったか、そんな余計なことを考えないで、種をまきに行き、後はのんびり夜昼寝起きしていなさいよ……。ガリラヤの農民ならば、そうだそうだと手を打ったに違いない。

右の解釈のうち、イェレミアスが「忍耐」を強調するのは余計だが、神の国を暴力によって招来させようとする者を引きあいに出しているのは一理ある。イエス自身はっきり言っているからだ。

洗礼者ヨハネの時より今にいたるまで、天国には暴力が加えられている。そして暴力を加える者たちが天国を簒奪しようとしている。　（マタイ一一・一二）

政治と革命を嫌う宗教家たちは、あいも変らずこれを熱心党に対するイエスの批判だと解釈する。イエスに熱心党批判を読みとろうとするのは時代錯誤だ、ということはすでに述べた。それに、熱心党が暴力、政治革命と軍事力によって神の国をうちたてようとしていた、というのは、いまだに証明されていない学者の仮構にすぎない。熱心党はトマス・ミュンツァーではないのだ。彼らが軍事力によって民族独立をかちとろうとしたのは事実だが、それによって「神の国」を樹立しようとしたというのは誰もが証明しないで前提している仮構にすぎない。それに、どうして宗教家の解釈は、書いてあること（洗礼者ヨハネ）を無視して、書いてないこと（熱心党）を読みこもうとするのか。

　これは「簒奪する」という動詞を用いている以上、「神の国に暴力を加える者たち」が無理やり神の国を自分たちで専横しようとしている、という批判の言葉以外ではありえない。そして、「洗礼者ヨハネの時より」というのだから、洗礼者ヨハネの活動に関係があることだ、とみなさざるをえない。これはヨハネを批判しているのではなく、ヨハネを殺した権力者たちを批判した言葉だ、という解釈もある。神の国の使信の担い手であったヨハネを殺した、ということは、神の国に対して暴力をふるったことになる……。だが、その者たちがみずから神の国を簒奪しようとしている、というのはいささか奇妙だ。ヘロデ・アンティパスは此の世の支配者たることで満足していたので、神の国にちょっかいを出した、というのはどうも似つかわしくない。とするとこれはやはり、洗礼者ヨハネ、そして特にその弟子たちに対する批判であって、彼らは神の国を強引にわがものにしようとしている、という意味に受けとらざるをえない。一方でイエスはあれだけヨハネを高く評価していたのだし、また原始キリスト教団がヨハネをイエスの先駆者と規定して以来、キリスト教神学者はヨハネを否定的に評価するなど思いもよらなかったから、この明白なせりふを額面通りの意味に解しようとはしなかった。だが、ヨハネを高く持ち上げたあと、神の国の中で最も小さい者もヨハネよりは大きい、とつけ加えたイエスのことだ。一方でこれほど冷淡にヨハネの洗礼活動を批評していたとしても、不思議はない。やはりイエスとヨハネは百八十度方向が異なっていたのだ。実際、「神の国は近づいたのだ、悔い改めよ」と荒野で絶叫し、人々にその使信の前にひれふすことを求めたヨハネの活動は、イエスの目から見れば、強引に神の国に対して力をふるっていると思えたのかもしれぬ。そして特に、ヨハネの弟子たちがその洗礼活動を継承して、自分たちの洗礼活動によらなければ神の国にはいれない、と主張したのだとすれば、それは当然、神の国を簒奪する主張であった。そこまではっきりこの言葉の意味を限定して解釈することはできないかもしれないが、何らかの意味でイエスがヨハネとその弟子たちの活動に対して否定的だったのは確かだろう。そんなに無理して力をふるうことはない。夜昼寝たり、起きたり……。

こう述べてくると、一見ここには、仏教的な難行道と易行道の対立とおなじものがあるように思えるかもしれないが、そうではない。易行道といっても、悟りを得ようと最大限の努力をつきつめ、つきつめきった頂点でひっくり返って、そのような異常な努力によって悟りが得られるものではない、と悟る。それに対してイエスは、はじめから、神の国にはいろうと一所懸命努力なんぞしなかった。従ってまた、異常な努力に固執したことの反動で、逆にひたすらむきになって「平常心」に固執したりすることもない。難行道であれ易行道であれ、基本は「神の国」にある。易行道は、難行道が神の国にはいる常道だとは思えないからこそ、「平常」にその常道を求めたのであって、やはり根源には

「神の国」が置かれておいる。ところがイエスは、どうすれば神の国にはいれるかなんぞということを求道心の中心にすえ、そこから以上述べたような心境に達したわけではない。むしろイエスにとって「神の国」は本質的な問題ではなかった。どうでもよかったのだ、と言ってもよい。当時の宗教家たちがふりまく強烈な宗教的イデオロギーのせいで、人々も「神の国」を気にせざるをえなかった。だからイエスも、「神の国」について発言をせまられることが度々あったことだろう。そんなに「神の国、神の国と言いたければ……」というのが、イエスが神の国についてものを言う場合のひややかな気持だっただろう。だからイエスは「神の国」について発言しない場合には、神の国のことなんぞ忘れてしまっている。ほかの問題に直面する時、イエスは神の国などといった理念でその問題を処理することはなく、その問題そのものへとつき進む。逆説的発言は、神の国についての真理を語ることに意味があるのではない。「神の国のくびきを負う」などと言って騒いでいるとどうおかしくなるかを指摘するところに眼目がある。「神の国はあなた達の中にある」というのは、たずねたずねたずねあぐねた神の国が、何のことはない、自分たち自身の中にあった、という「発見」の意味ではない。神の国、神の国と言ってよそばかり見ていないで、自分自身の現実の可能性を重んじろ、ということだ。もっとも、このように理屈を通して説明するのは近代人であって、古代ユダヤ教の雰囲気の中では、「神の国はあなた達の中にある」とずばり逆説的に言い切った方が説得力があったはずだ。

いわゆる易行道と根本的に異なるのは、「神の国」がもしも天的彼岸にあるのではなく、自分たちの日常にある、というのだとすれば、その日常に満足し、これでいいのだ、と居直っていく思想にいやでもつながってしまうのだが、イエスはその日常を肯定しなかった。「神の国は貧しい者のものだ」

と言っても、だから貧しい者のところに神の国があるのだから、貧しいままでいい、とは言わなかった。もしも神の国ってなことが言えるとすれば、今いい目にあってる奴らが貧しい者をけとばして神の国にはいるってなものじゃないだろう。今搾取されつづけている貧しい者こそ神の国にはいる権利がある。誰かが裕福になっていいとすれば、今貧しく苦労している者をさしおいて、誰が裕福になる権利があろう。泣く者こそが笑うようにならねばならぬ。イエスは現状に安住する易行道にはほど遠かった。現状に抗った。ほえ、たけった。

こう見てくると、こと「神の国」についても、イエスは宗教思想家ではなく、宗教批判者であった。「神の国」などという宗教理念に熱狂することはなく、むしろその理念をひややかに逆説的に批判したのである。

## 十　宗教的熱狂――病気治癒へののめりこみ

だがそのイエスが、「神の国」についても宗教的にぐんと熱狂してのめりこんでいる一点がある。病人の治癒である。

もしも私が神の指でもって悪霊を追い出しているのだとすれば、神の国はあなた方のもとに来たのである。

（ルカ一一・二〇＝マタイ一二・二八、Q資料）

マタイの方は「神の指」でなく、「神の霊」になっている。どちらがイエス自身の言葉づかいかわからないが、いずれにせよ自分の病気治癒の行為は神自身の力が直接働くことによって実現しているのだ、という自信に満ちている。そして、その故に、神の国は来たのだ、と宣言している。とするとこの場合の「神の国」は逆説的もの言いではないので、今現に病気治癒という良いことが、それも奇跡的に良いことが起こっている、それは神の国の至福の状態が実現しつつあることなのだ、という確信の表現である。そこにはやや興奮した宗教的熱狂がある。「神の国」という宗教思想を出発点にして、ではその「神の国」はどのように実現するか、と考えて言っているのではない。むしろ、自分が力を持って悪霊祓いを実現できた、それもおそらく一度や二度ではなかった、という出来事から生じる確信がまずあって、このように人を不幸から解放するすばらしい出来事が次々と起こるとすれば、「神の国」が来たと言える、と思ったのだろう。そう思うことによって得られる熱狂的確信は、イエスをさらにかりたてて、次の病気治癒へと向わせた。すでに引用したヘロデ・アンティパスに対して投げつけたせりふ、「今日も明日も私は悪霊どもを追い出し、病気治癒を続ける」（ルカ一三・三二）は、その熱狂的な使命感をよく表現している。

あらゆる類の精神神経系統の病気は、悪霊もしくは「汚れた霊」がついたのだ、とみなされていた。もっとも、ほかの病気にせよ似たように考えられていたので、たとえば癩病になるのは「癩病」なるものが人間にとりつくからで、悪霊が去れば病気がなおるのと同様に、「癩病」が去れば癩病が治る（マルコ一・四二）。その意味では、福音書に出て来る「悪霊に憑かれた人」がみな精神的な病気であったというわけでもあるまい。我々にはいちいち区別がつかないが、さまざまな病気の原因が悪霊だと思われていたのだろう。ともかく、イエスが癒したと言われる病人には、「悪霊」につかれた者が多い。一つにはむろん、この種のいわゆるカリスマ的な宗教的奇跡行為者は強烈な精神の働きと「信仰」によって病気をいやすのだから、それによっていやされる、もしくは本人たちがいやされたと信じこんだ病気は、精神的なものが多かったということだろう。しかしもう一つ注目しておくべき事情は、それにしてもこの種の病気が非常に多かったという事実である。パレスチナが外国人の帝国によって支配される歴史はすでに長かったとはいえ、ヘレニズム・ローマ時代は中でも独得な意味を持つ。その支配は単に政治的、軍事的であるのではなく、経済的にも単にまとめて貢納金を取られるというだけのことではなく、庶民の日常の経済生活のすみずみにまで外国支配がはいりこみ、文化的言語的にも緻密に支配網はひろがっている、まさに植民地支配の名に価する状況だった。異質の文化に、それも自分たちを圧倒し、搾取し、呑みこもうとする強大な異質の文化に日常的に直面するのはそれだけで実に大きな精神的重圧なのだが、それが単に文化面にとどまらず、世界的な経済の変動にあわせて、常に自分たちの生活が不安にさらされる。今年無事に食えていることが、来年は一文なしで流浪の生活をはじめることから身を守る保障にはならない。閉鎖した原始の村落社会では、最も貧しい者でも、急激な変動におびやかされることはない。貧しければ貧しいなりに安定している。どちらが生活の上で重圧が大きいか、ということは一概に言えないが、精神的な重圧からすれば、植民地支配下の生活状況の不安定は他に比べるものもない不気味に巨大な「悪霊」の力と言える。

かてて加えて、ユダヤ人社会の特殊状況が加わる。宗教指導者の多くは、政治的経済的軍事的には外国支配を容認しているくせに、従ってそこまで容認してしまえば文化的にもかなりな部分を容認することになるのだが、そのくせ、外国文化を異教のものとして退け、それを吸収する者に呪いの声をあびせかける。住民の一挙手一投足は宗教支配の代弁者たちによって監視され続ける。これでは常に精神的に追われ続けて休まる暇がない。それは特に、ガリラヤ人にとってはきつかったはずだ。ユダヤ人王朝が自分たちを支配するようになって、まだ二世紀たっていない。ガリラヤ人の生活のすべての瞬間をユダヤ教の秩序に組みこもうとする重圧が日常的に働き続ける。

こういう世界で、さまざまな精神、神経障害が現れない方が不思議というものだ。それはまた、内臓の機能を不安定にさせるから、ほかの病気の形態をとることも多かったろう。医療の発達していない古代にあって、伝染、流行病などはお手上げであっただろうけれども、福音書でとりあげられている病気には、伝染、流行病らしきものはほとんど見られない。むしろ日常のいわゆるストレスが原因で生じる病気が多い。たとえばイエスが「癩病」を癒したと言っても（マルコ一・四〇―四五）、近代に言う癩病かどうかはわからない。あらゆる類の皮膚疾患が「癩病」として扱われていたのだから、この場合が何であったのかはわからない。湿疹、蕁麻疹の類など、精神的肉体的疲労がきっかけで生じることが多いので、この場合が湿疹だったとは言わないが、いずれにせよ、温和で、ほっとした安らぎに包みこんでくれるようなイエスの人格を前にし、その手で暖かく患部をさわって貰い、しかも、畏怖をおぼえさせる権威を感じさせ、此の世ならぬ迫力を伴った威厳のある態度を声に出して、「癩病」に対して「清くなれ」などと命じてもらえば、治るものなら治っただろうし、治らなくても軽くなった気分は味わえただろう。まして、「悪霊につかれた」病気となればなおのことだ。

ある安息日にユダヤ教会堂で。マルコによればイエスの活動の最初の頃。「汚れた霊」につかれた者がイエスにむかって叫び出し、「お前は俺たち悪霊を滅ぼしにきたのか」と言う。イエスはきっとなって、「黙れ、この人から出て行け」と叱りつける。汚れた霊はこの男をひきつけさせた上で、大声をあげて出て行った（マルコ一・二三―二六）。病気が治ったかどうかは知らぬ。イエスの強大な権威が、少なくともこの病人を静かにさせてしまった。

おそらく暴れまわるので、村人からのけ者にされ、墓場に住みついた者がいた。ガリラヤ湖の対岸、ゲラサ人の領土に属する地域である。イエスに出あってこの病人は、自分の中に住みついている悪霊が豚の群の中に引越す許可を与えてくれ、と頼む。ありうる話だ。悪霊が本当にそのあたりをとびかっていると信じられていた社会での話である。本人も自分に大量の悪霊が住みついているのだと思っていたろうし、こいつらが出て行ってくれれば楽になる、と思っていただろう。イエスが赦すとこの男は喜んで豚の群につっこんで行く。豚の群は驚いて逃げ出し、追われて、がけの上から湖になだれを打って落ち、死んでしまう。しかし病人はこれで悪霊が自分から出て行って、豚にのり移ってくれたのだと信じ、大喜びである（マルコ五・一―一六）。

さらにまた、悪霊につかれた病以外でも、似たような話は多く伝えられている。イエスの弟子、シモン・ペテロの母親が熱病にやんでいたのを癒した話（彼女にとりついていた「熱」が彼女を離れる、マルコ一・二九―三二）、すでに「罪の赦し」に関連して紹介した「中風患者」の話（マルコ二・一―一二）、安息日における治癒として議論の種になった「手なえ」の癒し（マルコ三・一―六）、同じく安息日の治癒の例として、普通「水腫」と訳されているが、何らかの皮膚病を癒した話（ルカ一四・一―

六)、仮死状態になった少女を癒したと言われる話（マルコ五・二一—二四、三五—四三)、何らかの婦人病で出血がとまらず苦労していた女が、イエスの衣のすそにでもさわれば癒されるのではないかと悲願をこめて、群衆の中を後からそっとついて行って、そっとさわったら癒された、という話（マルコ五・二五—三四)。

以上はいずれも、奇跡物語として伝説化され、従って奇跡的に誇大な語り口で、さらに、宗教的な思惑も混入されて伝承として語りつがれてきたものであるから、むろん、そのままで歴史の事実であるはずがない。しかし出来事そのものとしては、事実であったとしても不思議ではないようなものばかりで、イエス自身が自分の病気治癒の能力について持っていたあの自信に満ちた語り口からしても、以上のうち、どれが事実でどれが事実でないと判別はできないにせよ、かなりな程度実際に生じた事柄であるのは確かだろう。少くとも本人たちは治ったと信じた、という意味で。

そして、こうなれば、どこに行ってもイエスのまわりに病気治癒を求めて人々が殺到するのは避けられないので、以上のように物語として語られてはいなくても、ほかにも類似の出来事は、もしくは類似の出来事を求めて集って来る人々は、多かったであろう。たとえば、イエスがガリラヤ湖を舟でわたって西岸のゲネサレに来た時、ゲネサレ地方を人々はくまなく走りまわって、イエスが来たと告げ歩き、次から次へと病人が床の上にのせて連れて来られた。村であろうと町であろうと部落であろうと、イエスの行く先々で人々は、病人を広場に連れて出て、せめてイエスの衣のすそのふさにでもさわらせてほしいと懇願した（マルコ六・五三—五六)。これは福音書記者マルコが後になって回顧して、イエスをかこむ人々の情景を一つの典型的な例としてまとめて描いたものである。従ってずい分と大袈裟な筆致で書かれているが、一つの雰囲気を伝えている。

ただし、近代人である我々がこれらの出来事を事実として十分に起こりうると考えるのと、当時の人間がこれを事実として信奉したのとでは、考えていることの内容が異なる。我々はこれを事実として当然ありうることだと考えるけれども、彼らはこれを、当り前なことではなく、普通には考えられない奇跡が実現したと考える。だからそこに宗教的熱狂が生れるのである。

## 十一　植民地支配下の奇跡信仰

奇跡が生じてほしい、という人々の期待、待望がいかに奇跡をつくりあげてしまうか、という事例は、歴史上いくらもあって、類比の素材に事欠かない。ここでは二十世紀前半のアフリカの例をあげておこう。二十世紀前半のアフリカでは、各地で多くの奇跡行為者が輩出した。彼らのほとんどは、単なる病気治癒者ではなく、「預言者」として民衆に語りかけ、さまざまな希望を人々の心に植えつけていった。古代と近代の相違をとびこして類比する点ばかりにあまり目を注ぐわけにもいかないが、少なくとも、巨大な世界的帝国主義支配下の状況という点で、かなり似た面があるのも事実である。何も帝国主義支配下の状況でなくても、ぬけ難い不幸に苦しむ者が多くいるところ、生活の苦しさに呻吟する者が多くいるところでは、奇跡を待望する気持が多くの人々に芽生えるものだが、強度な帝国主義支配下では、その願望は並はずれて強い、ということが言える。強烈な支配の圧力からどうあがいても逃れられない時、人々の願望はほかに噴出しようがないから、奇跡待望へと噴出する。二十世紀前半のアフリカでは奇跡信仰を必要とするだけの社会的基盤があった。ありすぎるほどあった、と言ってよい。

ガーナのエウェ人でドーという名の「預言者」がいた。彼が「預言者」として活動をはじめたきっかけが面白い。彼は白人宣教師がもたらした長老派のキリスト教会の会員であった。しかし、自分の村には教会がなく、日曜には遠く離れた教会に行かねばならない。村人の多くがキリスト教徒になっており、かつ、教会に組みこまれないと生活にも不便を生じる西欧植民地支配下では、このように日曜のたびに遠く離れた土地の教会に行かねばならない、というのは非常に不都合なことであった。それでドーは、ジオフェ村の人々に、この村で自分たちの礼拝をやろう、と呼びかける。当時の宣教師の教会に対して、これはすでに一つの反逆であった。宣教師の許可を得ず、宣教師が正式に任命したわけではない「現地人」が自分で勝手にキリスト教の礼拝を主催するなど、宗教的に見れば「異端」であり、植民地支配の論理から見れば秩序の攪乱であった。しかも他方、村はまだ完全にキリスト教化していたわけではないので、村にキリスト教の礼拝を持ちこむことは、伝統的な宗教生活を続けてキリスト教に反発している人々に対する攻撃でもあった。それでドー自身も、何ほどかおっかなびっくりであったのはやむをえない。ところがその第一回の試みの日に、彼らが集会を持っていた家の子どもが突然死んでしまう。実際には、おそらくは、周囲の興奮が伝わって気絶したか、何らかの理由で気を失ったかしたのだろうが、ドー自身はこれを神が与えた罰かと思った。みなもそう思った。それで、みなが必死になって祈ったのだが、その時ドーは、子どもに油を塗らねばならぬ、と「感じた」と言う。自分の責任でこうなってしまった以上、何とかせねばならぬと強い強迫観念をいだいたドーが、これを神のお告げと思ったとしても不思議はない。油を塗ったあと、次に、子どもの上にハンケチをひろげねばならぬ、と「強く感じた」という。ところがその時子どもが生命をとりもどして動きだした。——こうなれば、ドーに負けず劣らず動揺していた人々が、ドーが死んだ子どもを復活させた、と熱狂して騒ぎだしたとしても、不思議はない。もはやドー自身の意志も思惑も超えて事態は進んでいってしまう。人々は奇跡がおこることを必要としていたのだ。

ナイジェリアのイビビオ人オトン。みずから皮膚病に悩み、ちっとも治らないので、苦しみに耐えかね、何度も自殺をはかるが失敗する。もんもんとしていた時、ある「声」を聞く。それに慰められ、一晩ぐっすり眠ることができた。病苦がはじまって以来、安眠することなどできなかったのだ。その翌朝、病気は奇跡的になおる。話を伝え聞いて、一人の女が子どもを連れてやって来る。母子ともに病気であった。オトンはどうしていいかわからない。祈り、次いで、一杯の水を祝福して与える……。こうしてオトンの名声はひろまる。「やがて私は大勢の人々にとりかこまれるようになった。ある者たちはみずから助けを求めてやって来た。他の者たちは起こっている事柄を見にやって来た。私の力では、こうして押し寄せて来る人々の波に耐えることはできなかった。しかしほかに仕方がなかった。いずれにせよ人々は、力が臨在しているのであり、それは信心深く助けを求める者たちに注ぎ出される、ということを知っていたのだ」(以上二例、H・J・グレシャトによる)

こうして人々の奇跡待望が奇跡をつくり出す。そしてその噂がますます奇跡待望を強めて、次の奇跡を成立させる。そこに大衆的な宗教的熱狂が生れる。それが大衆的な熱狂になればなるだけ、支配者にとっては頭の痛い状況である。それが何ら政治的もしくは社会的要求を含まないように見える宗教的な熱狂であっても、そもそも民衆の動きがどこまで宗教的であってどこまで社会的か、などと線を引くこと自体無意味な話だ。生活の苦しさで飢えた民衆が熱狂しはじめたら、それはいつでも社会的な運動へと噴出しかねない。ましてや、奇跡行為者が同時に強く社会的正義感を持って人々に訴えかけていく時、それは支配者にとっては非常に危険なものとなる。かつてのベルギー領コンゴにおけるシモン・キンバングの運動がそうだった。キンバンギスムは、二十世紀前半のアフリカにおけるキリスト教的預言者運動の中でも最大規模に発達し、今日、公称五百万人の信者をかかえる教団へと成長している。

一九二一年四月六日、キンバングはゴンベという村（キンシャサの西方）にいる病気の婦人を訪れるように、という神の召命に「強いられた」と感じる。その婦人を訪れ、頭の上に手を置き、イエス・キリストの名によって癒す。噂はひろまり、キンバングは否も応もなく熱狂的な信仰運動の教祖となる。白人ではなく、自分たちと同じコンゴ人が、その白人たちも信じている世界的な神から直接に召命された。しかも白人の宣教師などは持ちえない大きな力を神によって付与された、もう自分たちはこの信仰でもって白人の力などあてにしないでやっていける――という叫びがもう一歩踏み出せば、反植民地主義になる。やがて我々の社会に白人なぞいなくなる時が来る！　ベルギー人の植民地総督モレルは、ここにまさに当時のアフリカ人の状況に応じた宗教が成立した、と認識する。「現地人は、我々は黒人の神を発見した、アフリカ人にふさわしい宗教を発見した、と言うだろう」と考えたモレルは、だからこそ、安寧秩序のためには今のうちにこの運動を弾圧せねばならぬと考える。同じ年の九月にキンバングは逮捕され、五一年十月に獄中死するまで、三十年間を獄中ですごした。だが弾圧は裏目に出、キンバンギスムは、弾圧すれば弾圧するほど、ぐんぐんと伸びていった。コンゴ独立運動の一つの先駆的伏流がここにあった。

キンバングが弾圧されたのとイエスが弾圧されたのと、理由はまったく同じであったと言ってよい。イエスの方がけた違いに強烈で、特にその社会批判の鋭さは世界史上稀に見るほどのものであったから、その分だけ余計に弾圧される価値があったとも言える。いずれにせよ、イエスの姿を奇跡信仰の影が部厚くとりまいているのは、それだけの社会的必要に対応していたのである。話として語られてしまうと、あまりに荒唐無稽だから、そして近代人、ことに近代の知識人の心情には、この種の奇跡信仰はひどく幼稚な迷信に思えたから、近代のキリスト教学者はイエス像を描くのに奇跡物語をほぼまったく無視してしまった。あるいはきざな護教論から、奇跡信仰は下劣な御利益宗教にすぎないので、イエスにそういうものを求めたガリラヤの民衆は所詮イエスの真に精神的な福音を理解していなかったのだ、などと言って、イエスをとりまく人々に奇跡信仰を認めつつも、それをイエス自身とは無縁なものとみなしてしまった。いずれにせよその結果、神学思想のかたまり以外の何ものでもないような非現実的なイエス像ばかりが提出される。だが、奇跡信仰をぬきにしてイエスを描くことは、人間を肉体のない観念として描こうとするに等しい。奇跡信仰の波に乗って熱狂的につっ走っていく局面をぬきにしたら、何故イエスが殺されねばならなかったかが理解できない。底の底までえぐる鋭い社会批判や宗教批判の発言も、発言だけであるなら、たとえ弾圧されても、あのような仕方で死刑にされることはない。どれ程鋭い神殿批判をやっても、それだけなら、つかまって鞭でなぐられ、蹴とばされたあげくにつまみ出されたかもしれないが、そして、その傷がもとで、あるいは食うに食えなくなって、野たれ死にするかもしれないが、あるいは使徒行伝に出て来るステパノのように、リンチにあって殺されるかもしれないが、そして、そのいずれの場合でも、それだけでもすさまじい生涯であったと言えようが、しかし、逮捕され、公衆の面前で十字架にかけて処刑される、というところまでは行かなかっただろう。これはあくまでもイエスのかちえた大衆的な人気のせいである。そしてその人気は、ただの人気ではなく、奇跡信仰にのった熱狂的な人気だったのだ。その人気と、鋭い社会批判、宗教批判が渾然一体となったところで、権力としてはイエスを十字架につける必要が生じたのだ。

奇跡信仰は増幅する。イエスが奇跡行為者だという噂が立てば、それを増幅させて、根も葉もない作り話も流通する。盲人の癒し（マルコ八・二二―二六、一〇・四六―五二）、聾者の癒し（マルコ七・三一―三七）、本人がイエスに会わないで代理の者が治癒の依頼に来る二つの話、すなわちシロ・フェニキアの女が汚れた霊につかれた娘の治癒を願いに来た話（マルコ七・二四―三〇）、カペナウムの百卒長の下僕の癒し（マタイ八・五―一三＝ルカ七・一―一〇、多分Q資料）などはそのようにして創作されたと言える。あるいは、何らかの事実関係が背景にあったとしても、とてもそれを想像して復元できない程度に作り話化されてしまっている。さらには、すでに死んでいた者を復活させる話、すなわちナインの町の寡婦の一人息子の復活（ルカ九・一一―一七）やラザロの復活（ヨハネ一一・一―四四）などはますますその傾向が強く、それをもう一歩荒唐無稽なところまで押し進めれば、病人治癒ではない、いわゆる自然奇跡が数々語られることになる。嵐をしずめた、湖の上を歩いた、五つのパンで五千人に食べさせた、といった類の話がそれである。ただし、創作の度合いが強い伝承ほど事実から離れている、もしくは事実と無関係であると言えても、創作の度合いが強いほど伝承として新しい、とは言えない。すでにイエスの生前から荒唐無稽な奇跡物語がイエスについて語られていたとしても不思議はない。我々は当然事実でもありそうな話と、まったくの荒唐無稽なものとを区別するが、当時の人々にとっては、すべて普通ではありえない奇跡なので、一つを信じ得れば、他のすべてを信じ得たはずだ。そして、そのような奇跡信仰を土台にして伝えられた話しか我々の手もとにはないので、以上では一応事実でもありそうな話とまったく創作らしきものを区別してみたが、本当のところ、事実でもありそうだからといって、実際に事実だったとは限らないし、まったくの創作に見えても、意外とその背景に何らかの事実、少なくとも話のきっかけになるような出来事があったのかもしれぬ。そのあたりを厳密に区別するのは難しい。

いずれにせよ、そういう創作がひろまっていくと、実際のイエスからはかなりかけ離れた聖者崇拝が普及していくことになるけれども、それがどうであれ、イエス自身も病気治癒の活動にのめりこんでいったのは確かである。それも、周囲の奇跡待望に押し上げられて、やむをえずそうなっていったというだけでなく、すでにあげた二、三の言葉が示しているように、みずから積極的にそこに挺身していった。ほかにもいくつか同様の言葉が伝えられている。

「私にはサタンが稲妻のように天から落ちるのが見えた」（ルカ一〇・一八）

イエスはサタン、つまり悪霊どもを統括する首領と、ねじりあいの格闘を演じていたつもりなのだ。

イエスのこのような治癒活動に対して、当然やっかみ半分に文句を言う者も出てくる。マルコは、エルサレムから下って来た律法学者が、イエスはベルゼブルにつかれていると言って非難していた、と記している。ベルゼブルとはサタンの別称である。つまり、悪霊どもの首領であるベルゼブルがイエスにとりついているから、それで悪霊どもはおとなしくイエスの言うことをきくのだ、という理屈である。イエスの敵対者の側からこのような非難が投げつけられたということ自体、イエスが積極的に悪霊を追い出す作業に取り組んでいたという事実を証明する。これに対してイエスは答えたという、「サタンがサタンを追い出すことなどできはしない。もしもある王国が自らに逆らって分裂するなら、その王国は存立しえない」。これはサタンに対する神の力の戦いなのだ。「あるいはまた、強い者の家に押し入ってその家財を奪う場合を考えてみよ。まずその強い者をしばり上げた上でないと、誰もそういうことはできない」（マルコ三・二二―二七）。この比喩の仕方はいかにもイエスの語り口である。イエスはサタンの支配する家に押し入って、サタンを縛り上げ、その手下どもを追い出しているつもりなのだ。これは壮絶な宇宙的戦いである。しかもイエスはそれを宗教思想として展開しているのではなく、ましてて、おのれの精神の内側でサタンと戦っているなどというのではなく、一人一人の病気を癒すことによってその戦いを実践している。こういう実践へののめりこみは、よほど自分がそれだけの力があると思いこんでいないと、持続してできるものではない。それもイエスは、自分個人にそれだけの異能があるというだけでなく、今や神の支配そのものが此の世に実現しつつあると思いこんでいた。その思いこみが、自らの気持をたかぶらせ、次の行動へとかりたてていく。

## 十二　イエスの熱狂――異常が日常に浸透しはじめる

イエスが宗教的な熱狂にのめりこんでいったのは、奇跡的な病気治癒の場合だけではない。すでに断食の問題に関して引用した言葉において、イエスは、「花婿が一緒にいるのに断食をするような婚礼の客があるだろうか」（マルコ二・一九）と述べている。これは、洗礼者ヨハネのような禁欲主義、あるいはユダヤ教全体の「断食」というような宗教的行為にこめられた雰囲気と比較して、イエスが自分たちの生活の明るい気分を比喩的に述べただけのせりふなのかもしれない。とすれば、あまり拡張解釈するわけにはいかないが、もしかすると、「花婿が一緒にいる」という句によって、現在においてすでに神によって特別に恵まれた時が、あるいは「終末論的」な至福の時が、はじまりつつある、という風に考えていたのかもしれぬ。「婚姻で花婿が一緒にいる時のように」特別に楽しく喜ばしい時なのだ、という意識である。その場合、厳密に終末論的な思想を確立して、その体系の中に現在の時を位置づけた、などということではなく、むしろ、自分の治癒活動が何ほどか成功した明るい気分、あるいはさまざまな宗教社会批判的発言が周囲に生み出す解放された意識の明るい気分が、今は喜びの時なのだ、と言わせているのだろう。その場合、特に誰が花婿だというのではなく、「花婿が一緒にいる時」のような楽しい気分が今あふれている、とのみ言っているのかもしれないが、もしかすると、自分自身が喜びの源泉である「花婿」なのだ、と考えていたのかもしれぬ。とすれば、イエスは自分自身を特別な終末論的立役者とみなしていたことになる。

同じように高揚した気分は次の句にも見られる。

あなた達が見ていることを見る眼、聞いていることを聞く耳は幸いである。アーメン、私はあなた達に言う、多くの預言者や王があなた達の今見ていることを見ようと欲したが見ることができず、聞いていることを聞こうと欲したが聞くことができなかった。

（ルカ一〇・二三―二四＝マタイ一三・一六―一七、Q資料）

これもどのような場で語られた言葉なのかわからない。マタイとルカはそれぞれ全然違う前後関係に置いているから、すでに彼らがこの伝承を知った段階で、語られた状況から切り離された断片伝承になっていた。誰をさして「あなた達」と言っているのかわからないし、「あなた達が見聞きしていること」という句によって具体的に何をさしているのかもわからない。ただ確かなのは、「花婿」についての言葉と同様、現在の時は、しかも自分の活動を中心にして生じている事態は、すばらしいことなのだ、という確信である。さらにここにも、ちょうど「神の国はあなた達の中にある」と言い切ったのと同じ精神が、つまり、自分たち平凡な庶民の日常の中にこそ、お偉いさん達にはとても見聞きできない素晴らしいことが実現しているのだ、という逆説の響きがある。「多くの預言者や王」はこれを見ることも聞くこともできなかった。つまり、旧約以来のユダヤ教の宗教性の頂点に位置する預言者たち、中でも洗礼者ヨハネこそ預言者の中の最大の者であり、かつ最後の者であるが、我々の見聞きしているこのすばらしい喜びは、彼らのつきつめた宗教性からではふれることができなかった。そしてまた、それは此の世の権力を可能な限りすべて集めた王たちが、その綺羅を飾った生活の中でもとても見聞きすることができなかったことだ（マタイは「王たち」の代りに「義人たち」と記している。とすればこれは、預言者的宗教性と律法学者的宗教性の二つを批判していることになる）。我々はここで、すでに多く論じてきたイエスの言葉、ソロモンの栄華についての発言だの、洗礼者ヨハネは神の国で最も小さい、といった発言を思い出すことができる。ここにもイエスの逆説的精神が息づいている。

けれどもこの場合決して、お偉いさんの高みよりも庶民のつつましやかな生活にこそ本当のすばらしさがある、などと言っているのではない。敢えて言うならば、「神の国」とでも呼ぶべきすばらしさが、今自分たちの卑近な生活を変えつつある、という異常に高揚した意識が語られているのだ。そしてそれは、異常に高揚した意識において語られるからこそ、卑俗な宗教的悟りに堕する危険を避けている。悟り顔をして、お偉いさんの高みよりも庶民のつつましやかな生活の方がすばらしいのだ、と言って居直った時、そのつつましやかな生活をそのままずぶずぶに肯定し、実はそのつつましやかな生活は決してすばらしさにあふれているのではなく、恒常的に抑圧され、搾取され、いためつけられている、という事実から目をそらしてしまう。そうではない。このつつましくも圧さえつけられた生活の中に、その生活をすばらしい喜びの中へと解放してくれる出来事が、また人間関係が、多々生じつつある。今は異常が日常に浸透しはじめている……。

だが、この異常に高揚した意識は長期間持続しうる質のものではない。それはどこかでぽっきりと折れて挫折するのでなければ、異常なままに固着し、そこから高揚した気分のみは失せ、陰湿な宗教集団の教義へと流れつく。

　近頃のドイツのいわゆる批判的な神学者は、このような預言者や王たちも見ることのできなかったすばらしさとは、キリスト教の救い以外ではありえず、それはとりもなおさず教団の信仰においてはじめて成立しえたのだから、イエス自身がこのようなことを言ったはずがない、という奇妙な論理で、これもまた教団が創作した言葉だ、と判定する。このようにして彼らは、一枚一枚、イエスの姿から生身の皮をはぎ取って、中身のない空虚な天的尊大さに作り変えていく。確かに、この異常に高揚した意識はまさに生身の人間の所業である。冷酷な現実よりも、意識の方が過大になって、喜びにあふれてつっ走る。それはやがては冷酷な現実に仕返しされざるをえない。だから、イエスを神格化してあがめたい者は、イエスにこのような人間の所業を認めたがらない。

　だがイエスはつっ走る。やがてぽっきりと折れることを知りつつ、つっ走る。けれども彼の宗教的熱狂は、現実の灰色をばら色に見間違えて熱狂するのとはいささか趣きを異にする。現実の灰色をばら色に見間違えれば、やがてその見間違えを言いつくろう屁理屈が陰湿な教団や党派の教条をつくり出すのだが、どうもイエスの場合は、現実の灰色を灰色と知りつつ、それに熱狂的に立ち向う趣きがある。それだけに独自な力にあふれ、行動の積極さが目立つ。


　新しい布切で古い着物につぎをあてる人はいない。

　新しい酒を古い革袋に入れる人はいない。

と通常人に覚えられている句は、実はもう少し微妙な意味あいをはらんだ句である（マルコ二・二一―二二）。「新しい布切」という句は、正確に訳すと、「まだ晒していない布切」である。まだ晒してなければ、やがて縮む。ただでさえ弱っている古い衣にこれでつぎをあてれば、当然縮む力がひっぱって古い衣を破る。「新しい酒」はまだ発酵しつつある。発酵しつつある生命力は古い革袋をつき破る。――これは決して単に新しさと古さの同居をいましめているのではない。新しく生れつつある力、発酵しつつある生命力、生成過程にある動きの力が、いかに古いものをつき破っていくか、と言っているのだ。自分はその力を担っている。自分自身がその力だ、という緊張した、かつ積極的な意識がイエスにはある。灰色の現実をばら色に見間違って夢を見ているわけではない。言うなれば、灰色の現実を灰色にしている力をつき破ろうとしているのだ。

同じ積極性は、病気の治癒についてすでにふれた言葉にも表現されている。

「私は今日も明日もまた次の日も進んで行く」（ルカ一三・三三）

とするとイエスは、異常に高揚した気分のままに現実を忘れ、つっ走って、最後には冷たい現実の壁につき当り、ばったり倒れた、というのとはいささか違うようである。確かに一方では高揚した宗教的熱狂に支配されていた。しかし他方では、おそろしく醒めた目で自分の周囲の現実を見すえつつ、しかも、自分は立ち上がって進まねばならない、と決断していたのではないのか。だいたい、一人の人間が一つの観念体系に整然と支配されたままでいるはずがない。状況に応じて、自分の意識の中のさまざまな層が、一見相互に矛盾する仕方で現れたり、隠れたりする。あの逆説的発言に見られる鋭い批判、相手の問いに答えることを拒否し、お前が自分でやればいいだろうとつき放す冷たさ、底の底までつき入ってくるようないやらしい皮肉、などに一貫して見られるおそろしく醒めた目と、一見ひどく幼稚で迷信的な宗教的熱狂とがどのようにして一人の男イエスに同居しえたのか、それは、彼と同じ時代に同じ場で同じ課題をかかえて生きぬこうとするのでない限り、なかなかわかることではないだろう。しかし一般論としては、そのように熱と冷が一人の人間に同居することはままあるものだ、と言うことはできる。そして、実際に自分が生きていく時の手ごたえから想像するならば、もしもあのように醒めて皮肉に現実の状況に否定的に対峙し得るとすれば、当然それは、その現実の状況を克服せねばならぬということと等しく、そしてその克服に向う動きは当然熱烈な闘志を伴わざるをえないし、その熱烈さから夢の異常さへと飛翔することにもなる、というつながり方がわからないわけではない。ただ、そこが実際にあたってどうつながり、どう同居し、どう相反していたかは、本人のイエス以外にはわかるまい。いや、イエス自身にとっても、そんなおのれの心理を分析している暇はなかったろう。確かなことは、こういった姿勢の全体は、単におのずと熱狂に流されていくということではなく、この姿勢を自分で支え切ろうとする強く耐えた意志の力を必要とした、ということだ。

「手を鋤につけてから後をふりむく者は、神の国にふさわしくない」（ルカ九・六二）

これまた、誰を相手にどのような状況で語られたのかわからない。ルカはこれを、イエスに「従うこと」に関連して語られた（もしくは編集された）Q資料の言葉（ルカ九・五七―六〇＝マタイ八・一八―二二）と同質のものとして理解し、すべてを放棄してイエスに従おうとしない者に対する批判の言葉とみなして編集した。イエスに、「我に従え」と呼びかけられた者が、「まず家の者に別れを告げに行かせて下さい」と答えたのに対して、イエスが無情にもこのようにきめつけた、という風に構成しているのである。そうなれば、ずい分と精神化されている。教団内の信仰に応じて「イエスに従う」ということがすでに精神化された宗教的行為であるならば、そのために一切を放棄する、というのも、一切を放棄したような気分になって、ということにすぎない。

そのようなルカ的教団意識を離れて、この言葉をイエス自身の活動の中において見れば、これは一切を放棄することを他人に要求しているせりふではない。そのような否定的な意味ではなく、もっと積極的に、いったん前にむかって進み出したら、もはや立ち止まったり、後もどりしたりしないのだ、という意識の表明である。誰に対して言ったのか、自分自身に対する自戒の言葉か、それとも安直にイエスの活動に賛意を表した者に対して、厳しさを伝えようとしたのか。ともかく、「今日も、明日も、明後日も進んでいく」と宣言したのと同じ意識がここにも表現されている。

このように、一方で異常に高揚した宗教的熱狂があり、他方で厳しい決断がある時、イエスが自分自身を、神より特別な使命を託された者と、あるいは何らかの意味で独得な、神に選ばれた者とみなす自意識を持っていた、ということは大いにありうることである。学者はこれを「メシア意識」と呼ぶ。

イエスが実際に「メシア意識」を持っていたかどうかを論じるのに、当時のユダヤ教においていくつかのメシア的称号が持っていた意味を調べ、その定義を緻密に定め、さて、イエスがその定義に従って行動していたかどうか、などと論じてみても、何の結論も出て来はしない。「神の子」「メシア(キリスト)」「ダビデの子」「人の子」等々の理念をユダヤ教の文献にあたって調べ上げたとて、それはそれで面白い宗教史的研究になるが、そのようなものと合致するかどうかと論じても、イエスの意識にふれることはできない。そもそもこれでは、イエスという男が既成の宗教体系がつくり出した理念の鋳型におのれをはめこんで行動した、と前提していることになる。その前提自体が間違っている。それではこの男の行動の独自の質をおよそ見誤ることになる。そうではなく、イエスが自分の活動の独自の質の故に、自分の果している独自の役割についての自信を深めていった、ということであろう。その自信が何ほどかはユダヤ教伝来の終末論の思想にも結びつくことがあったにもせよ。

## 十三　「人の子」——終末論的確信

もっとも、伝統的なメシア的概念の中で、「人の子」だけは別格のようである。イエス自身「人の子」という表現をしばしば用い、それも、自分自身にあてはめて用いている。共観福音書において「キリスト（メシア）」「神の子」などの称号は、他の者がイエスを呼ぶ時に用いたり、あるいは、福音書記者が地の文においてイエスをそのような者として説明するのに用いるのが普通であるが、「人の子」は、イエスの発言の中においてしか用いられない。むろんその中には、後の教会がイエスの発言として創作したものも含まれよう（たとえばマタイ一二・四〇、一三・三七、四一、ルカ一九・一〇などでは明瞭に福音書記者マタイもしくはルカが「人の子」という概念を導入している）。しかし、もしもこの概念をイエス自身は全然用いず、後の教会がはじめてイエスにあてはめたのだとすれば、この概念がイエスの発言の中においてしか用いられない、という現象は奇妙である。やはりイエス自身好んで

「人の子」という表現を用いていた、と結論せざるをえない（かつて私はまだ大学院の学生の頃ブルトマン学派にかなり影響されていて、Ph・フィールハウアーの説に従って「人の子」についての発言は一切イエス自身に帰することはできない、という視点から書いた論文を公表したことがあった、日本聖書学研究所論集第二号所載。どうも未熟なことであった。今日、ブルトマン学派の影響力がますます強くなるにつれて、この説の信奉者はふえているが、やはりこのようにきめつけるのは無理であろう）。

「人の子」は元来アラム語の表現であって、もともと何ら特別な意味を持たない。「子」とは、その類に属する一員、とでも言うべき意味で、つまり「人の子」とは「人間」という類に属する一員、すなわち「一人の人」という意味にすぎない。かつて、「人の子」の「人」に定冠詞がつく場合とつかない場合とどういう意味の違いがあるか、ということもいろいろ論じられたが、結局、少くともイエス時代のアラム語ではその点で意味の区別はないらしい。また、月並な教科書にはしばしば「人の子」に「私」という意味があると書かれている。つまり、「私は……」というはっきりした言い方の代りに、自分のことを述べるのに「人の子は……」と言った、というのである。これも古い学説であるが、どうもはっきりした用例が見あたらないので、支持できないようである。つまり、自分のことを「人の子」と呼ぶ場合は、単に「私」という意味ではなく、「一人の人間である私は……」という意味である（以上主としてC・コルペによる）。

これが新約聖書のギリシャ語に訳されるとどうなるか。福音書の中の「ある人」「人々」はアラム語の伝承の段階では「人の子」「人の子ら」と言われていた可能性が強い。そのなごりが「いかなる罪も人の子らには赦される」（マルコ三・二八）という句である。意味は、人間にはいかなる罪であろ

う と赦されないことはないのだ、ということである（三〇八頁参照）。これは、アラム語からギリシャ語への翻訳としては、「人の子ら」と訳したのではあまりに直訳にすぎるので、本当は単に「人間には」と一般的な複数形に訳すべきだったのだが、アラム語をよく知っている（ないしアラム語を母語としていて、ギリシャ語はそれほどよく知らない）マルコは、つい、こういうところにアラム語の表現をそのまま残してしまった、ということであろうか。

一般には、イエスに関する伝承をアラム語からギリシャ語に訳した人たちは、普通の意味の「人の子」は単に「人」と訳したと思われるが、特殊な意味、つまりメシア的な意味もしくはイエスの独自性を表現していると思える場合のみ、「人の子」とそのまま直訳したと考えられる。これはギリシャ語にはない表現だから、それで、このように直訳されると、何か特別な風変りな概念という感じを帯びてしまったのである。

では「人の子」のメシア的意味がどこから来るかというと、旧約聖書のダニエル書七・一三―一四に由来する（旧約聖書は一般にヘブライ語で書かれているが、ダニエル書の一部はアラム語で書かれている。この個所もそうである）。

見よ、人の子のような者が天の雲に乗って来て、日の老いたる者（＝神）のもとに来ると、その前に導かれた。彼に主権と名誉と支配とを賜り、諸国民、諸民族、諸言語の者を彼に仕えさせた。その主権は永遠の主権であって、なくなることがなく、その国は滅びることがない。

しかしこの場合の「人の子」は、まだ決して特殊なメシア的術語ではない。「人の子のような者」、つまり人間のような姿をした天的存在、という意味である。そしてこれは比喩的表現であって、これまでは「四つの大きな獣」が順に世界を支配していた——すなわち、古代オリエント及びヘレニズム王朝の世界支配が「獣」と比喩されているのに対して、「終末」つまり現在の世界が終って新しい世界がはじまる時に、もはや「獣」ではない「人間のような姿をした天的存在」が永遠に世界を支配するようになるだろう、というのである。

ダニエル書のこの比喩がユダヤ教黙示文学に受け継がれ、ヘノク書（エノク書）や第四エズラ書でさまざまに展開されているが、それらが直接福音書の伝承に影響を与えた様子はない（C・コルペ）。むしろ、イエスの時代のユダヤ教において、まだ文書化されない形で、ダニエル書の提供するこの比喩的像についてさまざまに語られていたのが福音書伝承に反映した、ということであろうか。そしておそらくは、当時のユダヤ教一般よりも、まずイエス自身がこの比喩的像を好んで用いたせいで、それが福音書伝承に重きをなすようになった、ということであろうか。イエス自身はこれをダニエル書と同様「人の子の如き者」という比喩的表現として用いたにすぎないのか、あるいはすでに「人の子」を固有名詞化して特殊な称号と考えていたのか。初期キリスト教団がイエスの言葉を伝承していくどこかの段階で、少くともギリシャ語に訳された段階では、これはもはや比喩的表現ではなく、固有名詞化された終末論的称号になっていたのは確かである。もっとも、終末論的な意味以外でも、イエスは奇妙な言い方で自分のことを「人の子」と呼んでいるから、これももしかすると、例によってイエス独得の変った言いまわしなのかもしれない。

これらの日々には、かの苦難の後に、
太陽は暗くなり、月は光をはなたず、
星は天から落ち、天の諸霊力はふるい落とされる。
その時に、
人の子が大きな力と栄光をもって雲に乗って来るのが見られよう。
そしてその時人の子は、天使たちをつかわして、地の端から天の端にいたるまで、四方八方から
その選びの者を集めるだろう。
（マルコ一三・二四―二七）

これは明らかにダニエル的な『人の子』である。イエス死後の初期のキリスト教団が、ダニエル的な「人の子」を出発点とし、さまざまな黙示文学的伝承を加味しながら、終末時の「人の子」来臨の様を描き上げた図がここにある。しかしここではすでに「人の子の如きもの」ではなく、固有名詞的称号としての「人の子」になっている。さすがにこれをそのままイエス自身の発言とみなすわけにはいくまい。たとえば最後の行の「選びの者」などという語は明瞭に教団の神学用語である。けれども、イエス自身が何らかの形で終末時に「人の子（の如き者）」の来臨を待望していたということまでは否定できまい。近頃の、特にドイツ語系の学者がこれを否定しようとするのは、あまりに古色蒼然とした古代ユダヤ教の神話的信仰をイエスもわけもっていた、と考えるのが不愉快だからであろうか。
イエスが逮捕され、大祭司によって裁かれた時にも、同じ趣旨の発言をしている。一般に、イエス

受難物語は福音書の他の部分以上に濃厚に教団のキリスト信仰を反映して書かれているので、極めて大ざっぱな大筋以外にはここから歴史的事実を抽出することは難しい。特に、この「裁判」の場面は、イエスの弟子たちは一人もそこに居あわさなかったのだから、夜中の大祭司邸で、エルサレム宗教貴族の最高幹部が集った密室で、何が議論されたのかは知る由もなかったはずである。エルサレム貴族の中にもイエスに同情する者がいて（マルコ一五・四三のアリマタヤのヨセフ）、その場の情景を後にイエスの弟子たちに伝えた、という可能性も考えられるが、いずれにせよ、あまり正確な記録をここに読みとることはできない。しかしそれにしても、ここでのイエスの答え方はほかの場合とよく似ている。もしも後に弟子たちが裁判の場面を想定してつくった作り話だとしても、イエスのものの言い方のくせをよく心得た者がつくった話だろう。つまり、ここでもイエスは、相手の質問をはぐらかす。

大祭司「お前は誉むべき者（＝神）の子、メシアであるのか」
イエス「そう言いたければ、勝手に言え。ともかくお前らは、人の子が力ある者（＝神）の右に座し、また天の雲を伴って来るのを見るだろう」
（マルコ一四・六一―六二）

「メシア」とか「神の子」といった称号を自分にあてはめるかどうか、そんなことは知ったことではない。議論したければお前らの間で勝手に議論しろ。いずれにせよ確かなのは、やがて終末の時が来て、「人の子」が雲に乗ってやって来る、ということだ。その時に今の世は終り、全世界的な規模での裁判がなされる。お前ら、その時になってあわてても知らないよ。――実はこの句の言葉づかいは混乱している。二つの異なった言い方を結合しているのである。一方には、死んだイエスが天に昇り、「神の子」として天的な権力を持って、今や神の右に座している、という理念がある。これは初期教会が詩篇一一〇・一のせりふをイエスにあてはめてつくった像である。たとえば使徒行伝に出て来るステパノが石打ちのリンチで殺された時、天を仰ぎ見て、「天が開け、人の子が神の右に立っているのが見える」と叫んだという（七・五六）。ここで注目しておくべきことは、ステパノはイエスの神殿批判の精神を継承しようとした人物だ、という点である。神殿を中心とする現世の宗教支配の秩序を批判する上で、ステパノがそれに対立する批判の拠点を此の世を超えた絶対的な未来の希望におき、その希望を体現するものとしての「人の子」におのれの宗教信仰を託したとしても不思議ではない。とするとここには、言葉づかいはともかく、「人の子」についてのイエスの発言が、ごく初期のキリスト教会の一部においてはそれなりの仕方で継承されていた、ということとの例証がある。

大祭司に対するイエスの返答の言葉は、初期教会が復活のキリストに寄せた「神の右に座す」という像と、ダニエル的な「雲に乗って天から来る人の子」という像とを組み合わせたものである。従って、ここで厳密にイエス自身はどう言ったのかを確定することはできないが、少なくとも、イエスの他での発言に対応する意識がここでも表現されているということは言える。つまり、大祭司を中心とするユダヤ教の既成の権威に対して、それに抗い、批判をつきつけていった自分の活動の正しさは、やがて「人の子」が来臨することによって全世界的に明らかになるのだ、という確信である。

なお、この言葉を私が「そう言いたければ言え」と訳したのに対して、荒井献が、それはマルコの本文にはないことであって、マタイの文にしか出てこず、そのように訳すのは「了解に苦しむ」と文句をつけている（『イエス・キリスト』三一九頁）。専門家みたいな顔をした人物が、こういう根も葉もない非難を私に対して数多く書き散らして、読者をまどわすのは、我慢できないので、この人物の水準がどの程度低いかをお目にかけるにもいい機会だから、いささか細かすぎることだが、議論しておこう。

大量に存在するマルコ福音書の写本のうち、原文を復元するために重要なものは、大きく分けて三つの系列のものだけである。すなわち、いわゆるアレクサンドリア系、カイサリア系、西方系である。この三者が一致すれば問題はないが、そうでない場合は、場合場合に応じて、どの読みを採用するか検討する必要がある。この場合は、アレクサンドリア系と西方系の写本は、大祭司の「お前はメシアか」という問いに対して、イエスが「私はそうだ」と答えた、と記している。それに対してカイサリア系写本は、「私がそうだというのはお前が言うことだ」と記している。これを日本語としてやや滑らかにするために、「そう言いたければ言え」と私は訳した。ここでどちらの読みを採用するかは、算術的可能性としては五分五分である。これとマタイの並行記事二六・六四を比べて図式化すると、

可能性（A）マルコの原本＝アレクサンドリア系西方系「私はそうだ」──→それをマタイが「お前はそう言う」に変えた──→それがマルコのカイサリア系写本にはいりこみ、「私がそうだというのはお前が言うことだ」となった。

可能性（B）マルコの原本＝カイサリア系「私がそうだというのはお前が言うことだ」──→それをマタイは略して、「お前はそう言う」とした。他方、マルコのアレクサンドリア系西方系の写本は、マ

ルコの原文から「お前が言うことだ」を削除して、「私がそうだ」だけを残した。可能性（A）をとるとすれば、何故マタイはマルコの原文をこのように書き直したかが説明されなければならぬ。そしてそれを説明するのは難しい。マルコにとってはややはっきりしないが、マタイにとっては明瞭にイエスはメシアなのだ。そのマタイが、もしもマルコでははっきりとイエスが自分で自分はメシアであると宣言する文があったとして、それをわざわざ曖昧に、「それはお前が言うことだ」などと書き直したとは考えられないからである。なお、日本聖書協会の口語訳聖書は、マタイのこの句を「あなたの言うとおりである」と「訳」しているが、「それはお前が言うことだ」という文をこのようにまるで違う文に書き変えるのは、古い学説の一つによっているには違いないが、やはりまるで恣意的な改竄と言わねばならない。

それに対し私は可能性（B）を採用したのだが、その場合は、マタイはマルコの原文を忠実に写したにすぎない。他方、マルコの写本のどこかの段階で、イエスは当然メシアであると思っている写本家が原文を改竄して、イエスがみずからメシアであることを肯定した意味に書き変えた（写本段階において、キリスト教のドグマにあわせてこのように改竄することは、しばしば生じる現象である）。この方が可能性としてはよほどありそうなことと思われる。

（第二版の註。マルコ福音書の写本におけるカイサリア系の重要さが、普通考えられているよりもはるかに高いことは、『書物としての新約聖書』一九九七年、四四八頁以下また四七二頁以下などで詳論しておいた。）

以上のようなことは新約学の初歩なので、専門家相手に解説する必要はないし（普通は、ネストレのテクストを一目見れば、その瞬間にこれだけのことはすぐに判断できるものである）、非専門の読者に対しては、申し訳ないが、その都度こういった議論を展開していては厖大な書物になるので、普通は議論を割愛する。荒井が専門家であるなら、私の訳文に接した時に、以上のようなことを当然心得た上で、なるほど田川は可能性（B）を採用したな、と一目でわからなければいけない。その場合、荒井が私に反論できるとすれば、田川のも一つの学説だが、可能性（A）の方が説得力がある、という言い方であろう。もちろんそういう反論をなさる権利はある。あるいは、せいぜいのところ、田川の訳文はきざにすぎるとか。けれども、そもそも田川の訳がどこから出て来たのか「了解に苦しむ」などという根拠のない悪口をおっしゃるのは、やめた方がいい。それではあまりに素人談議にすぎる（要するに荒井は、ネストレのテクストを一目見て、はは あ、これはカイサリア系の読みを採用したな、という程度のことが、まったく理解できなかった、ということである）。

近頃の荒井献は何を意図しているのか知らないが、岩波新書や講談社の大衆的に売られる出版物の中で、福音書解釈の細部に関して、あまりに執拗かつ大量に私に対するこの種の無用の批判を陳列なさっておいでだが、そのほとんどは、このように、反論するのも馬鹿らしい程度の素人談議なので、いちいちお返事申し上げることはしないが、あまりに執拗にやられるとほっておくわけにもいかないので、一つだけ例をあげさせていただいた。

イエスのこういった確信は、「人の子」と自分の関係について述べる時に、もっと露骨に言い切られる。

この姦悪で罪深い時代において、私と私の言葉を恥じる者がいれば、人の子が父（＝神）の栄光をもって聖なる天使たちを従えて来臨する時には、その者を恥じることになろう。

（マルコ八・三八）

これはすさまじい自信である。現在イエスの活動と発言をつまはじきしたりするような者は、やがて来たるべき終末の「人の子」によって報復されるだろう、というのだから、実質的にはイエスは自分を終末の「人の子」と同化してしまっている。もう少していねいに言えば、終末の「人の子」についての理念をまず確定した上で、イエスは自分の活動を実質的にその「人の子」の権威に同化させていった、というわけではなく、むしろその逆に、自分の活動の正しさについての圧倒的な確信がまずあって、その確信が宗教的未来像へと投影され、やがて「人の子」が来る時にすべて決着がつくのだ、という信仰につらなって行ったのだろう。だからここではイエスは、単にユダヤ教の終末論を継承しているのではない。そこにはイエスの活動の全体の質からにじみ出る確信が反映されている。これは絶大な自信である。もっとも、ひどく思い上った自己絶対化などというものではない。安息日に病人を癒したら文句を言われたの、やれ「汚れ」と「清め」がどうの、神殿権力に居座った貴族やら、寡婦を食いつぶす律法学者らが好きなことを言いつのるのに対して、断固、そうではないのだ、とつきつけていくのは、むしろ当然のことだろう。多くの人は逆に、正しいとわかっても、権力や体制秩序の前に言葉をにごすが、イエスは当然正しいことを正しいと主張したまでだ。この当然の感覚が圧倒的確信に結びつく。だからここにあるのは、自己絶対化してはいけません、神様の前ではみんな同じ「無資格者」ですから、おのれの正しさを確信したりしないで……、などという、なよなよした感性とはおよそ無縁の問題である。

この強い確信の故に、イエスは殺されるところまで走り続けてやまなかった。

けれども他方また、この強い確信が、周囲の人々から見れば、特に信奉者たちの眼から見れば、とても常人にはありえない、けた違いの偉大さと映っただろう。このようなすごい人は、もしかすると、我々と同じ人間ではないのではないか。この人がやがて姿を変えて、天の栄光の姿をとって、雲に乗ってやって来るのではないか。——イエス自身自分でそこまで考えていたか、人々が圧倒される思いからこのような信仰を持ってしまったか、ともかく、先ほどの発言に現れた確信をもう一歩つきつめればそこまで行ってしまう。そして、イエスの周囲の人々は、まだ伝統的な宗教的発想の枠をぬけ切れていなかったから、そこまで行けばあとは容易にずるずると、「メシア」だの「神の子」だのあらゆる信仰をイエスに押しつけ、全人類の宗教的「救済者」としてイエスをまつりあげるところまで行き着く。イエスと共に闘い、同じ確信を身につけようとする代りに、イエスを神棚にまつりあげて、その前にひれふした。我々は本書を、イエスはキリスト教の先駆者ではなかった、と言い切るところからはじめた。キリスト教がイエスを教祖にまつりあげたのは、イエスを抹殺するに等しい行為だ、と。しかし、そのようにまつりあげられたについては、イエス自身にも責任がなかったとは言えない。一方であれほど奇跡的な病気の治癒にのめりこんで行き、他方で自分と終末の「人の子」を実質的に同一視するまでのすさまじい確信を見せつければ、そこから、教祖にまつりあげられるのは、同じ線の延長線上にあることではないのか。

そうは言っても、我々は果してイエスにむかって、やっぱり教祖にかつぎあげられたのは、あんたが悪いんだよ、それだけの配慮をして歯止めをかけておかなかったからいかんのだ、と言えるだろうか。イエスのあの確信は、むしろ、現在の宗教支配の体制をとことんまで打破しようとする姿勢から生れたのだとすれば、その確信から神棚の教祖をでっちあげたのは、やはり、後のキリスト教団の大きな責任だと言わねばならない。こうならざるをえなかったのは、人の世の避け難い皮肉であるのかもしれないが。

## 十四　「人の子」——一人の人間の確信と絶望

さて、だが、イエスが「人の子」という語を好んで用いたのは、もう一つの側面がある。すでに述べたように、この語はもともとは「一人の人間」という意味にすぎない。イエスは一方で自分を終末の、此の世ならぬ天的存在と重ねあわせて考えていたのだから、自分自身を「人の子」と呼ぶ時にも、当然そのつながりを考えていただろうけれども、実はそれはめったに表に出て来ない。実際には、彼が自分を「人の子」と呼ぶ時は、ふつうは何ともつつましやかなことを考えている。洗礼者ヨハネと対照して自分の姿を描くのに、「人の子が来て、食ったり飲んだりする」という言い方をする時に、まさか、雲の上に乗って来て全宇宙を峻烈な裁判にさらす「人の子」が考えられているわけではない。

「預言者」その他のようなぬきん出た存在としておのれをとらえるのではなく、普通の一人の人間として食ったり飲んだりしているだけだよ、と言う時、「食ったり飲んだり」という月並な日常生活の表現だけでなく、「人の子」という表現をここで敢えて用いたという点にも、従来の、ぬきん出て高いものを求めようとする宗教性に対する皮肉があっただろう。こういうせりふでは、イエスは、「人の子」という表現を、そのアラム語の本来の意味、数ある人間のうちの一人にすぎない人間、という意味で用いている。

そして、ユダヤ教伝来の多彩な「メシア」像やら終末論やらの中でも、イエスがほかの伝統的理念は積極的に採用しようとせず、「人の子の如き者」のみを好んだのも、ほかの伝統的理念にはぬき難くユダヤ民族主義の栄光を求める臭いがしみついていたという理由もあったにせよ（もっともそれならば、ダニエル書の「人の子」にしたところで同じである）、やはり、「一人の人間」という表現が気に入っていた、ということなのだろうか。それにしても、「一人の人間」に固執していたイエスが、ユダヤ教終末論の中でも最も神話的におどろおどろしい天的存在であるダニエル書的「人の子の如き者」に自分の信念を託したのは、奇妙な結びつきである。敢えて想像すれば、イエスの確信は人間としての当然の生き方を主張するところから生れるものだったから、その「人間としての」という要素が「人の子」という呼称に結びつき、他方、確信の強さがおどろおどろしい神話的権威に結びついた、ということであろうか。こう想像するのはあまりに図式的にすぎ、かつ近代的なヒューマニズムを読みこみすぎているのだが、それでも当らずと言えども遠からずであると思われる理由は次の三つの句にある。

一つはすでに扱った中風患者の癒しに際して「罪の赦し」をめぐって議論した時に、イエスは「人の子は地上で罪を赦す権威を持っている」と言ってのけた（マルコ二・一〇）。これも、もともとこの場面で言われた言葉なのか、それとももともとは違う場面で語られた言葉が内容が似ているのでこの場面に結びつけられたのか、どちらかわからないが、ともかく一方で、自分の現在の活動は終末の「人の子」の権威に対応すると確信していた（同八・三八）のと同じ強い確信が表現されているとともに、他方で、当然の正しいことであるならば、一人の当り前の人間が罪の赦しを宣言してなんで悪いのか、という意識が重なっている。

もう一つは、イエスが実際に言った言葉かどうかわからないが、これまたすでにふれた安息日の問題に関連して、「安息日は人間のためにある」と宣言した句に続けて、「従って人の子もまた安息日の主なのである」（同二・二八）と言いそえている。もしも安息日が人間のためにあるのなら、一人の人の子である私もまた、安息日の律法に隷従するのでなく、むしろその主人として自由に律法の規程を超克して振舞ってもいいではないか、という自己弁護と、しかも同時に、論理的にはこれは当り前なことであっても、実際に当時のユダヤ教の安息日律法が持っていた巨大な権威を考えれば、それを超克すると言い切るにはこちら側にもよほど巨大な確信が必要なので、それが、「人の子」の権威として語られることになる。

最後に、「人の子は仕えられるため（もしくは下僕を使うため）でなく、仕える（下僕として働く）ために来たのだ」（同一〇・四五）という宣言も、人間一般について語っているわけではなく、一人の人の子なる私イエスが来たのは、という意味であるが、まさに、すぐれた「預言者」でもなく、まして王侯君主でもない私の活動は、一人の人間として当然かくあるべき活動なのだ、という意識が表明されている（一四二頁参照）。

「人の子が……するために来た」という表現は、此の世ならぬ存在である「人の子」イエス・キリストが此の世に来臨したことの目的は……、と言って説明するキリスト教団の神学の表現なのだ、という学説がある。だから「……ために来た」という表現をともなう伝承はすべて教団の創作である、というのである。確かに、ルカ福音書の著者が取税人ザアカイについての話の結論として、「人の子が来たのは失われたものを探し出して救うためである」とつけ加える場合（ルカ一九・一〇）、これは明瞭に、救済者イエス・キリストは罪人を救うために此の世に来たのだ、というルカ特有の神学を「人の子」を主語にしていかにもイエス自身の言葉らしい文に仕立てて表現したものである。従ってほかでも、「人の子は……来た」という句がイエス自身の発言ではなく、教団の作成である可能性は大いにある、と言わねばならぬ。けれどもちょうど「アメーン、私は言う」というイエス特有のものの言い方を後の教団の者たちが真似て、もともとの伝承でこの言い方がなされていない場合にも伝承のあちこちに好んでこの言い方を挿入して伝承に「イエス的」な雰囲気をつくろうとしたのと同じことで、「人の子は……来た」というイエス特有の言い方を後の教団が真似て、自分たちの神学をイエスの言葉めかして表現したのだとすれば、福音書に伝えられている「人の子は……来た」という句のうち少くともいくつかは、イエス自身の実際の発言だった、と想定できる。終末時に雲に乗って来臨する「人の子」の権威に対応しうるだけの権威をもって、一人の人の子たる自分は、今活動しているのだ、と思いつめていたイエスのことだ。終末時の「人の子」について語るのと同じ口調で、「人の子」たる自分が此の世にやって来たのは……、と語ったとしても不思議はない。あるいは、そこまで思いつめていなかったとしても、必ずしも彼岸のかなたから「此の世」にやって来る、という意味ではなく、もっと普通に、自分が此の世に生を享けたのは、とか、あるいは、自分がこのような活動をひっさげて世間の表面に出て来たのは、という意味で、「人の子が来たのは……」という表現を用いることもできる。少くとも、前述の「人の子が来て、食ったり飲んだりする」を、「来る」という動詞の故にイエス自身の言葉ではないと断定するのは無理だろう。

さてしかし、「人の子」を主語とする発言の中には、以上のように強烈な確信を披瀝するもの、あるいは、自分の平凡な姿をそのまま語ろうとしたもののほかに、ひどく淋しげなものも伝えられている。

「狐には穴があり、空の鳥には巣がある。しかし人の子は枕するところもない」（マタイ八・二〇＝ルカ九・五八、Q資料）

これはすでにQ資料の段階から、ある律法学者（もしくはある人）がイエスに従って来たいと申し出たのに対して答えた言葉だとされている。本当にそうだったのかどうかは、わからない。本当にそうだったのだとすれば、イエスは自分自身について、人の子たる自分は枕するところもない、と言っているだけでなく、自分に従って来る者も、帰るべき家を放棄しなければならない、と呼びかけていることになる。とするとこれは、おそらくはごく初期の教団が作成したと考えられる次の言葉に対応する宗教倫理を語っていることになる。

私のもとに来て、しかも自分の父や母や妻や子や兄弟姉妹を憎まない者、更にはまた自分自身の生命までも憎まない者は、私の弟子となることはできない。　（ルカ一四・二六）

これは、マタイの伝えているもう少し簡単な文章「私より自分の父母を愛する者は私にふさわしくない。また私よりも自分の息子娘を愛する者も私にふさわしくない」（マタイ一〇・三七）をルカが大袈裟に強調したのか、あるいは逆にこれでは大袈裟すぎるので、マタイの方がややおだやかに言い直したのかわからないが、ともかく、形成の過程にある初期キリスト教団が、ユダヤ教その他からの圧力に耐え、新興教団としておのれの位置を確保していくためには、しばしばその信者に対して、自分の家庭を犠牲にしてでも教団の活動に忠実であることを要求せざるをえなかった実情を反映している。事実、キリスト教徒となったことでユダヤ教に生きる家族から縁を切られたり、あるいは、教団の活動に力を入れすぎて家族関係がうまくいかなくなったり、ということは多かっただろう。新興宗教教団が必ずと言っていいくらい直面する問題である。そしてそれは、一方ではやむをえず生ずる家族との軋轢を耐えなければならない、という意味で語られもしただろうが、他方では、そのような障害をのりこえることでますます「信仰」が強化されたことであろうから、教団倫理としては、家族のきずなを断つことを積極的な「信仰」の証しとして称揚もしたことだろう。ここにあるのはあくまでも新興宗教教団の教団倫理であって、吉本隆明が自分の主観的な意識をあわてて読みこんだ近親憎悪の問題が話の中心であるわけではない。確かに、このような形で教団が家族関係を超える教団倫理を主張すれば、それに伴って、今まで心理の裏にひそんでいた近親憎悪が露出する、ということもあったかもしれない。しかしそれは心理的にありうる随伴現象というにすぎないので、決して、まず近親憎悪があって、そこからこのような教団倫理が出て来たというわけではない。

あるいはまた、この程度の教団倫理の主張があったからとて、実際に教団の構成員の多くが家も家族も生産手段も一切放棄して、乞食のような生活にはいった、などと想像するのも馬鹿げている。この言葉の故に、この言葉を語った教団の人間はみな、「放浪のラディカリズム」なるものを生きていたのだ、とG・タイセンというドイツの学者が主張しているけれども、それは、この種の教団倫理の押しつけがましいもの言いの実質がどういうものであるかについて無知であるのか、あるいは知っていてもわざとそこから目をそらしたか、どちらかにすぎない。ここで言われているのは、せいぜいのところ、家族よりも信仰の方が大切だ、という程度のお説教でしかない。

それに対し、イエスが「人の子は枕するところがない」と言った時、これと趣旨は似ているように見えても、重点の置きどころがまったく異なる。もしもこれがQ資料の示しているように、イエスに従いたいと申し出た者に対する返事だったとしても、その趣旨は他人に対して流浪の生活を要求するというよりも、イエス自身の生活がそうなっているという事実を指摘する点にある。あなたは私に従って来たいとおっしゃるが、一人の人の子たる私は枕するところもないのですよ……。まして、Q資料の与えた枠組が仮構のものだったとすれば、これが他人に対して語りかけたものかどうかもわからない。むしろ、イエスが自分の姿を語った一片の言葉とみなすべきものだろう。そしてそれはそうするのが正しいから好んでそうした、というのではない。狐や鳥さえ自分の巣を持っているのに、一人の人間である私には安心して枕する場所もない。これは、単に帰るべき故郷や家庭がないということではあるまい。次から次へと病気治癒を求めたり、ほかの助言を求めたりして集って来る人に追われて、ゆっくり休むいとまもない、という意味もあるかもしれないが、それよりはむしろ、おそらくは、自分の活動は一人の人の子として当然のことを主張しているにすぎないのに、その当然さをつらぬいていくと、やはり自分は社会を支配する力によってこの社会からはじき出される、という意識を表現しているのかもしれない。弾圧される時には、安心して枕するところはない。

このひどく淋しげな言葉と並んで、もっと勇敢な言葉も語られている。

「私は火を地上に投じるために来たのだ」(ルカ一二・四九)

イエスに革命家の原像を見ようとする人は、好んでこの句を引用したがる。福音書に伝えられるほかのすべての要素を無視して、このせりふだけを引用して暴力革命をイエスの名によって正当化しようとするのは、奇妙な時代錯誤である。革命における「暴力」の問題は現代の問題であって、それを否定したり肯定したりするのにイエスの名を引き合いに出す必要はない。ただ、ここに革命家の原像を見ようとする人の感覚が何ほどかあたっているのは、イエスが現在の体制秩序に安住するはずもない姿勢を持っていた、ということを見ぬいている点である。現在の体制秩序がこのままでおさまるはずがない、おさまらしていいものではない。必ずや火を噴く時が来る。いや、私はその火を投じようとして来たのだ。

イエスがここで考えているのは社会革命の火ではない。「火」は当時のユダヤ教においては、終末の時の神による審判の象徴であった。ただしイエスは、単に一般的な宗教信仰として、最後の審判を神が下す、とだけ考えていたのではない。すでに数多く述べて来た現在の体制秩序に対するイエスの憤りが、神の下す審判の火を希求する心に結びつく。さらにイエスはここで、いつの日か世の終末が来る時に、神が火を投じてくれるのを待っているわけではない。ここにもおのれの活動に対する巨大な確信が表現されている。私が火を投じるためにやって来たのだ！

この言葉の勇猛さに気押されてか、人々はついこれに続く句を見落としてしまう。

「火が燃え上ってくれればと、どれほど願ったことか」

つまりこれは勇猛な言葉であるとともに、絶望に満ちている。私は火を投じるために来たのだ。とすれば、燃え上るはずではないか。燃え上ってくれたら、とどれほど願ったことか。しかし、くすぶる火種は燃え上る前に水をかけられて消されてしまう。

とすれば……。

やがて俺はつかまって殺される。

イエスの宗教的熱狂は、この氷の刃のようなおのれの未来を、醒めた思いで呑み下していた。

「人の子」を主語とする言葉の伝承には、「受難予告」と学者が名づけたものがいくつもある。人の子は受難する、逮捕され、殺される、とイエスが予告したというのだ。

「人の子ははなはだしく受難せねばならぬ。長老、祭司長、律法学者によって廃棄され、殺されるが、三日の後にには復活することになっている」（マルコ八・三一）

これによく似た発言が福音書中で数回くり返されるが、そのうちでは、おそらくこの句が伝承の原形だろう。むろんこの句は、初期のキリスト教団がイエスの十字架の死の事実を知っていて記した句である。イエスは現に、長老祭司長律法学者、すなわちエルサレム市議会（サンヘドリン）の権力によって逮捕され、殺されたのだ。おまけに初期教団は、三日後の復活という、おのれらの信仰個条まで言いそえた。けれども他方では、イエス自身が自分の死を予期していなかった、などと想像するのも難しい。あれだけの活動を続けてきた男だ。しかも、今日は活動して、明日は逃げ出した、というわけではない。今日も明日も明後日も、進みつづける覚悟をしている。そういう活動をみずから身をもって実践する者こそが、その活動が何を結果としてもたらすかを知っている。

「人の子ははなはだしく受難し、ないがしろにされ、殺される」

といった程度のことは口にしただろう。もしも人の子に枕するところなく、火を投じようとしたのだが、燃え上らなかったとすれば、しかもなお、そこで引き下がらずに、今日も明日も明後日も進んで行くとすれば、どうしても、人の子ははなはだしく受難し、廃棄されざるをえない。

## 十五　イエス受難物語

過越祭の当夜か（マルコ）、その前夜か（ヨハネ）、イエスは逮捕された。翌朝ただちに十字架につけられ、午後には息をひきとった。一人の人間の肉塊をほろぼすのは、権力にとっていとも容易なことだった。

イエスの死を記念するために教団の者たちが書き、くり返し読み上げたにちがいない福音書の受難物語から、歴史の事実を再構成することはほとんど不可能である。そこには教団の信仰があまりに色濃く投影されている。受難物語の細部を分析、検討することは、キリスト教信仰の成立過程を知るためには意味があっても、イエスの死にまつわる歴史的事実を知る上にはあまりたいした意味を持たない。

たとえばイスカリオテのユダがイエスを「裏切った」という。何故「裏切った」のか、どのように「裏切った」のか、そもそもイエスを逮捕するのにどうしてユダの「裏切り」が必要だったのか、我々は何も知らない。何らかの意味で「裏切者」と断罪されたユダは、イエス死後の弟子たちの教団から排除された。そして、「裏切者」を排除した教団は、裏切者がどのように裏切ったかを物語る必要にせまられる。すべての権力的党派に共通する行動を初期キリスト教団もとったにすぎない。

夜、エルサレムの郊外でイエスは逮捕された。その時に手引きしたのがユダだと言われる。そうかもしれないし、そうでなかったかもしれない。いずれにせよ、闇夜にまぎれて逮捕されたのは事実だろう。すでにイエスは有名になっていたにせよ、そして、だからこそ殺さねばならぬ、と権力は考えたにせよ、はっきりとイエスの顔を見知っている者は権力の上層部にはいなかっただろう。それに闇夜にまぎれて逮捕するとなれば、間違って本人に逃げられるおそれもある。そのために、ユダをつかまえて手引きさせたということか。ともかく、闇夜にまぎれて対処したのは、イエスのかちえていた大きな人気を恐れたからだろう。下手に白昼に人なかで逮捕すれば、暴動がおこるかもしれない。

ここで権力の行動は矛盾する。もしもイエスの人気を恐れたのなら、闇夜にまぎれてこっそり暗殺してしまえばよかったのだ。そうせずに、人目にさらして十字架につけて殺したのは、一つには見せしめの意味もあったに違いない。それにまた、いつの時代の権力も弾圧の仕方については図々しいほどによく知っている。逮捕の現場に大勢の民衆がいれば、民衆は激昂する。しかしいったんうまく逮捕してしまえば、民衆は敗北意識を持つから、あとはどう料理しても、民衆は悲しみつつ見守るだけだ。逮捕に際しては慎重に、処刑は図々しく権力の力を見せつけて、というのは、弾圧者の常道とも言える。

かつてはイエスの奇跡に感激した民衆が、イエスは此の世の真理ではなく、彼岸の真理をもたらそうとした者にすぎぬと知った時に、今度は逆恨みして、イエスを十字架につけよと叫んだ、というのも、解釈者の虚構にすぎぬ。そんなことは福音書のどこにも書いてない。イエスは此の世の真理でなく彼岸の真理をもたらそうとした、というのがすでに事実に反する虚構だから、民衆がそれを知って逆恨みするというのも不可能だ。おまけに、闇夜にまぎれてこっそり逮捕し、夜中のうちに大祭司邸からピラトのところにたらいまわしした時に、ピラトのもとに集ることのできた「群衆」とは誰なのか。かつてイエスの奇跡に感激した民衆がそこに集りうるはずもなかった。イエス一派を弾圧するために大祭司の手下がかりあつめた者たちが、イエスを引っぱってピラトのもとに行き、「十字架につけよ」と要求した、ということでしかない。

もう一つ、ピラト自身はまったくの受身で、大祭司一派が仕組んだ芝居にしぶしぶのせられた、というのも事実ではあるまい。そうだとすれば、ピラトは見て見ぬふりをしていればよかったので、大祭司一派にイエスの身柄を引き渡して、好きなようにしな、と言えばすんだのだ。ヨハネ福音書の著者は、イエスの逮捕のために大祭司の手下だけでなく、ローマ軍の部隊が出ばって来た、と記している（一八・三）。部隊というのは大袈裟にすぎるが、イエスの出来事について奇妙に細部のことは正確に記そうとするヨハネの著者のことだから、この記述も無視できまい。「部隊」から何人かの兵卒を派遣した、ということか。いずれにせよ、十字架につけたということ自体が、ローマ総督ピラトが積極的にイエスを処刑しようと決断した、ということを示す。十字架刑はローマ帝国による正規の処刑方法であって、もしも大祭司を中心とするユダヤ教当局だけがイエスを殺そうとしたのなら、石打ちにしたはずだ。キリスト教神学者のうち、反セミティズムに毒されている者は、イエスの逮捕処刑はローマ当局が意図してやったことではなく、ユダヤ教当局のみの責任だ、と言いたがる。他方、キリスト教ヨーロッパのユダヤ人差別を贖罪しなければと願う神学者は、変なところで点をかせごうとして、イエス処刑にはユダヤ教当局は責任がなく、ローマ帝国の代官がやったことだと言いたがる。どちらも半分正しく、半分間違っている。イエスの殺害にユダヤ教当局が手をそめた事実も、ローマ帝国支配者に責任があるという事実も、どちらも抹消することのできない事実なのだ。ユダヤ教当局と帝国支配者が共謀してイエスを抹殺しようとしたのだ。そしてこの共謀の事実は、イエスの活動の質をみごとに表現している。イエスはローマ帝国支配者にもユダヤ教当局にも不都合な存在だったのだ。

福音書はすべて、ローマ帝国支配下の状況においてキリスト教の正当性を主張しようとする意図を持って書かれている。その意図が付随的にかすかに示される場合もあるし、かなり露骨に表現される場合もある。いずれにせよ、ローマの代官ピラトが積極的にイエスを処刑しようとしたとすれば、イエスを教祖にいただくキリスト教はローマ帝国に対する「犯罪者」の宗教だということになるから、福音書の著者はそうは書きたくない。なるべくピラトはイエス処刑に関係のないことにし、ユダヤ教当局の圧力に押されてやむをえず処刑した、ということにしておきたい。できればピラトはイエスを

「無罪」とみなした、という風に書ければそれにこしたことはない……。このローマ帝国に対する護教的な姿勢はすでにマルコに何ほどか、そしてマタイとルカにはぐんと露骨に表明されている。けれども初期キリスト教のこの護教的な姿勢にもかかわらず、イエスが十字架というローマ帝国の死刑手段によって処刑された、という事実までは抹消することができなかった。

　他方、ユダヤ教当局の責任をごまかすために、現代の神学者が言い立てる理屈もあまり信用できない。たとえば、夜中の裁判はユダヤ教の法律にないことだから、大祭司邸での裁判は事実ではない、等々の議論につきあっても仕方がない。弾圧や弾圧裁判が法律の条文を律義に守ってなされることなど、古今東西ありはしない。たとえばもしも法律に書いてあることだけが事実であるなら、現在の日本の刑務所では服役者に対する拷問、ましてやその結果の殺害など、一切存在しないことになってしまう。法律の条文のみを根拠にして、そこから、すべての歴史的事実の真偽を判定しようとするなど、法律の何たるかも、政治権力の行動の何たるかも、歴史の何たるかも、何も知らない、というにすぎない。

　バラバについての話も事態は曖昧模糊としている。この場合も、福音書の著者はピラトをなるべく免責し、すべての責任をユダヤ教当局に押しつけようとする意図を露骨に示しているので、その記述の背景にある歴史的事実を確認するのは難しい。話の筋は、ちょうどイエスが逮捕された時に、暴動を起こして人殺しをした一群の暴徒がつかまっていたのだが、その暴徒のうちの一人であるバラバなる男とイエスとを「群衆」の前に並べて、ピラトが、どちらか一人を赦して釈放してやろう、と提案したところ、群衆はユダヤ教当局者（祭司長など）にけしかけられて、バラバを赦せ、イエスを十字架につけよ、と叫んだ。それでピラトはバラバを釈放することにした、というのである（マルコ一五・六―一五）。この話が成り立つ前提は、祭のたびにローマ当局は人々の願い出る囚人の一人を恩赦する慣習があった、ということである（一五・六）。しかし果して実際にそのような慣習があったものかどうか、福音書のこの記述以外にはそういう慣習の存在を立証する手がかりは皆無なので、これ自体どうも作り話めく。そして、この前提がくずれれば、話の運びの全体もあやしくなるので、ピラトがどういうつもりでバラバを釈放し、イエスを処刑することにしたのか、福音書の記述だけからそこを的確に知ろうとするのはおよそ無理な試みである。結局、バラバについて後世の解釈者、神学者や歴史家や小説家が描いてきたことは、すべて、小説的な空想でしかない。

イエスを此の世の社会的、政治的現実から切り離し、あの世の「真理」だけにかかずらわった者として描きたい人々は、バラバの話に一つの手がかりを得ようとする。バラバが起こした暴動とは反ローマの独立運動であって、ユダヤ人の「民衆」は結局、殺人まで犯すような政治革命者を好んで、それとひきかえに天的な平和の主イエス・キリストを殺した、というのである。だがこの解釈は、およそ辻つまがあわない。これでは何故ピラトがイエスとバラバを並べて、イエスを殺すように仕組んだかが説明されない。福音書の記述の対ローマ護教論の傾向を差し引いて考えれば、この話の主役はピラトなので、万が一バラバが反ローマ抵抗運動の闘士であり、イエスが此の世の政治状況とは無関係な平和な小鳩だったと仮定しても、では何故ローマの代官たるピラトがバラバを釈放するように仕組んだのかという奇妙な事実が説明されねばならない。その上、バラバが反ローマの独立運動の闘士だったなどというのはまったくの仮構である。この仮構の唯一の根拠らしきものは、バラバが「強盗」

と呼ばれている、ということである（ヨハネ一八・四〇）。熱心党などの反ローマ抵抗運動の闘士たちは、支配者の側からしばしば「強盗」と呼ばれることがあった。だからバラバも強盗と呼ばれている以上、反ローマ抵抗運動の闘士であったにちがいない、というのである。しかしこれでは、逆必ずしも真ならず、という論理学のイロハも知らないと言われても仕方がない。逆必ずしも真ならずどころか、「強盗」と呼ばれた人間はみんな例外なしに本当は強盗ではなく、反ローマ抵抗運動の闘士であるにきまっている、などという理屈なんぞ、馬鹿らしくて相手にする気も起こらない。実際には、「強盗」と呼ばれる者の大部分は実際にただの物盗りを目ざした強盗にすぎなかっただろう。バラバが「暴動を起こし、殺人を犯した」というマルコの記述にしても、暴動とあればすべて反ローマの政治革命というわけにはいかない。単に何らかの騒ぎを起こした、というにすぎない。バラバの釈放を要求したのが「祭司長」たちであったとすれば、これはエルサレム神殿機構の最頂点に位するユダヤ教権力者であるから、しかも彼らはローマ支配権力と癒着することでおのれの地位を保っていたのだから、ここに単純な反ローマ抵抗運動を見ることはできない。万が一「反ローマ」の臭いがすると仮定してみても、ユダヤ教権力者が一方ではローマの支配権力と癒着しつつも、他方ではローマ勢力を追い出して権力を独占したいという矛盾する願望は持っていただろうから、バラバがその手先のような人物だったとすれば、下手に立ちまわってピラトに逮捕されたのを、ユダヤ教権力者が身請けした、ということであろうか。その身請けの代償として、イエスをだしにつかったということか。その場合はピラトの方も狐と狸の化かしあいで、ユダヤ教当局者を踊らせながらローマ支配を貫く必要があったから、バラバがローマ人に対するいやがらせの暴動を起こしたとしても、その程度の事件でユダヤ教当局と正面からことをかまえるのは面白くないから、どのみちユダヤ教権力にとってもローマ支配にとっても都合が悪く、生かしておいても何の得にもならないイエスを殺すことにして、バラバを赦し、ユダヤ教当局に対して一つの貸しをつくっておいた、ということか。

ただしこれもまったくの想像にすぎないので、ほかにもいろいろ想像はできるし、どの想像も同等の権利を持っているし、かつ同等に根拠がない。暴動と言っても、しょせん暴力団の出入りみたいなものにすぎなかったのかもしれず、ただ、たまたまパクられた者の中にいたバラバは、エルサレム貴族にコネがあったので、こういう仕方でうまく釈放してもらえたのかもしれないし、おそらくもっと可能性があるのは、この時期、ユダヤ教諸派の間の勢力争いが非常に強く、パリサイ派とサドカイ派の衝突がちょっとした殺しあいに発展する程度の事件は時々あっただろうし、パリサイ派の内部でもヒレル派とシャンマイ派の確執はすでに述べたようにかなりなものであったから、そういったユダヤ教諸派の争いの一つが「暴動」になり、その時パクられたバラバはたまたま「祭司長たち」の一派であったので、こういう仕方でうまく釈放された、ということかもしれぬ。いずれにせよすべて想像なのだが、その中でも、バラバは反ローマ独立運動の闘士で、政治革命を目指していた、などという想像は、最も可能性の少い、下手な想像である。

## 十六　十字架の死の苦痛

結局、イエス受難劇の中で歴史的に最も確かな事実は、十字架につけて殺された、という点である。処刑される者がみずから十字架の横木をかついで刑場まで人々の見ている中を歩かされたというのも、ローマ人による十字架刑の慣習にあることだから、当然イエスの場合もそうだっただろう。その時、イエスが自分でかつぐことができなくなり、たまたま居あわせたキュレネ人シモンなる人物が代りにかつがされた、というのも事実だろう。夜に逮捕され、「裁判」を受け、朝まで好きなように拷問されれば、いかにイエスが頑健でも、重い十字架をかついで歩き通す体力は残っていなかっただろう。

十字架というのは残酷な死刑である。そりゃまあ、死刑はすべて残酷だが、殺し方そのものにここまで残酷な配慮をめぐらしている死刑はめずらしい。「十字架の死は、キケロによれば、最も残酷で最も恐しい死刑である。処刑される者が同情される場合には、脛骨が折られたり、脇を槍で突いたりして、苦痛の時を短くしてやる。そうでない場合は、不幸な処刑者は何時間も、あるいはしばしば何日間もの間苦痛にさらされて十字架にはりつけられていなければならない。そのあげくにようやく、衰弱、窒息、鬱血、心臓破裂、虚脱、あるいは何らかのショックによって死ぬ。だがその間ずっと、十字架にかけられた者は、自分におそいかかる猛獣、猛禽にまったく無力にさらされ続ける。自分の傷口にとまる蝿や虻を避けることさえできない。要するに、十字架刑は古代の裁判制度が発明したこの上もなく極悪非道な事柄である」（E・シュタウファー『エルサレムとローマ』）

イエスはすでに弱っていたせいか、手足を釘づけにされた流血と苦痛だけでも長時間は耐えられず、半日ほどで死んでいる。わざわざ脛骨を折ってやるまでもなかった。ただ、死んだことの確認のために槍で脇腹を突きさされただけだという（ヨハネ一九・三四）。苦痛の時間が短かったことが僅かな救いであったと言うべきか。弾圧されて殺される時は、ひたすら悲惨である。むごたらしく流された血と、ただの肉塊になってみにくく散らばるまでの極度の苦痛のみある。

弾圧の死に希望があるとすれば、その死にいたるまでの当人の活動と、その死の意義を生かそうとする後の人々の活動にしかない。死そのものは、あくまでも悲惨な、闇から闇へと葬られるための出来事でしかない。だから、イエスの死の出来事にイエスの活動の意味を見出そうとするのは間違っている。断末魔の極度な苦しみはあくまでも断末魔の苦しみなのであって、弾圧の打撃におのれの肉体がついえていく苦痛の瞬間以外の何ものでもない。その一瞬に自分がこれまで生きかつ活動してきたすべての事柄の意味がこめられる、などということはありえない。断じて、ありえない。

断末魔の中でイエスは叫んだ、

「我が神、我が神、何ぞ我を見捨て給いし」（マルコ一五・三四）

それはそうだろう。近代の無神論者が、神による絶対の正義など存在しないということをよく知りつつ、少しでも多くの人間の正義を願って活動し、おのれを犠牲にして死んでいった、などというのとは、話が違う。その場合でさえ、客観的に見れば確かにその人の死は無駄ではなく、その人自身も、神が正義を保障してくれるなどということはあてにせず、ただ歴史の未来を信じて自分の一かけらの生命を捨てていった、ということであるにせよ、断末魔の苦痛においては、もしかすると自分の努力はまったくの無駄であったのかと、絶望的な感情にもとらわれよう。ましてや古代人イエスは、神を信じていた。自分が生命を賭して貫いてきた活動は神の側の正義だと確信していた。おそらくイエスも、自分の逮捕、処刑に際して神がみずから出馬して、奇跡的に自分のことを救ってくれるだろう、などと考えるほど甘かったわけではないだろうが、やはりこのように弾圧され、無惨な死にさらされれば、いったい神は本当に正義の側に立つのだろうか、と懐疑に陥らざるを得なかっただろう。いや、その程度の懐疑なら、すでに何度もくり返し通過してきているはずだ。ここにあるのはもはや懐疑でなく、絶望である。神は俺を見捨てやがった。

そう言って叫んだ時、その瞬間に残ったのは、無惨な死だけであった。その瞬間のイエスの心を思う時、慄然としない者はいないだろう。

このあまりに赤裸々な断末魔の姿に慄然と対面するのを避けるため、神学的解釈者はイエスからこの言葉すらも奪おうとしてきた。ある者は、イエスがこのように叫んだのは歴史的事実ではあるまい、と考えた。神の子たる世界の救済者がこのように無惨に絶望して死ぬはずがない……。他の者は、これは旧約の詩篇二二篇の冒頭の句の引用であって、この詩の最後は、「人々は主（なる神）のことを来たるべき世々まで語り伝え、主（なる神）がなされたその救いを後に生れる民に宣べ伝えるでしょう」という神を讃美する句で終っているのだから、イエスはこの時、「苦難の義人」として神を讃美しつつ息をひきとったのだ、と解説してくれる。その根拠として、旧約聖書を引用するのに、その書物全体を引用する代りに、冒頭の句だけを引用する習慣があった、などと言われる。しかし、そのような習慣は存在していない。創世記のような長い書物の最初の語（この場合なら「はじめに」）だけをその書物の表題として用いた、ということはあっても、その書物の途中の一句を、あるいはその書物の全体の精神を表現するのに、最初の一文だけを引用する、というような奇妙な習慣は存在していない。いわんや、最初の一文と最後の一文がおよそ違うことを言っているのに、最後の一文だけを言いたいために最初の一文だけを引用する、などという事がありえようはずもなかった。ましてやこれは、律法学者の間の聖書解釈の論争の場面ではなく、断末魔の悲鳴である。断末魔の悲鳴は、一番言いたいことそのものを口に出すものだ。

一人の人間が、これほどの恐ろしい弾圧と虐殺にさらされ、断末魔の苦しみの声をかろうじてあげているのを前にして、その前に慄然として頭を下げるのではなく、それどころか、いろいろと屁理屈を弄して、これは断末魔の悲鳴ではないの、神の救済計画のお有難い成就であるなどと、平然とうそぶくことのできる神学者どもは、いったいどういう精神の持ち主なのだ。

確かに、当時のある程度の教養人として、詩篇のさまざまなせりふはイエスの頭にも暗記されてつまっていただろう。神は俺を見捨てた――十字架の苦痛の中でその思いが強まるにつれて、イエスはその思いをこの句に託して叫んだのだろう。この短い句は、引用というよりも、断末魔の絶望をそのまま表現している。

ただし、イエスがこの句を叫んだせいで、すでに最初期のキリスト教団において、イエス受難物語を語った語り手は、詩二二篇に出てくるいくつかのせりふが、イエスの死の場面でもそのまま実現した、という風に物語をつくってしまった。「すべて私を見る者はあざ笑い、唇を突き出し、頭を振り動かして言う、彼は主（なる神）に身をゆだねた、主（なる神）が彼を助けてくれるんだろう」（二二・八―九。日本語諸訳は七―八節。マルコ一五・二九―三二はそのもじり）。ローマの兵隊は、「互いに私の衣服を分けあい、私の着物をくじ引きにする」（同一九節＝マルコ一五・二四）。こういった具合に、十字架場面そのものの描写まで、聖なる旧約聖書の予言の成就という図式にはめこまれてしまった。

こうして、受難物語の語り手も、後世の神学的解釈者も、断末魔のイエスのあまりに無惨な意識に対面して慄然とするのを避けようとした。そういう解釈者の意識の中で、イエスは「復活」させられる。その次には、イエスの死の意味づけがはじまる。ついには、イエスという救済者は十字架の死によって世の人々を救うために此の世に来たのだ、と言われるようになる。イエスは十字架にかかって死ぬために生きた、というわけだ。

そうではない。イエスのあのような生と活動の結末として、あのような死があった、ということだ。あのようにすさまじく生きたから、あのようにすさまじい死にいたり着いた。いやむしろ、あのようにすさまじい死が予期されているにもかかわらず、敢えてそれを回避せずに生きぬいた、ということか。イエスの死に希望があるとしたら、死そのものの中にではなく、その死にいたるまで生きかつ活動し続けた姿の中にある。

# 初版へのあとがき（抄）

本書の執筆には足かけ八年かかっている。八年間この仕事にかかりきりだったわけではなく、生活上の理由でしばしば仕事を中断した。第一章は一九七二年八月号の『歴史と人物』（中央公論社）に発表した。しかし全体の構想は執筆にかかる以前に、特に、一九七〇年に大阪の自立的牧師連合主催の連続講座で「イエス」を主題としてとりあげた時にすでにほぼできあがっていたものである。

その直後に渡独し、ゲッチンゲン大学の教員をして食いつなぎながら、第二回（本書第二章、『歴史と人物』一九七二年十月号）、第三回（本書第三章及び第四章一—三、『情況』一九七四年三月号）を公表した。第三回以降の原稿が『歴史と人物』誌に掲載されなかった理由については、『情況』誌に詳しく公表したので、ここではくり返さない。

そのあと続けて執筆すべきところ、ゲッチンゲン大学の滞在を予定より短く切り上げて、ザイール（現コンゴ）のキンシャサにある大学の教員になることになったので、その準備もあり、結局本書の執筆は中断してしまった。キンシャサには研究書やノートの類は全部持っていき（講義の質を維持するためにもそれは不可欠だったが）、何とか執筆を継続しようとしたが、新植民地主義支配下のすさまじい貧困と社会的混乱の中にあるアフリカ大陸の一角で、大学の教員として仕事をするという自己分裂と過重労働を強いられる生活の中では、執筆の暇はなかなか見つからなかった。結局七四年十月から七六年八月まで二年間のアフリカ滞在中、本書の原稿のために筆をとることはできなかった。それだけでなく、この僅か二年間の体力的消耗や生活上の痛手から回復するのに、予想外の時間がかかってしまった。次の一年は古巣のフランス、ストラスブール大学で教員をやっていたのだが、その間も本書の執筆は再開できなかった。七七年末に日本にもどってきて、やっと七八年春から本書の仕事を再開した。同年夏までに、既発表分の原稿に全面的に手を加え、さらに第四章の残りの部分を書き上げた。その後さらに一年近い準備を経て、第五章と第六章を一九七九年の七月から十月に書き上げた。

このように長期間かかって書いたことから生じる欠陥は、文体の統一を欠くことである。……けれども他方、この書物をこれだけの年月をかけて書いたことには、それなりの長所もあった。もっとも、自分では長年月かかって書いたという意識はほとんどない。書きあがってみたら足かけ八年もかかってしまっていることに気がついて、自分でびっくりしているくらいである。自分の感じとしては、つい先日最初の頁を書きはじめたばかりだ、という感じなのだ。そう感じるには、一つには、一九七〇年四月に国際基督教大学を不当解雇されて以来、自分の生活が転変きわまりなく、あっという間に時がすぎてしまったこともあろう。一つの場所でやっと机を手に入れて仕事ができるようになると、もう次の場所に引越す準備をしていた。キンシャサの市内だけでも二度引越し、引越用の大きな木箱を解体して机をつくり、それをまた解体して引越用の箱にした。あるいはまた、二、三ヶ月など時間のうちにはいらないアフリカ大陸のゆったりした生活のリズムに慣れてしまったせいもある。あるいはまた、一冊の本に十年も二十年もかけるのが平気のヨーロッパの出版事情に慣れていたせいもある。二、三ヶ月もすれば本が一冊仕上ってしまうような日本の出版事情の中に舞いもどって来たのは、いわば、道ばたの草を楽しんで眺めながら歩いていた人間が、いきなりジェット・コースターに放りこまれたようなものだ。

けれども、この八年の執筆期間を長いと感じない主たる理由は、たとえ直接には筆をとらない期間も、イエスの像を常に頭に描き続けていたせいであろう。学問的な考証は仕上げたあとでも、生きた人間の像としては何となくおぼろげなままにとどまっていることが多い。そのおぼろげな像を意識の中の対話の相手として保ちつつ、他方で、おのれの現在の歴史的現実に切りこんで生きていこうとする時、だんだんとその像がはっきり見えだし、肉声が聞こえてくるほどになる。それも、イエスの生きた一つ一つの場面について、ある一つの場面がはっきり像を結んでも、他の場面はぼやけていることが多い。それらのすべての場面が相互に連関しつつ躍動しはじめる時、ようやくイエスなる男を理解できたと言えるのだろう。その意味では、八年ぐらいではまだまだ短かすぎた。

他方、もうこの書物は何としてでも書き終えねば、とあせってもいた。イエスが殺されたのが三十歳代前半だったとすると、あるいはたとえ三十代後半だったとしても、私はもうイエスよりもよほど長生きしてしまった。あまりに年齢的にへだたってしまうと、この男の激しく鋭い意識を表現する上に、やはりどうしても微妙なずれを生じてしまうだろう。本書を書きはじめた頃がすでに年齢的にはイエスを描きうる最後の時だと思っていた。こうして、一方ではイエスを描くことは自分の一生の仕事だと思いつつ、他方では、一刻も早く仕上げねば、とせかれる気持であった。

一人の人間の一生には、多くのことができるとも言えるし、僅かなことしかできないとも言える。私はあまりほかのことをする余裕はなく、イエスを描くために此の世に生れたのかもしれない、という感じはあった。それだけに、中途半端に終りにしたくなかった。自分の一生のすべてをかけて書くとしたら、死ぬ直前に書きあげるのがもしかすると一番正しいのかもしれぬ、と思った。八年も断続的に書き続けていたのは、もしかすると心の奥底で、これは終ってしまっていい仕事ではなく、いつまでも書き続けていたい、という欲望が働いていたのかもしれぬ。その意味で、直接には筆をとっていない時間も、ずっとイエスを描き続けていたと言える。そもそも、十字架にかけて殺されたこの男のものすごい生を描きうるためには、自分もそれに対応しうるだけの生の質を生きていないといけない。私にはとてもそこまでの生を生きることはできなかった。しかし少くとも、できる限りそれに近接する質は保ちたいと思った。さもないと、イエスを描くという行為がイエスを骨ぬきにしてかかこむことになるという、二千年間反復され続けた行為に自分もおちいってしまうことになる。歴史を描くことが所詮現代に生きる行為であってみれば、イエスのために現代の問題に取り組むのではないにせよ、現代の問題に取り組みつつイエスを描くのでないと、イエスを描く資質は持ち得ない。少くとも一九六八年以降、私はイエスを描く人間として生きようとしてきたつもりである。そして、この書物が出版されてしまうと、今度は、イエスを描いてしまった男として生きていく責任を背負うことになる。私にはその課題を十分に担うことはできなかったが、担わねばならぬという意識を手ばなすことはしなかった。

だからこの八年、筆をとっていない期間も本書の内容に無縁であったわけではない。特に、キンシャサで生活した二年間は、世界史的に巨大な規模の植民地支配が課した重圧があまりに生々しく痕跡を残しているところで生きぬいている人々を目の前にし、また実際その中で生きている学生たちに講義としてイエス像を描くという作業をしていたのだから、ローマ帝国支配下の辺境の地に生きていたイエスの像を描くのに無縁であるはずがない。もしもアフリカに行かなかったとしても、本書の内容も文章も九分九厘変らなかっただろう。しかしその一厘がつけ加わったが故に、本書の水準が一けた違うものになったように思われる。

……イエスを描いた書物が誰にでも手に入れ易い、安い定価で売られないとしたら、それ自体自己矛盾である。それでも私は、この書物を新書判の大きさにまとめる意志は毛頭なかった。日本だけでなく、欧米でも、それも十九世紀以来、「イエス」は新書判文庫判で出されるのが普通だった。これは出版資本の要請である。ほぼ一世紀もの間、世界中で、「イエス」は小型新書判、という常識がまかり通ってきたのだから、資本の論理が書物の質を規定する力の大きさを改めて感じさせる。「イエス」は気軽に読めて、定価が安く、ポケットにはいる程度ならば、商業的に必ず成功する。実際、そのようにして世界中で数知れぬほど書かれて売られた同工異曲の新書判「イエス」は、まずはたいてい商業的に成功している。そのせいで、気軽に易しくうすっぺらに、という要請にあわせて、安直にうすっぺらなイエス像が提供され続けた。もしも本気になってイエスの全容を描いてくれと言われれば躊躇するにちがいない数多くの著者までも、ほんの半年か一年足らずの期限つきで書き上げる薄っぺらな新書判ならば何とかやれるというわけで、次から次へと書きなぐられてきた。ドイツ語の書物をそのまま訳したり、適当に要約したりしたものを自分の文章であるかの如く見せかけて、その間に、行きあたりばったりの思いつきを配置しただけの盗作まがいの新書判などは論外だが、名著と呼ばれうるものの多くも新書判程度の大きさにまとめられてしまっているのは、残念なことである。もしも一方である程度十分に描かれた「イエス」が何冊も存在するならば、それと並んで、あるいはそれを要約する形で、新書や文庫の「イエス」が多少は存在する意味もあろう。しかし、「イエス」といえば薄っぺらな新書判、という型が常識化するのは、結局、この人物の存在そのものを薄っぺらなものに切りととのえることにほかならない。かつては教会がイエスを教会の論理の中にかかえこみ、骨ぬきにしたが、二十世紀においては、商業主義出版の論理の中でイエスが骨ぬきにされつつある。何のかんのと言っても、イエスという男は、やはり世界史的に巨大な足跡を残した人物なのだ。新書判にこぢんまりとおさまるはずもない。

本書を書くにあたって、特に前半では、何人かの著者の「イエス」を対話の相手に選んだ。R・ブルトマン『イエス』（一九二六年、日本語訳は未来社一九六三年）、八木誠一『イエス』（一九六八年、清水書院）、土井正興『イエス・キリスト』（一九六六年、三一書房）である。この三人に対する言及は、特に断りのない限り、ここにあげた著作に関するものである。それ以外の著者については、必要のない限りはなるべく名前をあげて論及することはしなかった。本書の目的は諸説について論じることではなく、イエス像を描くことにあったからである。諸説について論じることは、また別の場があろう。ただ後半においては、しばしばJ・イェレミアスに言及した（『イエスの譬え』一九四七年、日本語訳は新教出版社一九六九年。『新約聖書神学第一部――イエスの宣教』一九七一年、日本語訳は新教出版社一九七八年)。そのあまりに幼稚な護教論的姿勢にもかかわらず、一世紀パレスチナの時代状況の中からイエスを理解する、という作業に関しては、イェレミアスは群をぬいてすぐれているからである。他方、ブルトマンなど三人を特に選んだのは、日本語で書かれた「イエス」の中では比較的よく読まれているからである。それに、それぞれの欠陥にもかかわらず、すぐれて独創的であり、議論の対象とする価値は十分にある。ブルトマンの『イエス』は名著である。ブルトマンと、八木の場合もそれなりに、著者自身とそのイエス像との間にすぐれて個性的な対話がなりたっている。この両者とも、イエスをまったくの抽象的な思弁のかたまりに還元してしまっているため、とてもイエスの歴史的実態にせまるなどというものではないが、それでも、それぞれの神学的前提の上では、何とかイエスを理解しようとして、すぐれて独創的な深みに到達している。……他方、土井正興のものは歴史的にあまりに初歩的な間違いが多すぎて、真面目に相手にするわけにはいかないが、しかし、出発点の着想の面白みはそれなりに独創的な質に到達していて、日本人の書いた「イエス」の中では、少くとも、敢えて言及するに価する水準にはなっている。

なお、本書の仕上がるしばらく前に、荒井献がイエスに関する書物を二冊つづけて上梓した(『イエスとその時代』岩波新書一九七四年、『イエス・キリスト』講談社一九七九年)。これについては、タイプライターのスピード競争の如き速筆に敬意を表しておけばすむことと思うが、このところかなり多くの読者に読まれているようなので、無視するわけにもいくまいから、多少言及することにした。荒井のこの二著については、すでに荒井は本書の前半を雑誌で読んでおり、後半についてもほとんど知った上で、おのれの著作を書いている、という事実を指摘しておけば十分だろう。すなわち、本書の後半部はこの形ではむろん未発表だが、そして特に第五章の分水嶺うんぬんについて、第六章のメシア意識にかかわる問題については今まではっきりと論じたことはなかったが、それ以外の点については、少くともその骨格は、すべて、何らかの形で雑誌に書いたり講演その他で発表しているものであって（テープおこし等も出まわった）、当然荒井の目にもふれている。荒井の描くイエス像が私の描くイエス像と一部分非常によく似ているようでありながら、他方で、そういう部分と同じ著作の中で共存するのがとても無理なはずの、水と油ほどに異質な部分と平気で組み合わされている、ということだけ知っておいていただければ、荒井が私から何を持ち出したか、しかもそれを水増しし、骨ぬきにし、刺も皮肉もぬき去って、刃の向く方向を逆転させてしまったか、わかろうというものだ（第二版の註。本書のあと私は、ほっておくわけにもいかないから、ここに書いたことをもっと具体的に、一つ一つていねいに、明らかにしておいた。『宗教とは何か』大和書房、一九八四年、第四部附論「論争以前のこと。荒井献『イエスとその時代』の著作技術について」）。

……外国語の文献の引用については、現代語のものはむろん直接原典にあたっているが、公刊された日本語訳がある限りは、なるべくそれを尊重するようにした。しかし自分の文体のくせもあり、必ずしも日本語の訳本そのままの引用ではなく、自分で直接訳して引用したことの方が多い。古代ユダヤ教の文献については、ギリシャ語のものは原則として原典から訳しているが、それ以外は、カウチ編の独訳もしくは（及び）チャールズ編の英訳によっている。旧約聖書については、関根正雄訳（岩波文庫）が存在する場合には、なるべくそれによったが、日本聖書協会の口語訳によったところもあり、これまた主として文体上の理由で、右の二訳を参照しつつも自分で訳した場合も多い。ラビ文献の引用は、ヨーロッパにいる間に準備した部分については、主として原典の独訳にあたっている。特にミシュナは重要なので、英訳も含めいくつかの訳にあたるようにした。ヨーロッパにいる間は、なるべくヘブライ語の原典にもあたるようにしたが、私はラビのヘブライ語はあまり読みこなせないので、諸訳の間に相違がある場合に、どれが原文の直訳に近いかを判断する役に立つ程度であった。ヨーロッパにいない間も、ミシュナについては少くとも英訳本にあたっているが、それ以外のラビ文献の引用については、ビラーベックの引用にのみ依拠している。

新約聖書の引用はむろん全部私の訳である。ただし「参照」とつけ加えた場合は、直訳ではなく、かなり解釈をまじえ、言葉を補っている。

イエスという男がこのような男だったとして、ではどうしてこの男から、あるいはこの男にもかかわらず、キリスト教なるものが生じたのか、ということはしばしば問われる。その問いに、イエスの側から接近すれば本書の第六章のようなことになる。しかしそれだけではむろん原始キリスト教の成立という歴史の謎を解きあかしたことにはならない。その問題の本質的な部分は、自分としては、すでに公表した「原始キリスト教とアフリカ」(『歴史的類比の思想』勁草書房、一九七六年所載)ほかいくつかの論文で間違いなくつかんでいるつもりであるが、それを個々の出来事を描写しつつ詳しく叙述するのは、まだこの先十年もかかる作業だろう。

漢字仮名づかいについては、自己流を通すことにした。と言っても、新仮名づかいがこれほど定着してしまった以上、そこからはずれることはしなかった。しかし根本的には、言語の正しさは国定の何とか委員会が勝手に定めてよいことではなく、その言語を用いて生きている人々がおのずとつくり出すべきものである。いわゆる新仮名づかいの根本原則など、実は、いかにもあやふやで矛盾に満ちている。従っていくつかの点では、知っていて新仮名にしなかった(たとえば「むづかしい(難しい)」。新仮名では「むずかしい」)。特に送り仮名については、そもそも送り仮名を統一しようなどとすること自体、送り仮名の本質に逆らう。送り仮名は、漢字を訓読みするのに便利なように、必要な限りの仮名を送るものなので、前後関係に従って違った送り方をしてよいはずのものだ。文章の流れ、書いている時の気分、等々によって、送り方が異なってしかるべきものである。「少い」「少ない」「悔い改め」「悔改め」など、敢えて統一しなかった理由はそこにある(註。ただし第二版では、名詞は「悔改め」、動詞は「悔い改める」に統一してある。本当はすべて「悔改め」にしたかったが、今時の表記の趨勢で仕方がない)。

術語についてはむろん統一するようにしたが、エルサレムのサンヘドリンの訳語だけは腹が定まらなかった(註。従って初版では「最高法院」、第六章のみ「宗議会」となっている。しかし第二版ではすべて「市議会」に統一した。エルサレムのサンヘドリンも基本的にはヘレニズム・ローマ世界の自治都市の市議会に対応するものだからである)。

最後に本書の成立にあたって直接お世話になった方々に感謝の気持を表現しておきたい。ほかにも間接には非常に多くの方々にお世話になった。たとえばストラスブールの師や友人ほか、名前をあげればきりがなくなるので、ここではただ感謝の気持を一般的に表現するにとどめ、次の方々だけ名前をあげさせいただく。第一に、本書の最初のきっかけとなった連続講演会を主催していただいた関西の自立的牧師連合の諸君。この講演会は当時失業中の私の生活を支えて下さる意味もあったので、文字通り私は彼らのおかげで生きのびられたと言ってよい。むろんその当時だけでなく、現在にいたるまで途切れることなく、彼らに多くのものを私は負っている。次に、私が名目上発行人になっている月刊誌『指』の発行委員会の宮滝恒雄さんと真田治彦さん。自牧連と『指』の諸君とは、本書の内容についても、常に対話を続けてきた。私が自分の独創的見解と思いこんでいるものも、実は彼らから学んだ点は多かろう。かてて加えて、アフリカ滞在及びその直後の生活上の危機も、彼らのおかげで乗り切ることができた。第三に、そのキンシャサの大学で私の講義を聞き、毎時間さまざまな議論をあびせかけて内容を豊かにしてくれた学生諸君。第四に、本書の編集者である三一書房の桜井法明氏。……最後に、しかし同等に大きな感謝を、顔見知りの、あるいは顔も名前も知らないが、時々、まだ書き上らないのかと催促して下さった多くの読者の方々に感謝をささげたい。書物の質は、読者からの無言の圧力に耐える緊張感によってつくられるからだ。……

一九八〇年二月二九日

# 増補改訂版（第二版）へのあとがき

改訂版と言っても、かなり書き直してしまったとも言えるし、ほとんど書き直していないとも言える。

もともと私は、表記の仕方はなるべく古い伝統をそのまま保つ方がよろしいという意見である。言語文化の一貫性を保つためである。しかし今時の日本語の表記は変化が激しすぎるので、発行後二四年もたつと、さすがの私も今様にあわせてだいぶ修正せざるをえなくなる（漢字、多少の仮名づかい。例、譬話→譬え話。反撥→反発。「反撥」を「反発」などと書いたのでは、まるで反撥することにはならないが、表記の流行ばかりは大勢に順応せざるをえない）。しかしそれだけでなく、読み直してみると、文章が下手で、わかりにくいところが目立つ。純粋な間違い（漢字の使い方、「てにをは」の間違い、など）だけでなく、文章がひっかかってすらすらと読み通せないところ、論理的にもう少しすっきりいかないところ、など。そういう部分は、ある程度手を加えたので、だいぶ読みやすくなったはずである。あるいは、曖昧な表現をすっきりと強調した文に、逆に強調しすぎているところを多少穏やかに。

というわけで、全体として平均すれば、一頁につき四、五個所ぐらい、あるいはもっと多く訂正されている。文章の流れが悪いので、思い切って、一、二頁まるごと書き変えたところもある。しかし、内容的には原則として（以下で指摘するいくつかの個所を別にして）一切変更を加えないようにした。すでに発行して世の中に出まわってしまった本は、著者自身からも独立した存在となっている。著者といえども勝手に変更してよいものではあるまい。それはもちろん、今読み直せば、いろいろ欠点も多く目につく。しかし他方、よくこれだけの本を書いたね、と自分でも感心するところも多い。もしも今まったく新たに書き下ろせば、半分はこれよりもだいぶましな本になるだろうけれども、残りの半分は、とてもこの本の水準には及ぶまい。従って、やはり、すでに自立した存在になっている本は、文章を読みやすく整える以外は、なるべく書き直しを避けるのが正しいのだろう。そして、多く書き直したとは言っても、本書第一版を以前お読みになった方がこの改訂版をごらんになっても、ほとんどすべての個所は、訂正されていることに気がつかずに、何だ同じではないか、とお思いになって読み進められることだろう。

第一版では、刷りを重ねるごとに不注意の数字の間違い等を直していったけれども、まだ何ほどか残っていた。まことに申し訳ないことである。今回、気がつく限り訂正した。たとえば二一三頁（千人→一万人。どうもお恥ずかしい）、二一九頁（二・七→二・一〇六。これはヨセフスの古い引用の仕方で二・七としたのを、新しい引用の仕方にあわせて二・一〇六にした。しかしいずれにせよ二・七は間違いで、二・八である）、等々。

現代の出来事に言及している場合、二四年もたつと、その出来事そのものがすでに昔のことになって、多くの読者に通じない、ということになる。従ってそういう例のいくつかは削ったが、多少は入れ換えたものもある。一つだけはっきり書き変えたのは、初版六二頁七行目の「彼らはげらげら笑って相手にもしてくれなかった」という文。「彼らは足を踏みならして、大きな声で言った、ノン」と書き変えた（第二版七〇頁三行目）。この情景は昨日のことのようによく覚えている。その教室に居た一人一人の学生の顔も。げらげら笑って、いかにも馬鹿にしたように、相手にもしてくれなかった学生も一定数居たが、大部分の学生は大声ではっきりと意思表示した。こういう時に足を踏みならすのも、彼らのよくやることである。本書第一版を書いていた時は、多分、あまりにも当然すぎる話であって、そんなことは議論する気にもなれない、という私自身の気持を表現したかったのだと思う。

第一版で「新約書」「旧約書」とあったのは「新約聖書」「旧約聖書」に直した。確かに新約聖書が「聖書」と呼ばれるようになったのは、その諸文書が書かれてから数百年も後の話だから、新約の諸文書そのものを指すのに、「聖書」と呼ぶのはしっくりしない。それで、その頃は吉本隆明の言い方がはやってもいたし、その真似をして「新約書」と書いた。しかし、「聖書」と呼ぶのを避けようというのであれば、「新約」と呼ぶのも奇妙である。この呼称もまた、「聖書」よりはやや古いが（二世紀後半ぐらいから）、一世紀のキリスト教徒はまだこれらの文書にこういう名前をつけてはいなかった。従って「聖書」をやめるなら、「新約」もやめないといけない。しかしむしろ、ものの名前というのは、現在我々がこれを「聖なる書物」と考えるかどうかという問題ではないので、伝統的に「新約聖書」と呼びならわされてきた書物というだけのことであるから、やはり素直に「新約聖書」と呼んでおけばいいだろう。

まるごとだいぶ違う趣旨に書き変えたのは、二七〇―二七三頁のルカ一六・九についての叙述。かなり無理をしてひねくった論述だったのを、すっきりと書き直した。やはり、無理をしてほかの人の学説に追従しようとすると、どうしても辻つまが合わないことになる。反省。

増補版と称しても、大量に増補したわけではない。大きく書き加えたのは第五章の「タラントの譬」について（二五七頁以下。これは、第一版での自分の見解を大幅に修正し、その理由を展開した）、及び第六章の「マルタとマリア」の話について（三四〇―三四四頁。これは新たに書き加えた）。またそれと関連して、ある女がイエスの足に香油を注いだ話もだいぶ書き直した（伝承史的な分析等々をていねいに。三三四頁末―三三八頁）。ほか、二、三行程度修正ないし書き加えたところは、ところどころある。

改訂版にしたかった大きな理由の一つは、第一版の割付の読みにくさと、表紙である。その本の中身とまったく関係のない絵が表紙を飾っているのは（私の本に限らず、日本の非常に多くの出版物の悪しき慣習だが)、どうしても嬉しくない。この改訂版を作品社にお願いした主たる理由は、すでにほかの出版物で多少のつきあいのあった編集者の増子信一さんの割付、装丁などのセンスが気に入ったからである。もちろん、単にこの種の外形的な要素だけでなく、彼の編集姿勢全体が尊敬に値するのだけれども。すでに初版の段階で二四年間に約二万六千部売れた本である。増補改訂版と言っても、初版の継続である。今後これ以上非常に多く売れる期待はあまり持てそうもない。そういうものの出版を敢えて引き受けてくださった作品社と増子信一さんに、心から感謝している。

初版では、視力障害者のために自分でテープに吹き込む作業をやる、と宣言したにもかかわらず、二四年かかって実現しなかった。極めて恥ずかしい限りである。お詫びします。テープに吹き込む作業がこんなに大変なことだとは知らなかったせいで(一週間も集中すればできると思い込んでいた)、実際にやってみると非常に時間のかかる作業である。あちこちの図書館で奉仕して下さる方が吹き込んでくださったテープやCDが存在するが(感謝)、今度こそ何とか自分でもやらねばならぬと思っている。

二〇〇四年三月二一日

田川建三

*本書は、一九八〇年三月、三一書房より刊行された『イエスという男——逆説的反抗者の生と死』を増補改訂したものです。

# 索　引

**事項索引**は、通読して気のついたものを拾い上げただけで、完璧を期したものではない。初版では「イエスとキリスト教」、「イエスの時代」の二つの欄に分けたが、これではかえって使いにくので、全部を一つの欄にまとめた。古代の固有名詞の表記については、それぞれ、ラテン語が原語のものはラテン語綴り、ギリシャ語が原語のものはギリシャ語綴りを記載してある（ギリシャ語はローマ字化。長音は記さない）。ただし、西欧の諸言語の伝統においては、もとがギリシャ語のものもラテン語綴りで定着しているので（Josephus, ヨセフス、など）、それに準じている場合も多い。原語がそれ以外のものは、ローマ字化して表記する慣用に従っているが、ローマ字化の仕方について一定した方針はない。西欧諸語においてよく親しまれている綴りを記載しただけである。

**福音書引用個所索引**は、本文中に引用もしくは言及した福音書の個所を、不注意の見落としがない限り、すべて列挙してある。新約聖書のそれ以外の文書、後期ユダヤ教の諸文書等々の引用については、本書の性質上、索引をつくるほどのことはなかろうと思い、手を抜いた。

## 事 項 索 引

# 福音書引用個所索引

## マルコ福音書

## マタイ福音書

## ルカ福音書

## ヨハネ福音書

**田川建三**（たがわ・けんぞう）
新約聖書学者。
1935年東京にて生。

・主な著作

『原始キリスト教史の一断面』（1968年、勁草書房）
『マルコ福音書（註解）』上巻
（1971年、改訂増補版1997年、新教出版社）
『立ちつくす思想』（1972年、勁草書房）
『歴史的類比の思想』（1976年、勁草書房）
『思想の危険について』（1987年、インパクト出版会）
『書物としての新約聖書』（1997年、勁草書房）
『キリスト教思想への招待』（2004年、勁草書房）
『新約聖書　訳と註』全７巻８冊（2007～2017年、作品社）
『新約聖書　本文の訳』上製本、携帯版
（2018年、作品社）

・共著

インタヴュー『はじめて読む聖書』（新潮新書、2014年、新潮社）

連絡先　377-1411 群馬県吾妻郡長野原町応桑郵便局私書箱３号
http://www.tagawa-kenzo.server-shared.com

**イエスという男** 第二版［増補改訂版］

二〇〇四年六月一〇日 第一刷発行
二〇二三年九月二〇日 第一五刷発行

著者 田川建三
発行者 福田隆雄
発行所 株式会社 作品社
〒一〇二-〇〇七二
東京都千代田区飯田橋二-七-四
電話 （〇三）三二六二-九七五三
FAX （〇三）三二六二-九七五七
振替口座 〇〇一六〇-三-二七一八三
印刷・製本 中央精版印刷㈱



ISBN978-4-87893-681-4 C0023

田川建三訳著

# 新約聖書　訳と註　全7巻［全8冊］

【第一巻】マルコ福音書／マタイ福音書

【第二巻】(上)ルカ福音書

(下)使徒行伝

【第三巻】パウロ書簡　その一

【第四巻】パウロ書簡　その二／擬似パウロ書簡

【第五巻】ヨハネ福音書

【第六巻】公同書簡／ヘブライ書

【第七巻】ヨハネの黙示録